903：上海苏报案与清末司法转型

903：SHANGHAI SUBAOAN YU QINGMO SIFA ZHUANXING

图书在版编目（CIP）数据

1903：上海苏报案与清末司法转型 / 蔡斐著. --
桂林：广西师范大学出版社，2023.11
ISBN 978-7-5598-6339-3

Ⅰ. ①1… Ⅱ. ①蔡… Ⅲ. ①苏报案－研究②司法制
度－法制史－研究－中国－清后期 Ⅳ. ①K257.107
②D929.52

中国国家版本馆 CIP 数据核字（2023）第 163629 号

广西师范大学出版社出版发行

（广西桂林市五里店路 9 号　邮政编码: 541004 ）
网址：http://www.bbtpress.com
出版人：黄轩庄
全国新华书店经销
广西广大印务有限责任公司印刷
桂林市临桂区秧塘工业园西城大道北侧广西师范大学出版社
集团有限公司创意产业园内　邮政编码·541199 ）
开本：880 mm × 1 240 mm　1/32
印张：9.375　　字数：210 千
2023 年 11 月第 1 版　　2023 年 11 月第 1 次印刷
定价：78.00 元

如发现印装质量问题，影响阅读，请与出版社发行部门联系调换。

大 学 问

始 于 问 而 终 于 明

守望学术的视界

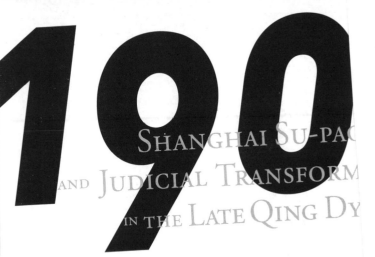

190

SHANGHAI SU-PAO

AND JUDICIAL TRANSFORM

IN THE LATE QING DY

上海苏

与清末司法

GUANGXI NORMAL UNIVERSITY PRESS

广西师范大学出版社

·桂林·

苏报案重要人名一览表

陈　范　《苏报》馆馆主,《苏报》主办人

章士钊　《苏报》主笔

蔡元培　《苏报》撰稿人,爱国学社总理

吴稚晖　《苏报》撰稿人,爱国学社学监

章炳麟　《苏报》撰稿人,《驳康有为论革命书》作者

邹　容　《苏报》撰稿人,《革命军》作者

沈　荩　"勤王运动"的领导之一,后遭清政府处决

奕　劻　清政府庆亲王

张之洞　清政府军机大臣

端　方　清政府湖广总督

魏光焘　清政府两江总督

恩　寿　清政府江苏抚台

袁树勋　清政府上海道台

俞明震　清政府候补道台

金　鼎　清政府武昌知府

汪懋琨　清政府上海知县

梁　诚　清政府驻美公使

张德彝　清政府驻英公使

胡惟德　清政府驻俄公使

古　纳　美国驻沪总领事（兼任上海领事团领袖领事）

康　格　美国驻华公使

满思礼　英国代理驻沪总领事

霍必澜　英国驻沪总领事

萨道义　英国驻华公使（接任焘讷里）

焘讷里　英国驻华公使

蓝斯唐　英国外交大臣

吕　班　法国驻华公使

德尔卡塞　法国外交部长

拉塔尔　法国驻上海总领事

小田切　日本驻上海总领事

福开森　美国商人，苏报案清方斡旋人

濮兰德　上海公共租界工部局秘书

莫理循　英国《泰晤士报》驻华记者

翟理斯　苏报案主审法官、英国驻沪副领事（有文译为"迪比南"）

德为门　苏报案主审法官、英国驻沪副领事（接任翟理斯）

孙建臣　苏报案清方谳员

邓文堉　苏报案清方谳员（接任孙建臣）

黄煊英　苏报案清方谳员（接任邓文堉）

古　柏　苏报案原告律师

哈华托　苏报案原告律师

博　易　苏报案被告律师（被告被捕时）

雷　满　苏报案被告律师（初审时）

琼　斯　苏报案被告律师（正式审判时）

爱立斯　苏报案被告律师（正式审判时）

李德立　苏报案证人

西　蒙　苏报案证人

目　录

绪　论

　　"世有万祀不易之常经,无一成不变之治法。大抵法积则敝,法敝则更","法令不更,锢习不破,欲求振作,须议更张"。[①] 1901 年,在仓皇西逃的狼狈中,清朝的最高统治者慈禧下诏变法。尽管无法揣摩叶赫那拉氏是否有变法的真意,但当时的中国确也面临不得不改革的巨大压力。在法制领域,领事裁判权的撤废问题、欧日近代法典编纂的冲击、传统社会经济结构的转型,以及清政府救亡图存的危机意识等,[②]都催促着这个庞大却不堪重负的帝国撑开沉睡的双眼,细致打量与"祖宗家法"截然不同的西方法世界。

　　清末司法就是在这场改革中,在对西方司法的怀疑、摇摆和坚定之间,在对传统司法的思考、批判和固守中,在伴随着包括诉讼

---

① (清)朱寿朋:《光绪朝东华录》(第四册),中华书局,1958 年版,第 4601—4602 页。
② 此为学者黄源盛研究晚清法制变迁归纳的四大动因,参见黄源盛《晚清法制近代化的动因及其展开》,载《中国传统法制与思想》,五南图书出版有限公司,1998 年版,第 275—290 页。

制度在内的传统律制多领域的革故鼎新中,迈出了现代转型的实质性一步。长久以来,学界对于清末司法转型已有颇多研究成果。但是,随着历史资料的发掘、研究方法的创新和思想观念的多元化,对这一命题的研究仍有着广阔的拓展空间。借此,本书试图从1903年上海苏报案这一关键性个案出发,以"小叙事、大视野"的研究路径,通过个案的完整叙述和详细分析,借助相关研究理论和分析框架,开阔视野,层层剥笋,厘清和展示当时传统司法与现代司法之间的种种矛盾,进而论证清末司法转型的必然性,并延伸出其他相关学理讨论。

一、为什么是苏报案?

1903年发生在上海的苏报案是中国近代史上一个极富影响力的标志性事件。章炳麟(1869—1936)和邹容(1885—1905)二人因在上海《苏报》上发表文章,撰写《驳康有为论革命书》《革命军》两书,被认为"竟敢造言污谤皇室,妨害国家安宁"[1],根据清朝政府的判断,这属于大逆不道,是世所不容的罪行,原本"照律科罪,皆当处决"[2],但在外国势力把持的上海公共租界会审公廨的最终判决中,二人只是被分别判处两年和三年的监禁。

---

[1] 《光绪二十九年闰五月十一日兼湖广总督端方致内阁大学士张之洞电》,《苏报鼓吹革命清方档案》,中国史学会编:《辛亥革命》(第一册),上海人民出版社,1957年版,第451页。

[2] 《光绪二十九年十月二十一日南洋大臣魏光焘致外务部电》,见《中英等交涉苏报案当事人问题文电》,《历史档案》,1986年第4期。

(一)作为关键性个案的苏报案

这样的结局无疑让清政府颜面扫地。正如孙中山先生后来的评论:"此案涉及清帝个人,为朝廷与人民聚讼之始。清朝以来所未有也。清廷虽讼胜,而章、邹不过仅得囚禁两年而已。于是民气为之大壮。"①这是一代伟人基于革命视角对苏报案意义的概括。

从法学的专业角度来看,苏报案则暴露了领事裁判权对中国司法主权的严重践踏。进一步,如若深究苏报案司法过程中审判机构、原告、被告、诉讼代理人、适用法律、幕后协调、新闻报道等诸多关键变量,就会发现整个审判都充满着耐人寻味且不可预测的意味,甚至连一贯政治正确视角下所谓"苏报案是中外反动势力相互勾结的结果"②这一结论都值得探讨和商榷;会发现司法与政治、司法与传媒、司法与社会等基本关系在苏报案中有着深刻体现;还会发现中西司法在思想、价值、文化、制度、程序等各种元素上的差异与冲突,中国传统司法的危机重重,清末司法转型的势在必行。这就从最核心的层面上奠定了本书研究的可行性。

<hr>

① 《孙中山全集》第六卷,中华书局,1985 年版,第 236 页。
② 如认为:1.苏报案是中外反动派联合上演的一出丑剧,当时就受到海内外纷纷指责(参见汤仁泽《革命言论之枢纽〈苏报〉》,《近代中国》第十四辑,2003 年版,第 288 页);2.清朝统治者费尽心机,竭力勾结租界当局制造苏报案事件,目的不仅是想把极端蔑视他们的章、邹等人凌迟处死,更重要的是想通过残酷的镇压,让中国人噤口不谈革命(参见龚德才《中国新闻事业史》,湖南师范大学出版社,1997 年版,第88—98 页);3.英美帝国主义看到中国革命运动的高涨,害怕危害到自己的政治经济利益,因此就和清政府勾结起来,镇压革命党人(参见章回、包村等《上海近百年革命史话》,上海人民出版社,1962 年版,第 64 页)。

　　选择从苏报案来透视清末司法的转型并非牵强附会。一方面,历史是由各式各样纷繁芜杂的事件构成的,要观察历史,发掘和探究其必然规律,一个简捷且实效的方法就是观察"历史中的事件"。观察什么?无非"事件中的历史",这里的历史是"小历史",它包含在大历史之中,成为组成和彰显"大历史"的因子。换句话说,就是运用细微的事件来构建宏大的历史。另一方面,历史的发展是一个流动的进程,所谓承先启后,即每一个历史的节点都是对过去的逻辑继承,也是未来的发展之源,从来也没有独立于历史进程之外的节点。从这个意义而言,苏报案绝不是孤立的,它的发生、发展、结局都是历史必然性的体现,同时又连接着历史的前与后,所以选择苏报案,实际上包含着"瞻前"和"顾后"的双重意义,这给了我们透视历史发展性的一种方便。

　　这一点可以通过领事裁判权给予佐证。随着 19 世纪以来《中英五口通商章程》《中美望厦条约》及其后不平等条约的签订,领事裁判权逐步在中国确立,中国的司法主权不断被践踏和破坏。恰在苏报案发的前一年,即 1902 年,根据变法改革的需要,清政府任命沈家本(1840—1913)、伍廷芳(1842—1922)为修订法律的大臣,按照交涉情形,参酌各国法律,主持变法修律。同一年,中英签订《马凯条约》,其中第十二条规定,"中国深欲整顿本国律例,以期与各西国律例改同一律,英国允愿尽力协助,以成此举。一俟查悉中国律例情形及其审断办法,及一切相关事宜皆臻妥善,英国即允弃其治外法权"①。而在短短不到一年的时间之后,变法修律尚未完

---

① (清)朱寿朋:《光绪朝东华录》(第五册),中华书局,1958 年版,第 103 页。

全展开,领事裁判权没有收回半点,领事裁判权在苏报案中又直接妨碍了清政府镇压革命,"审判两名罪犯,还要朝廷出面向会审公廨起诉,而会审公廨在名义上属于中国的司法机构,也就是由中央政府向自己的下属机构告发几位百姓,请求下属机构对这几位百姓定罪量刑,甚至还要聘请律师辩护,朝廷确实大丢脸面。审判结果,几经交涉,直到审判期限截止时,清政府才无可奈何地同意章太炎、邹容分获三年和两年的监禁。如果清政府仍不同意,租界当局就会以拘押超期将章、邹无条件释放"①。可以断定,苏报案中因领事裁判权带来的阻碍和尴尬,又直接或间接地坚定了清政府官员在以后进一步收回司法主权的要求和决心,而苏报案夹杂在这一过程中的意义,着实耐人寻味。回顾整个晚清司法转型,收回领事裁判权一直都是司法改革的主要动力之一,顺此梳理,苏报案在历史脉络上的价值也就清晰凸显出来了。当然,以上的阐述只是本书观察苏报案的一个维度。

不可否认,苏报案是本书研究特意挑选出来的一个个案,与一般诉讼意义上的个案相比,因为苏报案牵扯到国家的层面和官方的参与,将它置于晚清中国司法转型的宏观背景下,更能够发现司法转型的必然性,因此苏报案可谓关键性个案。这样的话,以苏报案为原点,可以将其信息和理论最大限度地推广到其他个案和类型。对于关键性个案的作用,哈维(Harvey)在研究中写道:"在关键性个案研究中,研究者出于进行详尽分析的目的,精心挑选出案例,而该案例能够为解析谜团和矛盾提供特殊的焦点……所以关

---

① 陈昌凤:《中国新闻传播史——媒介社会学的视角》,北京大学出版社,2007 年版,第 140 页。

键性个案提出抽象的理论观念，并根据社会实践来解构（或验证）这些观念，并且诠释它们是如何根据社会总体而运转的……批判的社会研究者适用关键性个案的研究，旨在诠释更为广泛的社会结构和历史问题。"①引入关键性个案展开研究的观念在当代中国学者中也不乏回应之声，如孙立平先生就提出："对于研究社会生活实践状态中的逻辑，深度的个案研究是有着明显的优势的。因为它可以使得我们深入到现象的过程中去，以发现那些真正起作用的隐秘的机制。"②而在法学研究中，如《法治及其本土资源》《论私力救济》《村庄审判史中的道德与政治：1951—1976 年中国西南一个山村的故事》也已成为通过关键个案来透视法理的重要典范。通过上述几部著作可以发现，作为研究素材的关键性个案一般有如下特点：第一，关键性个案往往是研究者有目的的选择，能为破解研究命题提供特殊的焦点；第二，关键性个案通常包括理论思考，它往往可以依靠个案材料，验证或推翻先在的理论思考，并创新理论；第三，关键性个案在研究方法上具有开放性，提倡研究的跨学科性；第四，关键性个案的研究过程体现了宏观结构和微观分析的有机结合，目的是使学理与历史得到解释，但运行的基础却往往只是个案细枝末节的材料。

显然，作为研究对象的苏报案是一个具备了穿透力的个案，符合上述的特点，其关键性个案的地位也有力地增强了本书研究的可行性。

① Lee Harvey.*Critical Social Research*, Unwin Hyman Ltd, 1990, p.202.
② 孙立平：《迈向实践的社会学》，《江海学刊》，2002 年第 3 期。

（二）不同学科视野中的苏报案

从现有的研究成果来看,苏报案的相关研究主要集中在中国近代史(尤其是晚清史、辛亥革命史、民国史)和思想史、新闻史、法制史等专门史领域。

在中国近代史研究中,《辛亥革命》第一册与《苏报案纪事》,因为汇集了苏报案的一手材料,如故宫档案馆所藏《苏报鼓吹革命清方档案》中的大批往来电文和章士钊、吴稚晖、张篁溪、章炳麟等亲历者对案件的回忆,已经成为研究苏报案不可缺少的基础性材料。在一些重要的近代史著作中,如陶成章的《浙案纪略》、杜冰坡的《中华民族革命史》、冯自由的《革命逸史》、金冲及等人的《辛亥革命史稿》、胡绳的《从鸦片战争到五四运动》、张海鹏等的《中国近代通史》(第 5 卷),也有研究苏报案不可或缺的重要内容。目前近代史领域有关苏报案最突出的研究当数王敏女士的《建构与意义赋予:苏报案研究》,该文分上下两篇,上篇主要在发掘大量新史料的基础上揭示事件真相,下篇主要研究苏报案及其主要人物是如何被构建的,全文史料翔实、视角独特。

在思想史研究中,(香港)周佳荣的《苏报与清末政治思潮》是最早关于苏报案的学术著作,全书近 10 万字,以苏报案事件为线索,阐明了《苏报》从主张维新、倡导保皇转变为鼓吹革命排满的因由,探讨了苏报案前后中国思想界的情形,尤其是《苏报》在近代思想转型中所起的多方面作用。直至该书 2005 年改名为《苏报及苏报案——1903 年上海新闻事件》在内地出版时,作者在序言中仍称

"学界新近发表的论著,在资料和观点方面,大体上都没有溢出此书的范围"①。另外,严昌洪等人的《癸卯年万岁——1903 年的革命思潮与革命运动》、李泽厚的《中国近代思想史论》也对苏报案中作为革命先驱的章炳麟和邹容的思想做了详尽介绍。

在新闻史研究中,几乎每一本中国新闻史教材,从早期的《中国报学史》《上海的日报》,到时下的《中国新闻事业史》《中国新闻传播史》《中国新闻社会史》《中国新闻传播事业史纲》都会或详或略地提及苏报案。在新闻学研究中,苏报案通常与反对清政府言论压制联系在一起,单独研究的论文数量不是很多,有陈镐汶的《清末苏报案溯源》、冯怡的《从〈苏报〉案看清朝的文字狱》、方平的《从〈苏报〉看清季公众舆论的生成与表达》等。蒋含平的论文《"苏报案"的辨正与思考》是新闻学研究苏报案中较有影响力的一篇,该文从新闻业自身演变的视域,透视因言获罪的苏报案,相比类似的美国曾格案,为何没有给中国新闻史留下争取言论自由的资源与基础。

在法制史研究中,苏报案的研究一般出现在晚清司法研究、会审公廨研究、领事裁判权研究中,如李启成的《晚清各级审判厅研究》和《领事裁判权制度与晚清司法改革之肇端》、(台湾)杨湘钧的《帝国之鞭与寡头之链——上海会审公廨权力关系变迁研究》。单独研究苏报案的法学论文近年也有出现,如徐中煜的《清末新闻、出版案件研究(1900—1911)——以"苏报案"为中心》、任国芳的《"苏报案"反映的中外法文化冲突》、张松的《从"苏报案"看晚

---

① 周佳荣:《苏报及苏报案——1903 年上海新闻事件》,上海社会科学院出版社,2005年版,前言第1—2页。

清司法现代化》、易江波的《"苏报案"与西法东渐下的中国传统办案思维》。从标题可以看出,这些研究已经脱离了对事件的单纯叙述和评价,开始向学理层面突进,特别是徐中煜的《清末新闻、出版案件研究——以"苏报案"为中心》一文,该文采取纵横比较的方法,横向将苏报案的处理与西方新闻出版案件的判决对比,纵向将苏报案的处理与康、雍、乾三朝的文字狱比较,论证了中国近代社会转型所带来的法律转型,开拓了苏报案的研究深度。

由于历史学科划分的不同,苏报案在城市史、租界史、人物史等领域的研究中都有涉及。同样,由于苏报案的标志性意义,国外也有不少研究,这些成果主要集中在中国近代史(特别是中国近代革命史)和中国新闻史(特别是言论自由史)两大领域,两者之中,又以前者数量为最。前者有 J.Lust,*The Su-pao Case: An Episode in the Early Chinese Nationalist Movement*、Mary C.Wright(ed.) , *China in Revolution, The First Phase, 1900-1913*、Peter Zarrow, *China in War and Revolution, 1895-1949*、Rebecca E. Karl, *Staging the World: Chinese Nationalism at the turn of the Twentieth Century*、岛田虔次等人的《辛亥革命の思想》、菊池贵晴的《现代中国革命の起源——辛亥革命の史的意义》、近藤邦康的《辛亥革命》;后者有 Lee-hsia Hsu Ting, *Government Control of the Press in Modern China, 1900-1949*。

上述的成果,大部分只停留在事件介绍的层面,但日积月累的史料和日益拓新的视角,特别是新近有关苏报案的研究力作,为本书从司法角度进一步研究提供了诸多便利和启发。

(三)苏报案的"庭前"与"幕后"

本书从司法的角度切入,故而有关苏报案的资料收集也是围绕苏报案审理的"庭前""幕后"展开的。

在"庭前"部分,当时的诸多报纸,如《申报》(上海)、《新闻报》(上海)、《中外日报》(上海)、《国民日日报》(上海)、《华字日报》(香港)、《大公报》(天津)、《泰晤士报》(The Times,伦敦)、《纽约时报》(The New York Times,纽约)、《洛杉矶时报》(Los Angeles Times,洛杉矶)、《华盛顿邮报》(The Washington Post,华盛顿)都对苏报案有所报道与评论。上海本地的英文报纸《字林西报》(North China Daily News)从1903年12月4日至17日连续刊载的苏报案在正式审理阶段的庭审笔录这一被以往忽视的珍贵文献几乎是第一时间对苏报案的庭审直播,加上《申报》《文汇西报》《中外日报》等报纸中对苏报案庭审的详细记录和翻译,可以淋漓尽致地还原苏报案的整个庭审现场。

在"幕后"部分,除了上述的新闻报道,大量的往来电文、外交档案、会议记录、私人日记、通信邮件也成为研究苏报案的重要资料。除前文提及的故宫档案馆所藏《苏报鼓吹革命清方档案》外,台湾"中研院"近代史所收藏的《外务部苏报案交涉档案》①也是研

① 该部分档案卷宗名为《上海苏报馆案英使请减章炳麟、邹容刑期案》,凡十一件,编号是《清季外务部抄档》02-09,时间起自光绪三十年正月初八,迄于四月初五日。该部分档案为《中国近代史资料丛刊 辛亥革命(第一册)》所未载,后经上海社科院熊月之教授整理,发表于《〈点石斋画报〉案件与"苏报"案》,《档案与史学》,2000年第5期。

究苏报案在判决阶段情况的重要依据。英国外交档案《英国外交部关于中国事务的函件》(Further Correspondence Respecting the Affairs of China, 1842-1937)完整保存了英国外交大臣、英国驻华公使、英国驻上海总领事等与中国官员之间有关苏报案交涉的往来公函,甚至包括了英国下议院关于苏报案的辩论。美国外交档案《国务院致外国公使馆照会》(Notes to Foreign Legations in the U.S. from Dept.of State, 1834-1906 China)、《美国驻上海领事公文》(Despatches from United States Consuls in Shanghai, 1847-1906)、《中国驻美公使馆致美国国务院照会》(Notes from the Chinese Legation in the United States to the Department of State, 1868-1906)等档案则保存了美国国务院与美国驻上海总领事、中国驻美使馆有关苏报案的往来电函。日本外务省馆藏的《上海ニ於ケル清国革命煽動者捕縛ノ件》等档案反映了日本对于苏报案的态度。法国外交档案馆馆藏的《政治及商务通讯新专辑之中国》(Correspondance Politique et Commerciale, Nouvel Série, Chine, 1897-1918)第 122 卷的《苏报事件》(L′Affaire de Su-pao),完整保存了法国驻上海总领事、法国驻华公使、法国外交部、法国驻英公使等人之间关于苏报案的讨论,它对研究苏报案中法国的态度,尤其是法国关于引渡立场的转变尤为重要。国内上海市档案馆编辑整理的《工部局董事会会议录》①完整地记录了上海公共租界工部局董事会多次讨论苏

---

① 该档案经上海市档案馆整理,由上海古籍出版社在 2001 年出版,名为《工部局董事会会议录》,总计二十八册,时间从 1854 年 7 月 17 日工部局董事会成立后召开的第一次会议起,到 1943 年 12 月 17 日工部局解散前的最后一次会议,历时九十年。

报案的内容,以及董事会与上海领事团和北京公使团之间的往来信函。时任英国驻华公使萨道义的日记(The Diaries of Sir Ernest Satow, British Envoy in Peking, 1900-1906),时任英国《泰晤士报》驻北京记者莫理循的通信集(The Correspondence of G. E. Morrison, 1895-1912)[1]、日记(The Diary of G. E. Morrison, China through the Western Eyes),时任清政府驻美公使梁诚所遗文件,上海市档案馆馆藏的被告代理律师写给工部局秘书濮兰德的信件等,都是研究苏报案"幕后"的重要材料。另外,《近代史资料》《历史档案》《档案与史学》等期刊先后整理出《金鼎致梁鼎芬书》《英外务部致清政府照会》《外务部致南洋大臣魏光焘电》《照录英驻沪总领事满思礼来函》《苏松太道袁树勋分致上海各领事函稿》[2]等资料,中国第一历史档案馆馆藏的《外务部综合电报档》《清季外交史料》中的部分内容也为研究提供了帮助。

司法不只是法庭上表现出的辩论和裁量,还包括法庭背后各种力量的隐秘角逐。这些"庭前""幕后"材料的发掘与应用,大大推进了苏报案的研究,也从侧面保证了本书选题研究的可行性。

二、怎样做到小叙事?

"小叙事、大视野"的研究路径,来源于徐昕先生的《论私力救

---

[1] 莫理循的通信集被澳大利亚学者骆惠敏整理编辑为《清末民初政情内幕》一书,后由刘桂梁等译为中文,1986 年由知识出版社出版。

[2] 这些苏报案电文部分同样也填补了故宫档案馆《苏报鼓吹革命清方档案》的不足,尤其是 1904 年之后案件交涉的内容,借助这些内容,可以完整勾勒出清政府在苏报案上的整个立场变化。

济》一书。面对私力救济这一中国现实问题，徐昕先生从华南地区一个细微民间收债个案的调查入手，运用宽泛的理论框架解释实证材料，从纠纷解决的角度切入私力救济和权利保障问题，以此为线索层层深入、全景式展现纠纷解决机制的面貌，并放宽视野，将私力救济视为一个法律、经济、社会文化和政治问题，运用法学、政治学、经济学、社会学等跨学科方法进行深入探讨。① 其中，小叙事是整个研究的基础，也是全文分析的前提。当然，这种叙事并非纯粹追求以摇曳生姿的文字来获取布洛赫声称的"史学的诗意"②。

（一）小叙事：描述与进路

首先，小叙事是一种描述。换言之，就是将苏报案的发生、发展、结局等事件过程及事件各个环节之间前后相继、因果相承讲述清楚，让阅听者回到个案现场。现场是一个具有时空、地点及个人与社会互动的三维结构。"有了这套概念，任何具体的研究都可以用这三维空间定义：研究具有时间的维度而且说明时间中的事件；它们可以在探究中寻求个人与社会的平衡；它们在特定的地点或者一系列的地点中发生。"③因此，小叙事也是一种解释，可以在叙

---

① 参见徐昕《论私力救济》，中国政法大学出版社，2005 年版，第 40 页。

② "我们要警惕，不要让历史学失去诗意，我们也要注意一种倾向，或者说要觉察到，某些人一听到历史要具有诗章俳悼惑不安，如果有人以为历史诉诸感情会有损于理智，那真是太荒唐了。"参见［法］马克·布洛赫《为历史学辩护》，张和声等译，中国人民大学出版社，2006 年版，第 78 页。

③ D.Jean Clandinin and F.Michael Connelly. *Narrative Inquiry: Experience and Story in Qualitative Research*, Jossey Bass Publishers, 2000, p.50.

述事件外貌的同时讨论其内蕴,这是叙事与生俱来的功能,也是历史研究必须达到的最基本要求。事实上,"历史就是叙述事件,叙事就是把历史上的行动者相互之间看来是局部的、混乱的和不可理解的情节联系起来,并加以理解和解释"①。这样的话,历史叙事与历史解释冶于一炉,历史不流于简明年鉴或断烂朝报,胥系于此。

其次,小叙事是一种进路。它要求研究者能够"叙事地思考",即用一种有着内在意义联系的方式来思考叙事的内涵和外延,所以小叙事也是一种具有行动取向的研究方法。简单地说,"小叙事"就成为一种研究的"事件路径"。相比单纯的"事件史","事件路径"的研究具有明显的开放性。它不再把事件视为自足的研究对象,而将事件视为历史中社会结构的动态反映,从而将研究从关注事件本身转向挖掘事件背后的社会制度、关系和结构。"社会结构潜藏在历史深处,沉默而隐秘,历史事件是它们偶尔发出的呢喃低语,虽然含混模糊,却是我们借以抓住它们意思的重要契机。"②在此,苏报案就被定位为一种研究视角、切入点,成为透视历史的一种进路,这超越了案件本身,也开启了研究通往"大视野"的窗口。

---

① 何兆武、陈启能:《当代西方史学理论》,中国社会科学出版社,1996 年版,第 541 页。以上的观点来源于韦纳在《如何写历史》一书中的观点,布罗代尔对此也有类似的表述,"事实上,叙事史包含一种解释,一种可信的历史哲学"。参见 Fernand Braudel. *The Situation of History in 1950*, inaugural lecture at the Collège de France, 1950。

② 李里峰:《从"事件史"到"事件路径"的历史——兼论〈历史研究〉两组义和团研究论文》,《历史研究》,2003 年第 4 期。

(二)历史叙事的复兴与微观史学的兴起

"小叙事"成为研究方法,与历史叙事的复兴和微观史学的兴起密切相关。

叙事本位是传统史学的优良传统,然而近代以来的东西方史学研究,都不约而同地与固有的历史叙事传统渐行渐远。随着西方"新史学"的崛起,特别是 20 世纪 70 年代末至 80 年代,一批史学家重新采纳了传统史学中富有人文性的表达方式,试图将历史的书写形式进行从"分析"向"叙述"的转变,特别从具体的微观角度去考察事件,对历史演进过程中的事件和个人进行有声有色的叙事性描述,如埃马纽埃尔·勒华拉杜里的《蒙塔尤——1294—1324 年奥克西坦尼的一个山村》《罗芒狂欢节:从圣烛节到圣灰星期三(1579—1580)》、娜塔莉·戴维斯的《马丁·盖尔归来》、C.金斯伯格的《奶酪与蛆虫:一个 16 世纪磨坊主的精神世界》和《夜间的战斗——16—17 世纪的巫术和农业崇拜》、G.布鲁克尔的《乔万尼与卢莎娜》、J.布朗的《不轨之举:意大利文艺复兴时期的一位修女》等。这些成果的产生,使得历史叙事得以复兴,也促进了微观史学的蓬勃兴起。

与传统史学相比,微观史学更加强调史料的精细度。微观史学的研究者认为,如此方能更加切近地重构作者所要描述的图景,因此,微观史学通常依赖的几乎都是事件发生时当事人或旁观者留下的文字材料。

其中,司法档案又不约而同地成为第一层次的研究史料。勒华拉杜里解读蒙塔尤小山村中农民生活、思想、信仰和习俗的全貌借助的是1318—1325年间宗教裁判所进行的578次审讯的记录及其他档案。金斯伯格探索磨坊主梅罗奇奥的思想所使用的资料是主人公在教会法庭上受审前后十多年的庭审记录。在另一部著作中，他则是利用意大利天主教会宗教法庭的档案，整理并研究了弗留利地区一系列宗教审判案例的细节，生动描述了"本南丹蒂"在教会逐步的压力下，对自我的身份产生混淆，进而把自己归为巫师的过程。布鲁克尔叙述乔万尼与卢莎娜长达十二年的爱情纠葛所依据的，主要是佛罗伦萨世俗法庭和教会法庭若干次审判过程中留下的证词。布朗重现修女贝内代塔一生所用的资料包括教会法庭的审讯记录、教会官员给教皇大使和美第奇大公的报告，以及泰亚廷女修院中修女的日记。同样，被誉为"新文化史"开山鼻祖的美国历史学家戴维斯的《马丹·盖赫返乡记》所依赖的资料也是司法档案及案件承办法官撰写的回忆录。

恰如前文所列举的那样，目前有关苏报案"台前"和"幕后"的大量史料，尤其是预审和正式审判中的记录、各方交涉的往来电函公文,赋予了苏报案这一微观史研究的可行性。①

(三)叙事策略:"深描"与"复调"

正是在这些优秀作品的鼓舞和大量现场文本的支撑下,本书开始了对苏报案"小叙事"的研究尝试。

具体而言,本书将以案件的过程作为叙事推进的纵轴,以案件特定的"横截面"的"场景"作为分析的横轴。叙事策略采用"深描"和"复调"相结合的方式,这样既能保证深入事件的实际过程,又能实现与外部宏观背景的勾连。在"深描"中展示事物的内在逻辑,在"复调"中展其内部逻辑形成的外部环境。

这样的思路,也圈定了苏报案在本书研究中的定位。在从个案到法理的研究进路日渐流行的情境下,个案大致可分成作为提问的个案和作为中心的个案。本书旨在对个案进行深入分析并透

---

① 当然,我们必须承认的是,即使在被誉为第一手材料的司法档案中,也会存在纸面表述的历史与实际存在的历史之间的相互脱节,进而导致"真实历史"与"虚构历史"之间的纠缠不清。参见[美]戴维斯《档案中的虚构:十六世纪法国司法档案中的赦罪故事及故事的叙述者》,麦田出版社,2001年版;徐忠明《关于明清时期司法档案中的虚构与真实——以天启崇祯年间潘氏不平鸣稿为中心的考察》,《法学家》,2005年第5期。前者发现和使用了"隆省档案""日内瓦国家档案""国家档案""巴黎警察局档案"等档案里所保留的164个男性求赦书和42个女性求赦书,通过研究,戴维斯提醒大家,这些赦罪档案所载的故事纯属虚构,史家不可据以重建历史,读者也不可视之为凶案发生的始末。而后者以明末徽州诉讼案卷《不平鸣稿》为史料来源,通过考察和分析明清时期司法档案中的"虚构"成分与司法制度之间的内在关联,冀以阐明产生虚构的深层原因,并考掘出虚构背后作者的真实动机和目的,从而说明司法档案并非一种单纯的记录,而是一种动机复杂而又充满张力的叙述。

视相关学理,从个案论证中国近代司法转型的必然性,若以个案为中心则无法实现目标,反而有牵强附会的意味,故放弃社会人类学处理个案的方法,不刻意追求"以小见大",夸张个案的意义。本书选取第三种进路:作为提问、分析和解答的个案。苏报案在本书中一是作为分析的重要文本,二是通过个案来提出并解答问题。①

作为叙述对象的苏报案,满足了故事讲述的需要,其跌宕起伏的情节、一波三折的审判、反反复复的交涉、激烈冲突的对抗,无疑能重构和比较晚清衙门与会审公廨、传统与现代不同的司法场景。同时,苏报案作为转型时期的重要司法事件,其众多可供细致打量和研究的"横截面",是沟通微观与宏观、事件与结构、个案与法理的有效途径。根据苏报案判决的"台前幕后",可以厘清事件的社会结构,探讨事件背后的学理内涵,进而窥视清末司法的落后与现代转型的必然性。

这种窥探结论的要求和苏报案能够提供分析的可能,与"小叙事,大视野"的研究路径契合。这种研究路径抛弃了传统史学研究宏大叙事的研究进路,强调的是"叙事不妨细致,但是结论却要看远而不顾近"②。在这种写作方式中,时时需要有一个可供分析的"小叙事"作为逻辑可能性分析的互动。有研究将这里的"小叙事"

---

① 在科学研究中,提问有时比解答更重要。爱因斯坦曾经说过:"提出一个问题往往比解决一个问题更重要。因为解决一个问题也许仅是一个数学上的或实验上的技能而已,而提出新的问题、新的可能性,从新的角度去看旧的问题,却需要有创造性的想象力,而且标志着科学的真正进步。"[美]爱因斯坦等:《物理学的进化》,上海科学技术出版社,1962年版,第66页。这同样适用于法学和社会科学的相关研究。

② 徐昕:《论私力救济》,中国政法大学出版社,2005年版,第41页。

解释为，"在法学实证研究中，作为分析判断前提和基础的个案或者经验事实"。① 这与前文提出的"小叙事是一种描述"是一致的，所指向的都是具体的个案。本书之中，即作为提问、分析和解答的苏报案。正是在苏报案这一个案的基础上，全书所展示和推导出的理论逻辑才更具有说服力，也才能更深刻地证明研究结论。

三、如何成就大视野？

无疑，徐昕先生倡导的"小叙事、大视野"研究路径，与费孝通的"小城镇，大问题"、埃里克森的"小地方、大问题"、步德茂的"小事件，大结论"，以及黄仁宇的"大历史观"等研究方法有着一脉相承紧密的关联，都是一种由小及大的进路，寻求的是一种从微观"碎片"通达宏观历史和深邃学理的价值目标。

（一）汲取社会科学理论与方法的重要性

当然，"结论却要看远而不顾近"不是简单通过个案就能轻而易举得出的，往往必须借助一种有力的叙事性的描述作为中介，前述列举的西方系列微观史学作品的成功大都源于此。相比之下，中国却鲜有这方面成功的著作，应星的《大河移民上访的故事》应该算一个，但学术界对其学术深度表示怀疑，认为此书的理论贡献

---

① 汪演元：《个案与法学研究典范的更迭》，http://xzf.nwupl.cn/zhixing/ShowArticle. asp? ArticleID＝1592。

略显不足。① 这种批判的存在，很大程度是由中西学术传统的差异
决定的。在《大河移民上访的故事》中，注释式的理论探讨不仅有
助于行文流畅，而且每个讨论都很有见地，但中国学者更易于接受
的往往是正文中存在理论分析的文本，认为正文中只见叙事、不见
分析的研究，只能被称为"故事"，而非"学术"。因此，纯粹叙事的
研究方式在当下无疑是具有很大风险的，这在相对开放的社会学
领域如此，在相对保守的法学领域恐怕遭遇的危险会更加巨大。②

进一步说，"大视野"不是简单依靠"小叙事"就能水到渠成的。
尽管通过叙事可以完整地描述事件，将事件过程中各种力量和因
素的生成、灭失、增强、减弱、抵消、转移、角逐、合作展示清楚，从而
为研究提供关于社会结构的动态图景。具体到本书之中，即可以
通过叙事来厘清苏报案司法过程中各种变量及其社会性质，以清
晰解构出案件的社会结构，进而验证和修正相关理论。

但更多时候，"大视野"还需要引入特定的社会科学理论和研
究方法。如勒华拉杜里在《罗芒的狂欢节：从圣烛节到圣灰星期三
（1567—1580）》中，就运用人类学方法对罗芒狂欢节中的战舞进行
了详尽的背景分析。布朗在《不轨之举：意大利文艺复兴时期的一
位修女》一书中的分析理论则主要源于心理学，尤其是弗洛伊德的

---

① 参见苏小和《应星和他的〈大河移民上访的故事〉》，http://www.peoplexz.com/
7332/7346/20081208195952.htm。

② 因此，在《论私力救济》一书的研究中，作者从华南地区一个细微民间收债个案的
调查入手，更多地运用法学、政治学、经济学、社会学等跨学科方法和宽泛的理论
框架来解释实证材料，以放宽视野，将私力救济视为一个法律、经济、社会文化和
政治问题，进行深入探讨，这在一定程度上未尝不是一种策略性的研究方式。参
见徐昕《论私力救济》，中国政法大学出版社，2005 年版。

精神分析法。《蒙塔尤——1294—1324 年奥克西坦尼的一个山村》更是借鉴了现代历史学、人类学和社会学的多种方法来再现 600 多年前蒙塔尤村庄的全貌和 14 世纪法国的特点。正是借助于这些社会理论和分析框架,新微观史学往往比传统史学更能揭示事件表象后面的意义。

(二)具体方法:新法律史、假设—演绎法、"事件路径"等

为达到"大视野"的研究目标,本书也尝试在研究中注重司法档案的运用,借助社会科学中的经验,即依托苏报案的个案事实,引入某些理论和框架,以更深入分析案件,这包括新法律史、假设—演绎法及"事件路径"等。

新法律史是以黄宗智教授为核心的加利福尼亚大学洛杉矶校区中国法律史研究群实践的一种法律史的研究新路径,他们试图在"历史感"的观照之下,利用富有学术价值的诉讼档案,并从社会科学理论中汲取灵感且与之真正对话,进而提炼出具有启发性的新的中层概念,以有效连接经验与理论。"从诉讼档案出发"是新法律史研究的起点,在同名论文合集《从诉讼档案出发:中国的法律、社会与文化》中,这些学者使用的司法档案,就有来自四川巴县、顺天府宝坻县、台湾新竹县、河北获鹿县、奉天海城县等地区的,有来自京师刑部、中央内阁、盛京户部及河北省高等法院、江苏省高等法院、上海第一特区地方法院等机构的,全部档案加起来,所涉时间从清代一直延续到民国。在此,本书将进行新法律史的努力,借助苏报案丰富而翔实的档案,鲜活真实地展现历史,并通

过同理论的联系与对话,在经验与理论的勾连中发掘历史,进而尝试提炼出部分具有启发性的概念,从而还原和超越个案。

假设—演绎法是逻辑科学和法律思维最重要的模式之一。从本体论上说,苏报案作为历史,每个细节都是固定的,这符合历史单向度的规律。但是,"历史之流绝非清澈而是始终有些浑浊的,历史之树绝非如修剪过后那般整齐而是枝枝丫丫的,历史之路绝非曾经以为的那样'非如此不可',而是充满了种种别的可能性的"①。历史并不沿着一个设定的模式发展,也不是直线平面地演变;历史运动是多向度、多线条、多层次的。任何事件自发生之初,其进程就充满着多重不确定因素,事件过程中,甚至事件外的人物、行为、背景都会为事件的结局提供诸多可能性。因此,对于苏报案的研究,"不能局限于只研究已经在现实世界中出现了的现实,而应当把眼界扩大到既成事实之外的一切可能性"②。在此,本书也提出一系列假设,审判机构如果是中国传统衙门而不是会审公廨,司法过程中如果沈荩案没有发生,场外因素中如果没有众口沸腾的媒体报道,苏报案最终会是什么样的结局? 进而以这些假设为基础,演绎出不同司法观念、制度和运作的对比,并努力建构诸如司法与政治、司法与传媒等一般性的学理反思。

"事件路径"也是本书着重使用的一个研究路径。"事件路径"的转向,意味着看待"时间"的方式不同。传统的"事件史"注重对历史事件的过程描述和影响分析,历史事件在时间的线性流动中得以发生。因而,传统史学表现出的时间观是单一且表层化的,历

---

① 吴志翔:《被历史忽略的历史》,http://www.aisixiang.com/data/7078.htm。

② 何兆武:《历史研究中的可能与现实》,《史学理论》,1988 年第 1 期。

史事件拥有的不过是快速而短促的时间,在以长时段为中心的历史时间等级体系中往往是微不足道的。① 但"事件路径"则是历史学遭遇社会科学的直接后果,它在对事件过程历时性的考察之外,将更具稳定性的共时性社会结构引入研究视野,事件本身的重要性相对降低,更多探索的是事件对深层、隐蔽的社会历史真相的反映。② 简单来说,"事件史"是基于研究对象产生的概念,"事件路径"则是基于研究视角延伸出的概念。在此,本书将借助"事件路径"的概念与视角,不仅辟专门章节分析苏报案背后的社会结构,而且试图超越个案,以苏报案为进路,在多个章节通过中西司法的对比,透视传统司法的危机与滞后,进而论证清末司法向现代转型的必然性。

新法律史、假设—演绎法、"事件路径"等具体方法的应用,归根到底,都是通过演绎苏报案,以事件为基础和窗口,正视历史的可能性,来寻求更深刻的社会作用机制的透视,进而连接历史与理论。这使本书的论述更能够拓展广度和挖掘深度,并由苏报案展示不同司法观念、制度和运作的对比,对学理进行反思和超越。同

---

① 李里峰:《从"事件史"到"事件路径"的历史——兼论〈历史研究〉两组义和团研究论文》,《历史研究》,2003 年第 4 期。

② 美国学者孔飞力的《叫魂》一书堪称"事件路径"研究的典范之作。作为叙述主线的叫魂事件,最终被证明不过是一连串子虚乌有的妖术指控,是"一出追求幻觉的历史闹剧",然而在作者笔下,它却成了帝制中国官僚君主制中两种权力角逐的舞台,来自皇帝的专制权力与来自官僚的常规权力既密切关联又彼此冲突,它们在对叫魂事件的处理过程中纤毫毕现地展示出各自的利益、能量和特征,从而使官僚君主制中最深刻的内涵大白天下。该书从动态而不是静态的角度来看待社会制度和社会结构,通过事件过程来透视社会制度和社会结构的实际运作。参见杨念群《在神秘"叫魂"案的背后》,《读书》,1996 年第 8 期。

时,提出诸如"司法是一种变量之和""司法过程中的偶然性""个案推动说""中国大地上的司法近代化进程始于租界"等一些初步性的概念,也是本书在方法论上力求达成的目标。

(三)关于全文架构的一点说明

在全书章节架构上,绪论主要介绍选题理由、研究现状、史料说明、研究方法等;正文四章中,第一章主要还原苏报案的过程,第二、三、四章分别从不同的角度对苏报案展开分析,探讨最终判决的形成,呈现中西司法在当时的对比,剖析清末司法转型的必然性,也即本书的主体部分由故事叙述和理论展开两大部分构成;结语部分对研究进一步进行总结和升华。

必须说明的是,正文部分之所以放弃采用完全叙事的风格,是因为我们不得不承认,叙事这一研究方式,难以得到学界的完全认可。起码在传统的学位论文评价体系下,要想通过讲故事来展示研究成果,达到跻身学界的夙愿,在很多情境下是充满风险,甚至是会遭遇"白眼"的。同时,是否可以将叙事作为一种研究进路,目前包括史学界在内的整个学界,对此争议还比较大。在许多学者眼里,研究与叙事是二元对立的。所谓叙事往往只是研究的一种前提形式。海登·怀特对此指出:"在专业历史研究中,叙述往往被看作既不是一种理论的产物,也不是一种方法的基础,而是一种话语的形式,它是否可以用于再现历史事件,依赖于研究的主要目的是否是描述一种境遇,分析一个历史过程,或讲述一个故事。"①费雷甚至认为,叙事是"一种带点懒惰的历史写作方式,因为从定义上说,它逃避问题,在时间流逝的魔术中,将事实与观点混为一谈"②。

因此,囿于学术风险的规避和学识能力的有限,本书很难游刃有余且天衣无缝地在叙事中完美地糅合、应用相关理论和框架,所以正文也无可奈何地生硬分成故事叙述和理论展开两大部分,不过这样的拆分也许会使全文的逻辑结构更加清晰。

但这并非与前述的研究进路相矛盾,其最终的研究着力点都是由小及大,透过苏报案来层层展现清末司法转型的必然性。这恰如斯通所言,"叙述一个人、一场审判或一个戏剧性的故事,不是为了故事本身,而是为了揭示过去文化和社会的内部运作"③。

---

① Hayden White."The Question of Narrative in Contemporary Historical Theory, " *History and Theory*, Vol.23(1984) , No.I, p.2.转引自陈新《论 20 世纪西方历史叙述研究的两个阶段》,《史学理论研究》,1999 年第 2 期。

② Furet."Beyond the Annales, " *Journal of Modern History*, Vol.55(1983) , No.3, p.409.转引自[英]彼得·伯克《法国史学革命:年鉴学派,1929—1989》,刘永华译,北京大学出版社,2006 年版,代译序第 5 页。

③ Lawrence Stone."The Revival of Narrative: Reflections on a New Old History, " *Past and Present*, (1979) , No.85, p.19.

第一章　1903 年上海苏报案

公元 1903 年,这本是中国历史上一个极其平常的年份。

此前一年,清朝政府任命刑部侍郎沈家本、出使美国大臣伍廷芳为修律馆总纂,主持法律改革,开启了清末司法转型的大门。在这场渐进式转型的初期,涉及司法制度的改革并没有显现出波澜壮阔,或者轰轰烈烈的特征。如果不是从新兴报纸上读得只言片语,或许谁也不知道司法领域的这场改革意味着什么。在中国古老的皇城下,一切都显得非常平静,民众们按部就班地生活在京城的晨钟暮鼓声中,任凭紫禁城上落日的余晖将马车的影子拉得多长。

不过,在千里之外的另一个中国城市——上海,一切都表现得和京城的不同,尤其是这个曾经的"东南海滨的三等县城"①的现

---

① 开埠以前的上海,"亦如直隶之静海,浙江之临海,广东之澄海,其名不著于中国十八行省,更何论五洲万国乎?"参见李平书《论过去之上海》,《上海三论》之一。

代化程度,超出了当时中国的任何一个城市。本书研究的苏报案就是在这样的背景下展开的。

一、因言惹祸

(一)《苏报》其报

《苏报》本是"胡璋(铁梅)所经营,但由其妻日本女子生驹悦出名,在驻沪日本总领事馆注册"①的一份"营业性质之小报"②,创刊时间大概是光绪二十二年(1896 年)。③ 长期以来,《苏报》所刊消息议论颇为无聊,故在新闻纸中占的地位极不重要。④ 再加上报

① 戈公振:《中国报学史》,三联书店,1955 年版,第 152 页。
② 张篁溪:《苏报案实录》,中国史学会编:《辛亥革命》(第一册),上海人民出版社,1957 年版,第 367 页。
③ 关于《苏报》的创刊日期,有两种记载:一说是光绪二十二年(1896 年),一说为次年(1897 年)夏季。前者如胡道静《狮子吼"破迷报馆案"索隐》一文,后者如戈公振《中国报学史》一书。根据周佳荣先生的考证,《苏报》应当创办于光绪二十二年(1896 年)。理由如下:一是在光绪二十九年四月初十日(1903 年 5 月 6 日)的《苏报》报端刊印有"第二四五一号"的字样,以后逐日顺次编号,据此向前推算,如果中间没有停刊,《苏报》的创刊应在光绪二十二年(1896 年)6—7 月间。《上海研究资料续集》开头也加插《苏报》图版一张,上面印有光绪二十四年正月十五日(1898 年 2 月 5 日)及"第五七八号"字样,进一步证明推算结果的可靠。笔者掌握的《苏报》(光绪二十九年二至四月份)(台北学生书局影印本)也证明上述推算的正确性。方汉奇教授则具体称《苏报》创办于 1896 年 6 月 26 日,见方汉奇《中国近代报刊史》(上册),山西人民出版社,1981 年版,第 231 页。
④ 胡道静:《上海的日报》,上海市通志馆,1935 年版,第 40 页。

馆与日本外务省和黑龙会关系密切,①《苏报》更被外界认为是日本外务省在上海设立的机关报。② 创办几年来,《苏报》曾因刊登黄色新闻与法租界公廨发生纠葛,内部也多次爆出纠纷,所以一直以来都不顺当,遂在 1900 年前后全盘出让给了陈范（1860—1913）。

陈范,字叔畴,号梦坡,有过宦海经历,曾经担任江西铅山知县,后因教案落职,便举家移居上海。陈范性格中最值得称道之处在于,他不固守成规,总能顺时而动,站在时代的前沿。在上海新党所开展的历次活动中,包括 1900 年初上海千人联名通电光绪帝"力疾临政",1900 年唐才常发起正气会,以及 1901 年拒俄密约事件,都可以看到陈范的身影。③ 陈范接手后,《苏报》即以一种新的姿态出现在上海报界,"其主张日追潮流而进步"④,在当时的思想风气下,逐渐受到重视。"初力主变法,颇为读者欢迎,嗣复中于康梁学说,高唱保皇立宪之论,时人多以康党目之。"⑤《苏报》的若干论说,也被保皇派所办《清议报》《新民丛报》转引,足以说明《苏

---

① 方汉奇:《中国新闻事业简史》,中国人民大学出版社,1999 年版,第 117 页。章士钊在《苏报案始末记叙》中也曾称,"夫《苏报》者,原属日本黑龙会人之侵略工具"。蒋慎吾在《苏报案始末》中引用生驹悦对主笔邹弢的话:"馆由东洋外部大臣来的,领事亦不能管我。我虽平常人,曾由胡铁梅在日绅日官前保举为馆主。"参见蒋慎吾《苏报案始末》,《上海研究资料续集》,上海书店,1984 年版,第 72 页。
② 胡道静:《上海的日报》,上海市通志馆,1935 年版,第 40 页。
③ 马光仁:《上海新闻史》,复旦大学出版社,1996 年版,第 231—232 页。
④ 胡道静:《上海的日报》,上海市通志馆,1935 年版,第 40 页。
⑤ 冯自由:《陈梦坡事略》,《革命逸史》(第一集),商务印书馆,1969 年版,第 175 页。

报》言论已为当时的保皇立宪派所重视，甚至引为同道。① 1901年，流亡日本的梁启超也在《清议报》第 100 期发表的长文中称，《苏报》和《中外日报》《同文沪报》"皆日报佼佼者，屹立于惊涛骇浪狂毒雾之中，难矣，诚可贵矣"②。

　　不过，《苏报》背后的艰辛是一般外人所不了解的。最初的两三年，陈范的办报活动很是惨淡。在上海新闻界，"规模最小，资本最弱，发行量较少，后盾最不足恃"，"报馆中经济既困，人才亦少，陈氏常拉人写论说"以应付报纸的版面。③ 通常，陈范只得让妹夫汪文溥担任主笔，儿子陈仲彝编发新闻，女儿陈撷芬编辑小品诗歌之类的副刊，这种尴尬的场面被当时上海报人包天笑嘲笑为"合家欢"。实在没有办法，陈范只能亲自操笔上阵，撰写论说，以实现最初办报提出的"思以清议救天下"④的梦想。除了无人可用，经济困窘的制约更大，为了维持报纸的生存，陈范有时不得不"自北走燕筹款，经年归沪"⑤。这种局促，让《苏报》在当时上海的二十多家报纸中，显得力不从心，甚至有点无以为继。

---

① 不过，根据陈范的妹夫汪文溥的回忆，"丁戊（1897、1898）之际，康有为始以维新号召徒党，君（指陈范）私谓余曰：'中国在势当改革，而康君所持非也，君盍偕我以文字饷国人，俾无再入迷途。'于是相与在沪组织一日报。"具体陈述可见汪文溥《蜕庵事略》，《民立报》，1913 年 5 月 30 日。从该段文字可见陈范当时是不同意康、梁之维新活动的。那么，他如何在以后的办报过程中变成保皇立宪的同道中人？据笔者考证，原因可能是陈范此人"善听人言"（章士钊在《苏报案始末记叙》中的评价），其违背初衷，转向保皇立宪是有可能的。

② 马光仁：《上海新闻史》，复旦大学出版社，1996 年版，第 231 页。

③ 汪文溥：《蜕庵事略》，《民立报》，1913 年 5 月 30 日。

④ 章士钊：《苏报案纪事》，罗家伦主编：《中华民国史料丛编》，台湾文物供应社，1968 年版，第 1 页。

⑤ 汪文溥：《蜕庵事略》，《民立报》，1913 年 5 月 30 日。

　　《苏报》的转机出现在 1903 年初那场全国普遍爆发的学潮之际，也正是由于这场波澜壮阔、前赴后继的学界风潮，陈范结识了章士钊（1881—1973）。

　　当时，在沪担任上海南洋公学总教习的蔡元培（1868—1940）与蒋智由（1865—1929）、黄宗仰（1865—1921）等人发起成立一个名为"中国教育会"的教育改良机构，目的是改革中国传统教育。待到 1902 年末南洋公学学生集体退学风潮发生之际，蔡元培从中调停无果，反而被诬成学生退学乃是"为孑民（指蔡元培）平日提倡民权之影响"，①蔡元培不得不引咎辞职，最终在各方的协助下成立了爱国学社。最初学员五十五人，均为南洋公学退学学生。蔡元培、章炳麟、吴稚晖（1865—1953）等人兼任教员。随着学社影响力的扩大，一大批思想激进的青年学生相继加入学社。三月间，章士钊从南京陆师学堂退学参加爱国学社；四月间，张继（1882—1947）、邹容又从日本回国加入学社……一时间，学社气象活跃舒畅，思想清新自由，有关革命的探讨也日趋激烈，"校内师生高谈革命，放言无忌。出版物有《学生世界》，持论尤为激烈"。②

　　很快，这批与传统背道而驰的师生就惹得上海守旧派大为不满，《申报》《新闻报》《中外日报》也常予抨击。这时，《苏报》就与爱国学社签订协议，每天由蔡元培、章炳麟、吴稚晖等学社的教员轮流撰写论说交给报馆，报馆则每月向学社提供一百元的资助。

---

① 高平叔：《蔡孑民先生传略》，商务印书馆，1943 年版，第 4 页。
② 冯自由：《革命逸史》（第一集），中华书局，1981 年版，第 118 页。

"于是互受其利,而苏报遂为爱国学社师生发表言论之园地。"①由于爱国学社与中国教育会人事重叠,并未严分界线,故教育会亦承认《苏报》为其机关报。②

有了中国教育会和爱国学社这批有生力量的加入,原本碌碌无为的《苏报》一下子迸发出巨大的生机,大步走到了言论的前列,报务也由此日益发达。③ 报纸的内容有了很大的改观,最突出的就是增设"学界风潮"一栏,用很大篇幅报道了各地学堂、书院罢课、散学、退学的消息,并在言论上予以同情,同时还刊登学生来函,揭发各地学堂的腐败情形,支持学生的正义之举,无形之中成为学潮的鼓手和旗帜。"所载文章,素为东南学界所注目"④。

跟随着学潮而来的是一连串的学生爱国运动,最后演变成浩浩荡荡的政治运动,比较著名的是抗法运动和拒俄运动。⑤ 在这两场运动中,爱国学社作为内地学界的代表机构起到了关键作用,

---

① 张篁溪:《苏报案实录》,中国史学会编:《辛亥革命》(第一册),上海人民出版社,1957年版,第368页。

② 冯自由:《中国教育会与爱国学社》,《革命逸史》(第一集),商务印书馆,1969年版,第173页。

③ 根据统计,至1903年5月6日,《苏报》还在京、津及日本横滨等地设立了22个分售处,共32个代销点。参见1903年5月6日《苏报》头版。

④ 张篁溪:《苏报案实录》,中国史学会编:《辛亥革命》(第一册),上海人民出版社,1957年版,第367页。

⑤ 1903年4月,东京留学生得知广西巡抚有借法兵法款以平内乱之议,遂致电中国教育会,请求内地协助共同抗议政府的行为。俄国在1900年入侵北京之际,曾与清政府协议占领东北三省三年,但至1903年4月时,俄国不肯彻底履行撤兵协议,引起国内外学生的集会抗议,留日学生甚至组织"拒俄义勇队"准备奔赴疆场,与俄人决战。关于学生的爱国行为及思想变化可具体参见严昌洪、许小青《癸卯年万岁——1903年的革命思潮与革命运动》,华中师范大学出版社,2001年版。

《苏报》也积极为之呐喊助威。这股涌动的潮流,让清朝统治者伤了一番脑筋,也花费了一番整顿学生的力气。适得其反的是,这些整顿青年学生爱国运动的举措却激起了学生(特别是留日学生)排满的革命思潮。东京留日学生杂志《江苏》起初还只是骂骂荣禄等清朝官员,但到了1903年第3期就在《社论》中宣布:"今而后吾以民族主义"为宗旨,"国亡矣,欧族为主人,满族为奴隶,我为奴隶之奴隶","今运动满清政府之方针(指请求回国参加拒俄斗争),既不可遂,则诸君与其为满清政府刀头之饿鬼,何如为革命党之骁将乎"。[①] 高声倡议革命排满。其他留学生刊物《浙江潮》《湖北学生界》也积极斥责政府卖国,倡导民族主义,明确宣传革命。

作为国内学生言论的阵地,《苏报》和东京的留学生遥相呼应,此时也积极发挥新闻舆论的引导作用,"即鼓吹罢学,与夹带革命,双方并进"[②],甚至公开倡言,"居今日而欲救吾同胞,舍革命外无他术。非革命不足以破坏,非破坏不足以建设,故革命实为救中国之不二法门。革命乎! 革命乎!"[③]

(二)阴差阳错的转变

1903年5月27日是21岁的章士钊成为《苏报》主笔的第一天。选择章士钊作为主笔,可以说是《苏报》馆主陈范做出的一个

---

① 转引自李泽厚《二十世纪初资产阶级革命派思想论纲》,《中国近代思想史论》,天津社会科学院出版社,2003年版,第271页。

② 吴稚晖:《回忆蒋竹庄先生之回忆》,《上海研究资料续集》,上海书店,1984年版,第108页。

③ 《敬告守旧诸君》,《苏报》,1903年5月13日。

重大决定。

当天,章士钊一挥而就写成了《论中国当道者皆革命党》,以大胆的言辞鼓吹中国要进行革命。出乎意料的是,第二天天还未亮,陈范就推醒了睡梦中的章士钊,以一种惊魂未定的口气对文章表示出万分担忧,"本报不得作如斯猖狂状",否则就是"自取覆亡"。①

陈范的惊骇让章士钊变得有点手足无措,以他的志向,这主笔的位置恰是实现自己革命抱负的平台,②可一篇小小的文章却可能危及馆主几年来辛苦办报创下的基业,"助人为理,覆人之产,不祥;自折其志,苟为和同,不义"③。

言论倾向革命是顺应潮流的举动,可这才写就了一篇文章,拟"以耸动当世观听"④,陈范就吓得胆战心惊,这该如何是好? 按照章士钊的分析,尽管陈范"知非提倡新学,不足以救国,渐与当世志士相往还"⑤,使自身不至于故步自封,而能日益前进,但其坚定程

---

① 章行严:《苏报案始末记叙》,中国史学会编:《辛亥革命》(第一册),上海人民出版社,1957 年版,第 388 页。

② 章士钊在《苏报案始末记叙》的一开始就写道,上海正处于新风荡漾、新潮起伏之际,一班青年志士"正在张脉偾兴,虎气腾上之候",却苦于没有合适的言论阵地,"深以屠门得不,无由吐纳为憾",迫切希望得到"形势已成之言论机关",以"恣意挥发"胸中"隐志"。由此可见,获得《苏报》主笔的位置,拥有自己的言论机关,对于章士钊等人是多么重要。参见章行严《苏报案始末记叙》,中国史学会编《辛亥革命》(第一册),上海人民出版社,1957 年版,第 387 页。

③ 章行严:《苏报案始末记叙》,中国史学会编:《辛亥革命》(第一册),上海人民出版社,1957 年版,第 388 页。

④ 张篁溪:《苏报案实录》,中国史学会编:《辛亥革命》(第一册),上海人民出版社,1957 年版,第 368 页。

⑤ 冯自由:《中国教育会与爱国学社》,《革命逸事》(第一集),商务印书馆,1969 年版,第 175 页。

度恐怕大不如蔡、章、邹等人，能与学社结盟，参与学潮，或是"以适时言论张之，扩其销路，而未必有醉心革命，遒人木铎之坚决意志也"。①

下午时分，正在暗暗思忖间，陈范突然推门而入，慷慨激昂评述了一通当前革命形势，认定只有革命才是中国的出路。"出语壮烈，较前顿若两人"，并且承诺，"本报恣君为之，无所顾藉"。②

恣君为之？年轻的章士钊不是不相信陈范的决定，而是这个决定变化得太急速、太唐突。他不得不请教他的义兄章炳麟，在他眼里，义兄不仅学识渊博，而且经历过维新风波、"勤王运动"等一系列社会大事件，阅历要比自己丰富得多。更重要的是，章炳麟在日本期间与康、梁维新势力划清了界限，明确地站到主张反清革命的孙中山这边，意志弥坚，行动果敢。在资产阶级革命派的阵营里，与其说章炳麟是他的义兄，还不如说是他的指路人。可惜，章炳麟听了章士钊的讲述后，也估摸不透陈范的动因。不过，章炳麟指出，陈范"乃是潮流中长厚君子"，此言既出，应该是诚心托付，不得有假，那就索性放开一搏。

后来据考证，陈范的转变乃是由于当天发生的一桩阴错阳差的"假孙中山案"。当时，《苏报》馆有一个叫钱宝仁的人，也算得上当时上海滩一位有趣人物。他是镇江人，为一流氓，却冒充革命党。当时张园时常有集会演说，他也登台慷慨激昂一番。他在演

---

① 章行严：《苏报案始末记叙》，中国史学会编：《辛亥革命》（第一册），上海人民出版社，1957年版，第388页。

② 章行严：《苏报案始末记叙》，中国史学会编：《辛亥革命》（第一册），上海人民出版社，1957年版，第388页。

说时认识了陈范,诡秘地自称孙中山,秘密返国,策动革命。陈范
对他深信不疑,唯钱宝仁之马首是瞻,对他言听计从。钱宝仁便趁
机在《苏报》馆谋了个办事员的位置,当天陈范的态度从早到晚发
生一百八十度转变,就是因为听了钱宝仁的"指示"。①

(三)倡言革命的先锋

自此,以章士钊担任主笔为标志,《苏报》进入了一个崭新的历
史新时期,开始了一段疾风骤雨般猛烈又惊天动地般壮烈的革命
征程,"首以文字提倡革命,感发国人"②。历史风云的变幻,也将
《苏报》推上了时代潮流的最顶端。

6 月 1 日,《苏报》实行"大改良",刊登论说《康有为》,"今日之
新社会,已少康有为立锥之地","而天下大势之所趋,其必经过一
躺之革命,殆为中国前途万无可逃之例。康有为必欲为革命之反
动力 …… 革命之宣告殆已为全国之所公认,如铁案之不可
移。……新水非故水,前沤续故沤。"③《康有为》一文,可以说是资
产阶级革命派的一份告白,一方面宣示了革命派与保皇派的不同,
划清了二者的界限,另一方面更是指出了保皇党人的政治行为已
成为革命势力发展的一大障碍。

6 月 2 日,首列《本报大注意》,刊登论说《哀哉无国之民》,发

---

① 参见熊月之《说假孙中山案》,《万山集》,上海辞书出版社,2004 年版,第 81 页。
② 姚光:《哭陈蜕庵先生文》。转引自王敏《陈范集》,上海古籍出版社,2021 年版,第
193 页。
③ 《本报大改良》《康有为》,《苏报》,1903 年 6 月 1 日。

表《论江西学堂学生无再留学之理》一文,配合学生运动。

6月3日,首列《本报大沙汰》,宣布加强"时事要闻",减少"琐屑新闻",并增设"特别要闻""间加按语"。同日刊登论说《客民篇》。"特别要闻"为转引《上海泰晤士报》的《查拿新党》,谓"后又得北京密电,上海道严拿蔡、吴、汤、钮新党四人,闻此亦吕海寰之所指名,即聚众会议之首领是也"。①

6月4日,刊登论说《论报界》。"特别要闻"为《西报论工部局保护新党事》。

6月6日,《苏报》刊登张继《祝北京大学堂学生》一文,借此鼓吹"中央革命"的理论。"数年以来,革命之声日盛一日,孙文之党,唐、林诸烈士,屡兴革命军于南方,前仆后起,流血淋漓,非不伟也,非不壮也。……吾望中央革命军之起,久矣。"②

6月7日、8日,以"来稿"的形式发表章士钊所写的《论中国当道者皆革命党》(上、下),署名韩天民。③

6月9日,章炳麟在"新书介绍"栏目评论《革命军》,"其宗旨专在驱除满族,光复中国。笔极犀利,文极沉痛,稍有种族思想者,

---

① 《本报大沙汰》《客民篇》《查拿新党》,《苏报》,1903年6月3日。

② 《祝北京大学堂学生》,《苏报》,1903年6月6日。五月间,上海风谣四起,《苏报》不放过任何一个可以宣传革命排满的机会,凡有关消息,均不厌其烦地予以刊登。当时讹传北京大学堂有两名学生因接应东京义勇军被拘,且遭杀害,其实并无此事,只是大学堂上书管学,请力阻俄约而已。但张继闻讯,即刻撰写《祝北京大学堂学生》一文,号召从中央开始革命,而北京大学堂学生"秘密结社,与海内外之士联络,希图革命"则是中央革命将兴之征兆。此文刊出后,引起社会议论纷纷,有一些人指责《苏报》一味煽动学生。章士钊也揣测张继是"明知其无而鼓吹之",旨在从清政府统治的腹地激起人心,增强革命声势。

③ 这种不以作者真实身份来署名的做法在当时新闻界非常普遍。现在看来,章士钊借用笔名来发表论说者意图的文章,也算是一种斗争的手段或自我保护的手法。

读之当无不拔剑起舞,发冲眉竖。若能以此书普及四万万人之脑海,中国当兴也勃焉,是所望于读《革命军》者"①。

6 月 10 日,"来稿"刊登张继的《读严拿留学生密谕有愤》。发表章炳麟《序革命军》,"夫中国吞噬于逆胡,已二百六十年矣。宰割之酷,诈暴之工,人人所身受,当无不昌言革命。……抑吾闻之,同族相代,谓之革命;异族攘窃,谓之灭亡;改制同族,谓之革命;驱逐异族,谓之光复。今中国既灭亡于逆胡,所当谋者光复也,非革命云尔。容之署斯名,何哉? 谅以其所规画,不仅驱除异族而已,虽政教学术、礼俗材性,犹有当革者焉,故大言之曰革命也"②。

6 月 12 日、13 日,针对《中外日报》刊登抨击革命的《革命驳议》一文,《苏报》立即发表《驳〈革命驳议〉》回应,拉开了保皇派与革命派之间笔战的序幕。"夫小小变法,不过欺饰观听,而无救于中国之亡;立宪足以救中国之亡,又非不知自由者所能就,然则研究实学,果安所用耶? 然而维新之极点,则必以立宪为归矣。彼所以侈陈维新,讳言革命者,非谓革命之举,必伏尸百万、流血千里、大踯大搏、以与凶顽争命,而维新可从容晏坐以得之耶?"并以"各国新政无不从革命而成"来佐证。③

6 月 18 日,刊登论说《贺满洲人》,直白地在字里行间采用了"杀满"的字眼,称"视满人为九世深仇,切齿裂眦,磨砺以须"。④

6 月 19 日,刊登论说《虚无党》,文章写道,"(虚无党)虽至杀

① 《本报大感情》《读〈革命军〉》,《苏报》,1903 年 6 月 9 日。
② 《读严拿留学生密谕有愤》《序革命军》,《苏报》,1903 年 6 月 10 日。
③ 《驳〈革命驳议〉》,《苏报》,1903 年 6 月 12—13 日。
④ 《贺满洲人》,《苏报》,1903 年 6 月 18 日。

人如麻,血流漂杵,惨酷之气,黯无天日",但"吾不得不服其手段,慕其势力,涎其幸福"。①

6月20日,"新书介绍"推出《驳康有为论革命书》书介,"康有为《最近政见书》力主立宪,议论荒谬,余杭章炳麟移书驳之,持矛刺盾,义正词严,非特康氏无可置辩,亦足以破满人之胆矣。凡我汉种允宜家置一编,以作警钟棒喝"②。

……

6月27日、28日,"论说界"载《论仇满生》。③

6月29日,摘录章炳麟《驳康有为论革命书》中部分内容刊出,题为《康有为与觉罗君之关系》,点出戊戌时期光绪帝有意维新,乃出于保存自己帝位和权力的目的,他和康有为的关系,建立在相互利用的基础之上。"载湉(指光绪帝)小丑,未辨菽麦,铤而走险,固不为满洲全部计。长素(指康有为)乘之,投间抵隙,其言获用。"在分析论证的基础上,文章还以饱满的激情、极富感染力的文采赞美革命,"然则公理之未明,即以革命明之;旧俗之俱在,即以革命去之。革命非天雄大黄之猛剂,而实补泻兼备之良药矣"。④此文一出,尤其是文字直呼光绪皇帝之名,"载湉小丑,未辨菽麦",朝野轰动,举世哗然。一时,"上海市上,人人争购"。

短短一月间,《苏报》傲立在时代潮流的最前列,它犀利的言论、磅礴的气势、激烈的论调推进了革命的发展,同时也完成了自

---

① 《虚无党》,《苏报》,1903年6月19日。
② 《驳康有为论革命书》,《苏报》,1903年6月20日。
③ 《论仇满生》,《苏报》,1903年6月27—28日。
④ 《康有为与觉罗君之关系》,《苏报》,1903年6月29日。

我的升华。当然,在这样的风口浪尖上,《苏报》敢于倡言排满、呼吁革命,乃至"大不敬"地喊出"载湉小丑,未辨菽麦",无异于"自甘灭亡"。

(四)费力缉拿与捕人闹剧

清政府当局对《苏报》早有关注。在三、四月间,蔡元培、吴稚晖的张园演说,就"惹得满清之注目",这也是"本年骚动之发端"。上海《泰晤士报》也刊载了商约大臣吕海寰函告江苏抚台恩寿,谓上海租界有所谓热心少年在张园议事,请即设法将为首之人密拿严办的消息。等到五、六月间留日学生代表汤槱、钮永建二人回国参与抗俄运动时,蔡、吴、汤、钮四人之名已"扰攘上海数月"①,四人也早已被列入吕海寰的捕人名单,6 月 3 日的《苏报》对此也有所报道。② 上海《泰晤士报》还透露,此时各驻沪领事已允上海道之照会,业经签名,拟缉捕为首诸人,但工部局独不许。

在中国的属地上海捕人,为何要照会各驻沪领事,并得到工部局允许? 这个在清政府看来最不齿于口的问题却成为最棘手的障碍,抑或说是最需要正视的问题。原因很简单,无论是爱国学社还

---

① 《光绪二十九年五月二十六日外务部发沿江沿海各省督抚电旨》,《苏报鼓吹革命清方档案》,中国史学会编:《辛亥革命》(第一册),上海人民出版社,1957 年版,第 408 页。

② 《查拿新党》,《苏报》,1903 年 6 月 3 日。

是《苏报》馆，都坐落在公共租界内。① 在所谓"国中之国"中，外国领事建立了他们自己的西方式的新机构，租界拥有征收地方赋税、维修道路、维持市政警察的权利，实行独立的立法、行政、司法、军事等管理，拥有以工部局为中心的立法体制和以工部局董事会为核心的行政体制，几乎脱离和排斥了中国政府的管辖，清政府无法直接行使职权。对于报界，租界则恰如隔离和缓冲区域，拥有相对自由的言论环境。恰在此时，公共租界工部局又颁布了新的管理章程，明确规定：其一，所有租界内的华人和外国人，无论何案，未经会审公廨核明，一律不准捕捉出界；其二，界外差人不准入界擅自捕人；其三，界外华官所出拘票，须送会审公廨定夺，派员协捕。② 无奈之下，"天朝"只得叹息鞭长莫及，捕人之事也不得不一度搁置。

在这段时间里，还有两段小小的插曲。一是清廷官吏曾设法诱捕蔡元培、吴稚晖等人，但未成功。"十六日尚有上海已革举人童炯来骗我们进城（指华界，清政府管辖之地）。他说，他们将开设一文鞭学校，暗寓文人更革之义，叫我与子民等都去讲演，其实他受上海道之使，要骗我等去就捕。"③二是蔡元培、吴稚晖、章炳麟、

---

① 爱国学社位于租界泥城桥福源里。从现有的资料来看，《苏报》馆址曾经有三次迁动：一、根据《上海研究资料续集》书首的《苏报》版图，光绪二十四年（1898 年）时馆址在"英租界四马路东首"；二、根据台湾学生书局版的《中国报学史》（第 207 页）所刊《苏报》版图，光绪二十六年（1900 年）时馆址在"英租界棋盘街中市"；三、根据光绪二十九年（1903 年）二月后《苏报》的版头，《苏报》馆址在"英租界三马路中市"，亦即"汉口路二十号"。

② 汤志钧主编：《近代上海大事记》，上海辞书出版社，1989 年版，第 566 页。

③ 吴稚晖：《回忆蒋竹庄先生之回忆》，《东方杂志》第 33 卷第 1 号，第 22 页。

黄宗仰等人曾多次被租界巡捕房传讯，而"每次所问之话，大略相同。终说：'你们止是读书与批评，没有军火么？如其没有，官要捕你们，我们保护你们。'我们回说没有军火，即点头而别。"①

　　及至《苏报》言论日趋激烈，《革命军》《驳康有为论革命书》又先后出版，情况便急转直下，暂时搁置的捕人计划再度列入清政府的议事日程。6 月 20 日，两江总督魏光焘先是电陈查禁爱国学社张园演说，经外务部呈慈禧太后，批饬"严密查拿，随时惩办"。不几日，魏光焘又觉得演说虽禁，"复有苏报刊布谬说，而邹容所作革命军一书，章炳麟为之序，尤肆无忌惮，因饬一并严查密拿"②。时兼湖广总督的端方也致电魏光焘，谓《苏报》"悍谬横肆，为患非小，能设法收回自开至妙。否则，我办一事，被发一议，害政惑人，终无了时"③。于是，鉴于《苏报》掀起的波澜，"清廷以是责之江苏大吏，大吏以是责之上海道员"④，这种自上而下的追究与督办，在中国几千年形成的官僚体制上，让上海道台袁树勋感觉到"万钧压力，亦可谓重矣迫矣"⑤。

　　可在当时上海"一地三制"的情境下，要在租界内抓人，并非易

① 吴稚晖：《回忆蒋竹庄先生之回忆》，《东方杂志》第 33 卷第 1 号，第 23 页。
② 胡道静：《上海新闻事业之史的发展》，上海市通志馆，1935 年版，第 960 页。
③ 《光绪二十九年五月二十八日兼湖广总督端方致两江总督魏光焘电》，《苏报鼓吹革命清方档案》，中国史学会编：《辛亥革命》（第一册），上海人民出版社，1957 年版，第 444 页。
④ 张丹、王忍之：《辛亥革命前十年间时论选集》（第一卷下册），三联书店，1960 年版，第 776 页。
⑤ 张丹、王忍之：《辛亥革命前十年间时论选集》（第一卷下册），三联书店，1960 年版，第 777 页。

事。袁树勋深知"租界之治权，彼实不得过雷池一步，而不能为非分之想、出位之谋"①，远在江宁的魏光焘也明白，"界内拿犯，最为棘手"②。为详慎起见，乃派候补道俞明震（字恪士，1860—1918）赶赴上海，会同袁树勋同租界领事交涉副署拘票。

翻开厚重的清朝不平等条约，尽管无法查阅到"在租界抓人，要经各国领事同意，经董事局签字，并由巡捕协拿"的字样和条款，但历来双方交涉而成的习惯却逐渐演变为上述程序，③这一点也作为正式制度写入 1902 年会审公廨章程的修正案中。④ 这让身为上海"父母官"的袁树勋很是着急。

相比袁树勋的急躁与担忧，俞明震倒有点处之泰然。他一边不动声色地与袁树勋一道和租界领事交涉，一边暗地里又与《苏报》的成员接触。俞明震一者原本就和陈范、蔡元培相识，属于旧友；二者他担任过南京陆师学堂总办，算起来应当是章士钊的老

---

① 张丹、王忍之：《辛亥革命前十年间时论选集》（第一卷下册），三联书店，1960 年版，第 776 页。

② 《光绪二十九年闰五月十二日两江总督魏光焘致兼湖广总督端方江苏巡抚恩寿电》，《苏报鼓吹革命清方档案》，中国史学会编：《辛亥革命》（第一册），上海人民出版社，1957 年版，第 413 页。

③ 1883 年之前，上海县令所发的拘票，一经领事领袖或者代表其参加会审的评审官附署，即可在界内拘拿人犯，即使不副署，也可产生效力，中方捕役可以自由地拘捕除洋人雇员外的华人被告。后来，为了能够获得巡捕房的协助，清方默认领事领袖的同意成为拘捕的必经程序。参见洪佳期《上海公共租界会审公廨研究》，华东政法大学博士学位论文，2005 年。

④ 该修正案第六款为：All warrants of the Mixed Court against Chinese in the foreign settlement north of the Yang-King-Pang shall not be enforced unless counter singed by Senior Consul of Shanghai.If the defendant is in the employ of a foreigner, such warrant must be counter signed by the Consul of the Nationality of the employment of the defendant. 参见吴圳义《清末上海租界社会》，文史哲出版社，1978 年版，第 44 页。

师,对章也颇为赏识;三者其子俞大纯和吴稚晖乃是留日时的同学,私交很好。这千丝万缕的关系,在传统中国的人情社会里,尽管不会摆上台面,但都是不可不虑之事。加之俞明震也是个"新党",①办事的手腕便活泛起来。

6月26日,俞明震到沪的第二天,他就亲自到《苏报》拜访陈范,可能是由于早就听闻朝廷要抓人的消息,憨厚的陈范吓得闭门不见。次日,俞明震又以俞大纯的名义约请吴稚晖。席间,他不仅拿出魏光焘命令严查的公文递给吴阅视,还劝吴出国留学,让吴可以秘密与其联络。这一系列莫名的举动,让吴稚晖有点不知所措。② 不过,因为已被巡捕房传讯多次,且自恃有租界的"保护",吴稚晖对俞明震的谈话并不以为意。后来的历史表明,吴稚晖显然有点大意过头了。在清政府与租界多次协商后,租界最终做出了妥协,同意捉拿《苏报》一干人等,但要求政府当局书面承认"所拘之人,须在会审公堂由中外官会审,果有罪,亦在租界之内办

---

① 对俞明震是个"新党"的定位来源于鲁迅先生的结论。鲁迅曾经做过俞的学生,对其素有好感。鲁迅曾多次在日记中提及俞明震,称其为"俞师"或"俞恪士师"。俞去世,鲁迅还专门送去挽幛。周作人也说过,南京路矿学堂"总办是维新的俞明震,空气比较开明"。现在看来,俞明震在苏报案中的一系列举动,同情革命党人,有意网开一面的可能性较大。参见谭湘《关于俞明震史料的一点辨正》,《鲁迅研究(月刊)》,1994 年第 5 期。

② 这次见面,由于缺少第三人的见证,最终导致了"《苏报》事件"的案外案,即章吴之争。1907 年章炳麟在《革命评论》一书上发表《邹容传》的文章,认为是吴稚晖吾密出卖了《苏报》一干人等,而吴稚晖则予以否认,两人针锋相对,在东京与巴黎之间,三问三答,交战好几个回合,纠缠不清。直至章炳麟去世后,吴稚晖还跳出来澄清章是诬陷。参见《论"苏报案"中的章吴之争》《苏报案中一公案——吴稚晖献策辩》《从苏报案看清末报界》。

理"①。无奈之下,袁树勋只得同意,"彼久视租界为其主权,非内地办案可比"②。

于是,一幕富有戏剧性的捕人闹剧上演了。

首先,捕人名单由最初风传的"蔡、吴、汤、钮"四人,而后的"所欲捕拿者共六人,其中一系翰林,二系举人,一系商人,一系沙门,一系已辞职之某员(即蔡元培、陈范、章炳麟、冯镜如、吴稚晖、黄宗仰)"③六人,最终变成了"钱允生(钱宝仁)、程吉甫、陈叔畴,以上《苏报》馆主笔。章炳麟、邹容、龙积之,以上伪作《革命军》匪人。陈范,即陈梦坡,苏报馆主"④六人。其中,陈范、陈叔畴实为一人,而钱宝仁、程吉甫则是报馆杂工,龙积之至多只是同之前的"勤王运动"有点干系,却也上了捕人名单,着实令人费解。⑤

其次,6月29日,中西警探前往《苏报》馆抓人,在拘住程吉甫后,遇见陈范,问:"陈范在吗?"陈范自己回答不在,巡捕就不再追究,扬长而去。这让陈范有点茫然,"(巡捕)我则认识,又任我入内

---

① 胡道静:《上海新闻事业之史的发展》,上海市通志馆,1935 年版,第 961 页。

② 张丹、王忍之:《辛亥革命前十年间时论选集》(第一卷下册),三联书店,1960 年版,第 776 页。

③ 《查拿新党》,《苏报》,1903 年 6 月 3 日。

④ 刘平:《风雷动——风雨如磐苏报案》,山西人民出版社,1997 年版,第 145 页。另外,一些材料关于捕人名单的记载稍微有偏差,如吴稚晖《上海苏报案纪事》中则没有钱宝仁,而是刘保恒。其他一些文章更是"陈吉甫"与"程吉甫"相互混淆。

⑤ 根据后人的理解和揣测,这份名单应当是由俞明震提供的,名单故意遗漏了《苏报》及爱国学社中主要的蔡元培、吴稚晖、章士钊等人,而搪塞进钱宝仁、程吉甫、龙积之等不相干人,陈范一分为二,化作二人,其实也是对陈范的保护。同时,龙积之之所以上了捕人名单,应该与端方有关。湖广总督端方作为参与苏报案最早和最活跃的官员之一,牵涉龙积之的富有票案就发生在端方管辖的湖北省境内,所以趁机惩办龙积之也就理所当然。

而不拘"①。吴稚晖的解释是:"俞与梦坡熟人……拘住吉甫,不拘梦坡,延长一日不拘人,必系拘一账房,使其余者逃去,即可从轻发落,自可对付北京,此乃官僚惯技。"②

再次,程吉甫被捕之后,除了陈范有点犹豫,其余之人都不以为意。章炳麟称,"小事扰扰","诸教员方整理学社未竟,不能去,坐待捕耳",③继而蒙头大睡。第二天,警探来到爱国学社指名挨次查问,章自指其鼻:"余皆没有,章炳麟是我。"自己不屑逃走,还在巡捕房写信让邹容、龙积之投案,结果龙氏连夜到案,邹容本由张继藏在虹口一西教士家中,亦于 7 月 1 日自投捕房。④

最后,巡捕们前往《女学报》抓捕陈范,没有找到陈范,却遇见名单上没有的陈仲彝,即陈范的儿子,就一并抓走了。中国历来的法律思维就信奉"父债子偿",这回抓住陈仲彝,在巡捕眼里,恐怕和抓住陈范并无二致。

经过一番例行公事,除了陈范,名单上的人员皆被抓获。同时,在清政府的一再要求下,《苏报》最终在 7 月 7 日被查封。此时,距案发已经八天。其间,在章士钊的主持下,《苏报》不仅刊出

① 吴稚晖:《上海苏报案纪事》,中国史学会编:《辛亥革命》(第一册),上海人民出版社,1957 年版,第 404 页。

② 同上。吴稚晖在《回忆蒋竹庄先生之回忆》(《东方杂志》第 33 卷第 1 号,第 26 页)中还写道:"我当时心想,捉一账房,见馆主不捉,便是一幕官场惯做的把戏。办几个小官,了一件大案,终是这末糊涂了结的。"

③ 汤志钧编:《章太炎政论选集》(上册),中华书局,1977 年版,第 354 页。

④ 蒋维乔:《中国教育会之回忆》,《东方杂志》第 33 卷第 1 号,第 12 页。转引自李斯颐《〈苏报〉案中邹容投案原因考》,《新闻学刊》,1987 年第 3 期。文章载,"独章炳麟不肯去(指逃跑)。谓邹容曰:'吾已被清廷查拿七次,今第八次矣,志在流血,焉用逃为。'且戒邹容亦勿去。"

了《密拿新党连志》的消息,还发表了章炳麟的《狱中答新闻报》,章炳麟在文中坦然表示:"吾辈书生,未有寸刃尺匕足与抗衡,相延入狱,志在流血,性分所定,上可以质皇天后土,下可以对四万万人矣。"①

需要提出的是,清政府要求查封《苏报》的过程也不是一帆风顺的。一方面,因为《苏报》挂过日人招牌,所以清方小心翼翼地调查过报馆背景,"查苏报初办,挂日本牌,沪道询小田切(日本驻沪总领事小田切万寿之助),不认,即无外人保护"。②另一方面,"昨发封苏报,会审员翟翻译签字后,值年领(应是美国驻沪领事古纳)及英领加签,乃工部局竟搁起。今晨沪道以该局不从堂谕,即饬会审孙令停堂勿讯别案。嗣该局自知失理,遂于今午将该馆照封"③。原来,由于工部局的抵制,会审公廨7月6日发布的查封《苏报》馆的指令并没有得到执行。因为早在五天前的7月1日,工部局董事会会议就形成决议,"关于会审公堂谳员下达给公差要求封闭《苏报》报馆之指令,董事会指示,在审讯并判决前不准执行,即使执行

---

① 《狱中答新闻报》,《苏报》,1903年7月6日。
② 《光绪二十九年(闰)五月初八日探员志赞希赵竹君致兼湖广总督端方电》,《苏报鼓吹革命清方档案》,中国史学会编:《辛亥革命》(第一册),上海人民出版社,1957年版,第409页。中国人民大学新闻学院方汉奇教授在《"苏报"与"苏报案"》一文中,曾说《苏报》被查封前曾用英人罗某的名义登记,托为英商报纸。在中国新闻史上,旧上海的许多报纸都习惯以外人名义登记,借此寻到保护,民间称这种报纸为"洋旗报"。
③ 《光绪二十九年闰五月十三日福开森致兼湖广总督端方电》,《苏报鼓吹革命清方档案》,中国史学会编:《辛亥革命》(第一册),上海人民出版社,1957年版,第415页。

也应由工部局巡捕负责"①。此外,他们还给出了一个理由,就是
"所要查封的报馆所有权已在 6 月 30 日转移到了一个英国人的名
下,因此这些设备无疑是这个英国人的财产,所以这样一来,无论
是会审公廨的英国法官,还是工部局巡捕都宣称无法执行由会审
公廨谳员签发的指令"②。

7 月 7 日,清方以停止会审其他案件相威胁,工部局才采取行
动。此刻,《苏报》早已又出报一期。这里,清方指出的"自知失理"
只是想当然的说法。工部局的董事们明白,要签字查封报馆也并
非易事,依照租界奉行的法律,正在审理中的案件,除了依照适当
的程序,不能采取其他措施。果不其然,《苏报》查封才一天,《上海
泰晤士报》就连续两日发表社论,反对"未断案而先封馆",要求"设
法阻止中国守旧官员在租界妄行其权",③并认为会审公廨和领事
的行为是"吹灭自由之灯"。④ 同期,《字林西报》发表《违背公开集
会和言论自由的行为》("The prohibition against public meeting and
free speech"),指出"即使报馆当行封禁,亦必须在裁判定罪之后行
之。今则未断案而先封馆,我等不知其合法否也。美国之国法,本
极主张平等自由之权利,现在上海之美总领事乃与中国官员同行

---

① 上海市档案馆编:《工部局董事会会议录》(第十五册),上海古籍出版社,2001 年
　版,第 610 页。
② 1903 年 7 月 9 日法国驻上海总领事拉塔尔致法国外交部长德尔卡塞的信函,
　L´Affaire de Su-pao, Correspondance Politique et Commerciale, Nouvel Série, Chine,
　1897-1918。
③ 方汉奇主编:《中国新闻事业编年史》(上册),福建人民出版社,2000 年版,第
　269 页。
④ 1903 年 7 月 9 日古纳致康格的信函,Despatches from United States Consuls in Shang-
　hai(1847-1906) , Volume 49。

此守旧之办法,余等深为惋惜之也"。①《中外日报》转译了《西报论苏报馆封禁之非》。旋即,英国《泰晤士报》以"中国保守势力镇压维新党"为主题发表了《中国政府与革命党》("The government and the reform party")。美国《纽约时报》所撰文章与《泰晤士报》立场一致,也认为苏报案是政府镇压改革者的行为。

连续的社论让工部局有点骑虎难下。所幸,在法庭上对抗的两造,一方是以帝国自居的煌煌"天朝",一方是手无寸铁的文弱书生,以及这么一个奇特的法庭,双方都请洋律师助阵,再加上官司背后的政治因素,如此盛大的司法套餐以及其中紧抓眼球的新闻因素,所有的一切,都使人关注和心跳,谁还会在乎工部局的难为情呢?

二、奇异之诉

(一)草草的初审与沸腾的媒体

苏报案的审理机构,可能是一个今天很多法律人都觉得陌生的机构——会审公廨——一个可能是世界上最奇怪的混合法庭。

6月30日下午,巡捕房将五人(此时邹容还没有投案)移送会审公廨,由中方谳员孙建臣、英国领事馆副领事翟理斯进行预审。预审程序是会审公廨后来在《洋泾浜设官会审章程》之外最重要的

---

① 对于《字林西报》的评论,公共租界工部局指出:"董事会须注意到该文之虚谬,故提议拟向该报编辑递交驳斥信函一封,以供发表。"见上海《英租界工部局档案》第十六卷,第545页。

变革之一。原先对于超越会审公廨裁判权限的重大案件,依章程应立即移送上海县衙,但预审程序确定后,则所有案件一定要在会审公廨"过一堂",再由其决定是否移送上海县衙。现在立即实施预审,一方面是租界当局不愿司法权旁落,要求清政府遵守起初的约定;另一方面清政府的目的也很明显——立即审理,尽快执法,以儆效尤,以防意外,为此,他们还聘雇了上海著名的古柏律师充当助手。

预审从一开始就没有进行下去。先是章炳麟等人蹲踞在地,不愿意下跪,直至陪审官翟理斯喝令,五人才下跪参加审判。"旋有律师博易者投案,声称陈等已延本律师声辩,请订讯期。"①突然冒出来的章炳麟等人的辩护律师博易,让清方官吏很是吃惊,尽管以往公堂上早有外籍律师出现,但华民双方都延请律师辩护还是第一回。② 庭审一开始,"华官即欲移县办理,西官以有约在先,不允。(辩护)律师亦谓订期再讯,于是中西官相商,决定还押捕房候讯"③。

于是,第一次审讯就这样草草收场。

---

① 《会党成禽》,《申报》,1903年7月2日。

② 根据学者杨湘钧的总结,在洋泾浜北首理事衙门时期,上海租界即已有了现代律师的辩护制度,但差不多是到会审公廨时期,方才具体落实到华人世界。在会审公廨只有"早堂"即"洋原华被"的民刑案件以及纯粹的华人刑事案件,律师才有可能出庭,至于"晚堂"即纯粹华人之间的民事诉讼,由于审理程序与适用法令和内地衙门并无二致,故仍罕见两造聘雇现代律师。参见杨湘钧《帝国之鞭与寡头之链——上海会审公廨权力关系变迁研究》,北京大学出版社,2006年版,第114—115页。

③ 周佳荣:《苏报及苏报案——1903年上海新闻事件》,上海社会科学院出版社,2005年版,第71页。

相比预审的单调和无味，庭外的场景却异常丰富和激烈。

苏报案甫发，舆论震惊，上海诸多报纸立即反应。《申报》连发《饬查叛党》《会党成禽》《续获会党》《会党自首》四篇消息，追踪事件发展；《字林西报》发表社论《本地报纸的自由》，反对查禁《苏报》，要求保护租界的思想和言论自由。即便与《苏报》在革命还是改良问题上有着尖锐分歧的《中外日报》，也发表社论《近事概言》，抗议当局"与言者为难"……隔日，中国教育会常熟支部负责人殷次伊为苏报案愤而投水自杀。顿时，苏报案的影响就超越了上海一隅，引起从清廷到革命党人，从朝廷大员到在野乡绅，从沪上洋商到海外舆论的广泛关注。当时日本驻沪领事在向日本外务大臣的报告中就指出，"因为无论是在事件爆发地的上海，还是在政治中心的北京，不用说其本国的官与民了，就连留居上海、北京的外国人，都一样密切关注这深不可测的局势发展"①。这也让这场公堂角逐尚未开锣就被赋予了太多司法外的意味。

舆论的关注是清政府始料未及的。北京方面担心单纯依靠袁、俞二人在上海处理此事，恐怕力单势薄。于是，特地饬令湖广总督端方负责此事。领命的端方特别卖力，一边与军机大臣张之洞、两江总督魏光焘、江苏巡抚恩寿、上海道袁树勋、江苏候补道俞明震等人密切联系，一边派出知府金鼎、探员志赞希、赵竹君亲赴上海调查，展开一连串紧锣密鼓的幕后活动。一时间，上下左右，文电交驰。端方也明晓，要和各国领事有效斡旋，单凭清方的能力

----

① 《日本驻上海总领事小田切万寿之助为引渡审理〈苏报〉案犯等事致外务大臣报告二》。转引自陶陶《日本外务省藏〈苏报〉案档案选译》（上），《历史档案》，2020 年第 2 期。

恐不奏效。为此,他特地通过张之洞联系到当时在沪活跃的上海商约公所参赞美商福开森,把希望寄托到福开森身上。福开森与驻沪各领事熟悉,且与美领事古纳的关系尤其不一般,同时福开森又是上海《新闻报》的幕后老板,可以借此机会挽回舆论上的劣势。因此,张之洞在致端方的电文中称,"此事枢纽全赖福开森"①。

　　《新闻报》与《苏报》本无多大积怨,之前至多只是改良与革命的政见有所不同。苏报案发生后,为避免舆论围攻,端方通过金鼎联系上《新闻报》主笔金煦生,再加之福开森的幕后暗示,《新闻报》态度骤变,发表《论革命党》一文,由原先对朝廷的幸灾乐祸一变而为讥讽革命党,言辞刻薄。② 狱中的章炳麟被激怒,旋即通过《苏报》发表《狱中答新闻报》,回击《新闻报》:"去矣,新闻记者! 同是汉种,同是四万万人之一分子,亡国覆宗,祀逾二百,奴隶牛马,躬受其辱。不思祀夏配天,光复旧物,而惟以维新革命,锱铢相较,大勇小怯,秒忽相衡,斥鷃井蛙,安足与知鲲鹏之志哉! 去矣,新闻记者! 浊醪夕引,素琴晨张,郁素霞之奇意,入修夜之不旸。天命方新,来复不远,请看五十年后,铜像巍巍立于云表者,为我为尔,坐以待之,无多聒聒可也。"③其文气铿锵有力,论辩攻守兼备,气势酣畅淋漓,又在上海舆论界掀起一场波澜。一番言语较量后,《新闻报》只得补上一篇《党案判词照录》,灰头土脸地草草了事,就此罢言。

———————————

① 《光绪二十九年闰五月初十日内阁大学士张之洞致兼湖广总督端方电》,《苏报鼓吹革命清方档案》,中国史学会编:《辛亥革命》(第一册),上海人民出版社,1957年版,第 412 页。

② 《论革命党》,《新闻报》,1903 年 7 月 5 日。

③ 《狱中答新闻报》,《苏报》,1903 年 7 月 6 日。

(二)7月15日:第一次公开审理

从四马路的老巡捕房到会审公廨,其间只隔了浙江路大桥,路程并不长。就以往来说,要押解嫌犯前往受审,巡捕房一般只需象征性派些印度巡捕即可,但7月15日苏报案第一次公开审理的时候,巡捕房史无前例地给予重视,派出了大量的英国捕头和印度巡捕专职押送。事后,章炳麟的回忆也证明了外人的这种慎重是正确的,"伪关道袁树勋以兵五百人,解去号褂,潜伏新衙门(会审公廨)后,将劫以入城,捕房戒严,每人(嫌犯)以一英捕陪坐,马车复有英捕跨辕,数英捕驰车带剑,夹在前后,街巷隘口,亦皆以巡捕伺守,谋不得发"①。

正式开庭后,清政府的律师古柏立即就提出了控告苏报馆的条款,谓《苏报》"故意污蔑满清皇帝,挑诋政府,大逆不道。欲使国民仇视今上,痛恨政府,心怀叵测,谋为不轨"②。并从6月份《苏报》鼓吹革命的文章中——罗列证据(表一)。

表一 清政府列《苏报》鼓吹革命的证据

刊载日期	篇名	指控语句
6月1日	《康有为》	革命之宣告殆已为全国之所公认,如铁案之不可移。

---

① 汤志钧编:《章太炎政论选集》(上册),中华书局,1977年版,第238页。

② 张篁溪:《苏报案实录》,中国史学会编:《辛亥革命》(第一册),上海人民出版社,1957年版,第368页。参见《中国政府控告邹容条款》,《中外日报》,1903年7月20日。

续表

刊载日期	篇名	指控语句
6月3日	《客民篇》	哥老会中系散勇结成,屡屡肇事,名不雅驯,遂变称为"客民",阳以垦荒为名,阴实济其抢劫之计。客民者,即客帝逼拶而出者也。此客帝盘踞之久也,悉取其主人而奴之,而奴之眼光殆无往非其主人,故二百五十年,亦无以为客而必欲屏之也。是非颠倒之既久,而乃其主人跳踉之难制者,外之为客民。
6月9日	《读革命军》	吾国乡曲之间,妇孺之口,莫不有"男降女不降""老降少不降""生降死不降"之谚,而见满人者,无不呼为"鞑子",与呼西洋人为"鬼子"者同。是仇满之见,固普通人所知也,而今日世袭君主者,满人;占贵族之特权者,满人;驻防各省以压制奴隶者,满人。夫革命之事,亦岂有外乎去世袭君主,排贵族特权,复一切压制之策者乎?
6月9日	《介绍革命军》	《革命军》凡七章:首绪论,次革命之原因,次革命之教育,次革命必剖清人种,次革命必先去奴隶之根性,次革命独立之大义,次结论,约二万言。章炳麟为之序,其宗旨专在驱除满族,光复中国,笔极犀利,文极沉痛,稍有种族思想者,读之当无不拔剑起舞,发冲眉竖。若能以此书普及四万万人之脑海,中国当兴也勃焉,是所望于读《革命军》者。
6月10日	《读严拿留学生密谕有愤》	贼满人。 游牧政府人。 汝辫发左衽之异类。 汝诬谬狂戾之上谕。

续表

刊载日期	篇名	指控语句
6月18日	《贺满洲人》	杀满之声,已腾众口。 泰然自豪曰:金城汤池,诚子孙帝王万世之业也;乃今者睡虎已醒,众盲豁然,吾汉族之曙光,已一发而不可遏,抑视满人为九世深仇,切齿裂眦,磨砺以须。
6月22日	《杀人主义》	今有二百六十年四万万同胞不共戴天之大仇敌,公等皆熟视而无睹乎? 以四万万人杀一人,奚啻摧枯。 杀尽胡儿方罢手。
6月29日	《康有为与觉罗君之关系》	盖自乙未以后,彼圣主所长虑却顾,坐席不暖者,独太后之废置我耳。殷忧内结,智计外发,知非变法,无以交通外人,得其欢心;非交通外人得其欢心,无以挟持重势而排沮太后之权力。载湉小丑,未辨菽麦,铤而走险,固不为满洲全部计。 载湉者,固长素之私友,而汉族之公仇也。况满洲全部蠢如鹿豕者,而可以不革命哉?

接着,又指责《苏报》捏造上谕;至于邹容《革命军》为清朝政府所指控的地方,则为该书第一、二章,认为文中多侮辱政府词句,大逆不道。① 此外又称:"《苏报》馆主陈范即陈叔畴,为现在到案之陈仲彝生父,实主持该馆之笔政,应请补捉;程吉甫系司账人;龙积之系汉口富有票案中要犯,应归另案惩办;余人请即一律办理。"②

---

① 张篁溪:《苏报案实录》,中国史学会编:《辛亥革命》(第一册),上海人民出版社,1957年版,第373—375页。
② 周佳荣:《苏报及苏报案件——1903年上海新闻事件》,上海社会科学院出版社,2005年版,第74页。

控告完毕,谳员孙建臣就喝令堂下人犯如实招来。可章、邹一声不吭,其余更是一言不发。这样的场景让孙谳员有点着急。他原是捐纳出生,先在法租界会审公廨担任谳员,刚调来公共租界接替前任谳员张炳枢不久。①

见场面僵住,一急之下,孙建臣突然冒出一句:"我求你们快快供吧! 我与你们无怨无仇,早结案,大家省心。"②万般无奈之下,只得指定章炳麟先招供。

章炳麟是整个公廨中最引人注目的。据《申报》当时记载:"章长发髼髼然被两肩,其衣不东不西,颇似僧人袈裟之状。邹剪辫,易西服,余人则穿仍用华装。"③章炳麟人称"章疯子",对于谳员的要求,回应道:"浙江余杭人,年三十六岁。先曾读书,后在报馆充主笔,戊戌后赴台湾……今年二月在爱国学社任教习。因见康有为著书反对革命,袒护满,故我作书驳之。所指书中'载湉小丑'四字触犯清帝圣讳一语,我只知清帝乃满人,不知所谓圣讳,'小丑'两字本作'类'字或作'小孩子'解,苏报论说,与我无涉,是实。"④以章炳麟的学问功底,"小丑"被解释为"类"字或"小孩子",着实

---

① 关于会审公廨谳员的选拔和任命,具体可参见杨湘钧《帝国之鞭与寡头之链——上海会审公廨权力关系变迁研究》第四章第二节第一点"人事组织"部分。总体而言,谳员历来只是候补同知,地位权限皆不如上海知县,素质一般不是很高,清方也不怎么重视。历届谳员较出名的仅有陈福勋、关炯之等人。两江总督刘坤曾经上奏清廷,谓"上海会审公廨谳员,既非实缺,无俸禄升调之期,即不能与实缺官员一同迁转,致劳绩久着于成例,无阶可升"。参见汤志钧编《近代上海大事记》,上海辞书出版社,1989 年版,第 369 页。
② 刘平:《风雷动——风雨如磐苏报案》,山西人民出版社,1997 年版,第 156 页。
③ 《初讯革命党》,《申报》,1903 年 7 月 16 日。
④ 张篁溪:《苏报案实录》,中国史学会编:《辛亥革命》(第一册),上海人民出版社,1957 年版,第 377 页。

涮了浅薄的孙谳员一把。

孙建臣见此，料想"章炳麟为知名之士，以为必会中式，问得自何科"，章炳麟笑曰："我本满天飞，何窠之有？"①将"科"故意误解为鸟"窠"，又戏谑孙建臣一次。

不得已之下，孙建臣只得转向讯问邹容。

邹容答："本人邹容，四川巴县人，十九岁，《革命军》一书，乃我所作。"除此之外，别无他言。

接着，陈仲彝供："那陈范是父亲，事前到东洋去了。《苏报》馆总主笔是吴稚晖。程吉甫是账房，钱允生（钱宝仁）不认识。报馆是共同开设，归父亲经理。我仅在馆内读书，于主笔事务，不相过问。于报馆事务，概不料理。馆中共有四个账房，经理原是父亲，如不在馆，归账房代理。我只是专心读书，不管馆中事务。那吴稚晖专管主笔，是实。"

钱宝仁供："我实名钱宝仁，并不是钱允生，前堂也曾提及的。系镇江人，暂寓客栈。《苏报》馆事，并不知道。因办九江矿务来沪。在新马路跑马厅、女学堂内被拿，不是在《苏报》中拿来的，是实。"

程吉甫供："我系《苏报》馆告白账房，即二账房，不管馆中别事，如遇经理人陈范有事他去，系三账房李志园代为料理。况我已于前年十二月辞去，去年三月又进去，所以银钱一切都不管的。有

---

① 此处的对话，有的资料认为发生在 12 月 3 日额外公堂的第一次审理上，如周佳荣《苏报及苏报案——1903 年上海新闻事件》一书。但根据张篁溪《苏报案实录》的记载，对话的时间为阳历 7 月 15 日，对话的主体应为孙建臣与章炳麟二人，而在 12 月 3 日额外公堂的第一次审理时，谳员已经替换为邓文堉。此外，1903 年 7 月 16 日《申报》《初讯革命党》的新闻也证明了上述谈话的存在。

旧报告白，是实。"

龙积之供："广西临桂县人，年四十四岁。由优贡选四川知县，到过省的。庚子年，唐才常京卿于富有票事，职贡因母丧停枢在沪，虽到过汉口，单上并无名字。次年赴广东，单上又无名字。今唐京卿已死，是实。"①

六人的供述，要么以近乎调戏法官般的语言敷衍，要么以近乎沉默式的表达对抗，要么推卸得一干二净，要么论述得毫无干系。代表清方的律师古柏与哈华托也没有更多的证据来指证。第一次公开审判就这样结束了。法庭宣布："此案会商英副领事，着将陈仲彝等六人，暂行还押捕房，即提供出之苏报馆主笔吴稚晖，代理经理李志园到案须讯核办。陈范是否避往东瀛，未可经信，仍饬差严缉解究。毋延。"②

如果在清政府自己的衙门里，这样的审判恐怕至多是个过场。不出意外的话，章、邹等人便会悄无声息地死去，毕竟，这是触犯《大清律例》"造妖书妖言条"的杀头重罪。但是，在租界会审公廨中，因为公开审理，有着旁听席上诸多的中外市民，有大量关注案件的中外媒体，以及苏报案背后多国政治势力的角逐，章、邹依旧可以活生生地藐视着清廷的一切。这让清政府很失朝廷威仪，可

---

① 转引自周佳荣《苏报及苏报案——1903年上海新闻事件》，上海社会科学院出版社，2005年版，第74—75页。参见《光绪二十九年闰五月二十一日知府金鼎致兼湖广总督端方电》《光绪二十九年闰五月二十二日兼湖广总督端方致内阁大学士张之洞电》，《苏报鼓吹革命清方档案》，中国史学会编《辛亥革命》（第一册），上海人民出版社，1957年版，第425、465页。

② 高良佐：《记清末两大文字狱：苏报案与沈荩案》，《建国月刊》，1934年10卷2期，第5—6页。

事已至此，只好硬着头皮将官司进行到底。更为有趣的是，由于政府缺乏法律人才，偌大的帝国不得不聘雇两名外籍律师作为代理人。

(三)7月21日：第二次公开审理

7月21日，苏报案第二次公开审理，章、邹等人一一被提审，但原告律师以本案已成为国际交涉为由，提出"此事已成交涉重案，须候北京公使与政府商妥后再讯"①，将案件延期审理的请求，被翟理斯批准。第二次公开庭审的时间比第一次还要短。

原告律师提出暂停审讯的请求，显然是清政府的意思。当天，上海道台袁树勋还专门参加了驻沪领事团的会议，要求废除原来签订的在租界审理和定罪的协议，同时试图将中外交涉的层面由上海领事团引向北京公使团，要求"转请外务部援洋泾浜设官（会审）章程，与公使力商"②。

袁树勋不知道的是，他的努力，以及严惩被告的期待，在上海领事团眼里，纯属"痴人说梦"——"按多年来在上海公共租界形成的惯例，政治犯在会审法庭被外国会审委员当庭会同审问，并在被认为得当的情况下，中国官员欲借助各国驻上海领事团做出应当引渡嫌犯的决议，纯粹是一厢情愿的空想。因为对于某些政治犯

---

① 蒋慎吾：《苏报案始末》，《上海研究资料续集》，上海书店，1984年版，第94页。
② 《光绪二十九年闰五月二十七日上海道袁树勋致兼湖广总督端方电》，《苏报鼓吹革命清方档案》，中国史学会编：《辛亥革命》（第一册），上海人民出版社，1957年版，第428页。

罪者,在外国只应该适用极轻的刑律;但在中国,就算是处理从犯同伙这种无足轻重的人,也要适用最重的死刑"。①

第二次审理中,有一个有意思的细节。因为忙着引渡,所以庭审一开始,原告律师就以"另有交涉"为由要求改期。这遭到被告律师博易反对,并反问:"现在原告究系何人? 其为政府耶? 抑江苏巡抚耶? 上海道台耶? 本律师无从知悉。"②一个问题抛出来,所有人仿佛都被噎住一般,审判都进行到第三次了,谁是原告的问题似乎谁也没有追究过。此刻若是回答原告是江苏巡抚或者上海道台,那显然和朝廷的意见相左;若回答是清政府,谁又敢来做清政府的堂上代理人? 还好孙建臣回答得机智,以"系奉旨着江苏巡抚饬拘,本分府惟有尊奉宪札行事而已"③模棱两可地搪塞过去了。

一个诉讼法上最简单的问题——谁是原告——都没有搞清楚,庭审就这么荒唐地进行着。

事实上,按照法律程序,清政府只是此案的原告一方,而章、邹等人属被告一方,是法庭上平等对抗的诉讼主体。但在普通的国人看来,这场诉讼宛如一场大象与蚂蚁之间的较量,力量惊人的悬殊,结果也应当在意料之中。然而,因为在租界审理,在司法主权日益沦丧的时代背景下,偌大的"天朝"却如同被束缚着手脚一样,貌似庞大,却施展不开能力,对法庭另一端的被告无能为力,只得

① 《日本驻上海总领事小田切万寿之助为引渡审理〈苏报〉案犯等事致外务大臣报告二》。转引自陶陶《日本外务省藏〈苏报〉案档案选译》(上),《历史档案》,2020 年第 2 期。
② 方汉奇主编:《中国新闻事业编年史》(上册),福建人民出版社,2000 年版,第 247 页。
③ 《二讯革命党》,《申报》,1903 年 7 月 22 日。

等待引渡的消息。

三、引渡夭折

（一）清政府关于引渡的交涉：上海与北京

按照清政府的打算，"此事关系太巨，非立正典刑，不能定国是而遏乱萌"①，对于苏报案的被关押人员最好能够"一日逮上海，二日发苏州，三日解南京，四日槛京师"②，以免"不办首要，祸焰更炽"③。

然而，清朝的大小官吏心知肚明，苏报案的审判权为外人所操控，并且"若依西律恐不重办"④，"此事仅恃沪道办理，力量较薄，非由外务部商诸公使主持，恐仅在上海监禁，多则三年，少仅数月，限满释放，逆焰更凶，大局不可问矣"⑤。为了尽快实现严惩的意

① 《光绪二十九年闰五月初八日兼湖广总督端方致内阁大学士张之洞电》，《苏报鼓吹革命清方档案》，中国史学会编：《辛亥革命》（第一册），上海人民出版社，1957年版，第466页。
② 《狮子吼"破迷报馆案"索隐》，《上海研究资料》，中华书局，1936年版，第437页。
③ 《光绪二十九年闰五月初十日兼湖广总督端方致内阁大学士张之洞电》，《苏报鼓吹革命清方档案》，中国史学会编：《辛亥革命》（第一册），上海人民出版社，1957年版，第448页。
④ 《光绪二十九年闰五月十三日探员志赞希赵竹君致兼湖广总督端方电》，《苏报鼓吹革命清方档案》，中国史学会编：《辛亥革命》（第一册），上海人民出版社，1957年版，第414页。
⑤ 《光绪二十九闰年五月十一日兼湖广总督端方致内阁大学士张之洞电》，《苏报鼓吹革命清方档案》，中国史学会编：《辛亥革命》（第一册），上海人民出版社，1957年版，第451—452页。

图,将《苏报》诸人置于死地,尽管当初有"在公堂定罪,在租界受审"的约定,清政府还是企图让租界当局交出嫌犯,解往南京自行审办。袁树勋在致端方电报中说:"逆犯章炳麟等大逆不道,世所不容,自以解宁惩办为正义。"①张之洞在致端方电报中也说:"务须设法即日将五人点交上海道解宁,勿稍迟缓,致令狡脱。"②

清政府要求租界当局移交苏报案的被关押人员,涉及"引渡"这一概念。所谓引渡,一般是指一国应他国的要求,将被他国指控有罪或已判刑的人移交该国的行为。租界作为中国领土,清政府要求公共租界当局移交犯罪的华人,本来不应该称为引渡,但由于租界事实上已成为清政府不能有效行使主权的特殊地域,因此租界当局视这种行为为引渡。③ 谁知这一步竟一直未能成功,特别是中外舆论哗然,新闻界开始更加深入介入后,不少国家以引渡制度中"政治犯不引渡"的例外条款来搪塞清朝政府,更有国家以内国法"有证据表明被引渡者在引渡国无法受到公正审判"的规定直接拒绝引渡要求。

不过,清政府并未善罢甘休。为了达到引渡的目的,清政府在上海和北京同时开展了一系列的外交活动。

---

① 《光绪二十九年闰五月十一日上海道袁树勋致兼湖广总督端方电》,《苏报鼓吹革命清方档案》,中国史学会编:《辛亥革命》(第一册),上海人民出版社,1957 年版,第 412—413 页。

② 《光绪二十九年闰五月初十日内阁大学士张之洞致兼湖广总督端方电》,《苏报鼓吹革命清方档案》,中国史学会编:《辛亥革命》(第一册),上海人民出版社,1957 年版,第 412 页。

③ 自 1883 年 7 月"巡捕曹锡荣杀人案"起,租界当局已有拒绝将嫌犯交给清政府当局的处理意见,即拒绝引渡,参见杨湘钧《帝国之鞭与寡头之链——上海会审公廨权力关系变迁研究》,北京大学出版社,2006 年版。

在上海,作为清政府代表的福开森、袁树勋等人频频与各国驻沪领事接触,政府在背地里也大展手脚,开展"金钱外交"。据当时《江苏》月刊披露,清政府为了引渡章、邹等人,曾许诺以宁沪铁路的权利交换。① 又据《上海泰晤士报》透露,清政府曾向工部局出银十万两欲将章、邹处死,并以三百两送给工部局巡捕房。② 对此,工部局予以拒绝,认为"六个犯人中的四个显然既与《苏报》的出版没有联系,也与清廷布告中特别提到的爱国社没有瓜葛;既没有说明其罪行,也没有证实其身份;将被告移交即决执行,却不给被告证明其无辜的机会,将在外国租界的治理有方方面令有关列强永久蒙羞,并严重损害其未来的管理"③,并以"此租界事,当于租界治之,为保障租界内居民之生命自由起见,决不可不维持吾外人之治外法权"④为由拒绝。

尽管福开森、袁树勋等人忙得团团转,甚至最多的时候,端方一天之内连发十封电报,⑤但"沪领纷纭,我急彼缓","沪道往商领袖,各领以训条未一律奉到,致多推辞","沪道虽迭商领袖,会同各

① 《祝苏报馆之封禁》,《江苏》月刊,1903年第4期,第121页。

② 《旧金山哥赂报·苏报案》,见《国民日日报汇编》(第一集),罗家伦主编《中华民国史料丛编》,台湾文物供应社,1969年版,第32—33页。

③ 1903年7月23日这封电报的内容转给了领事团并在1903年7月25日给驻京公使团团长Czikann de Wahlbom男爵的信中得到确认。Kotenev, Anatol. M. *Shanghai: Its Municipality and the Chinese*, N. C. Daily News and Herald, Limited. 1927, p76。转引自余华川《从上海公共租界会审公廨看中西法律制度和思想的冲突与融合》,华东师范大学博士学位论文,2005年,第84页。

④ 张篁溪:《苏报案实录》,中国史学会编:《辛亥革命》(第一册),上海人民出版社,1957年版,第380页。

⑤ 参见《苏报鼓吹革命清方档案》,中国史学会编《辛亥革命》(第一册),上海人民出版社,1957年版,第457—460页。

领设法交人。无如各领不同心,故近日多议少成"。① 魏光焘认为引渡之事阻力全在工部局,因为"其局董权势远过领事"②,转而将问题推向北京方面。

在北京,以庆亲王奕劻为首的外务部积极联系各国驻华公使,意图通过公使给驻沪领事施压,完成引渡,袁树勋也要求"电请外部分电出使大臣,执美约十八条、英约廿一条,并租界设官章程,向彼政府再商"③。但"当时各公使之态度,以满清政府多方接洽,殊不一致"④。同时,清政府还电令驻外公使积极运作,在驻地国展开外交斡旋。如驻美公使梁诚多次照会美国政府,要求依据相关条约交出案犯。驻英公使张德彝也亲自拜访英国外交大臣蓝斯唐,要求内阁指示英国驻上海领事交出章、邹等人。清政府驻俄公使胡惟德也有所行动。

苏报案发生在英国占主导地位的公共租界。有一种来自美国驻上海总领事的说法是:"明显的是自 1900 以来,当地的英国人绷紧每一根紧张神经引诱或者是迫使他们的政府宣布上海是一个英

---

① 《光绪二十九年七月初五日兼湖广总督端方致内阁大学士张之洞电》,《苏报鼓吹革命清方档案》,中国史学会编:《辛亥革命》(第一册),上海人民出版社,1957 年版,第 476 页。

② 《光绪二十九年闰五月十八日两江总督魏光焘致兼湖广总督端方电》,《苏报鼓吹革命清方档案》,中国史学会编:《辛亥革命》(第一册),上海人民出版社,1957 年版,第 422 页。

③ 《光绪二十九年六月初八日知府金鼎致兼湖广总督端方电》,《苏报鼓吹革命清方档案》,中国史学会编:《辛亥革命》(第一册),上海人民出版社,1957 年版,第 431 页。

④ 张篁溪:《苏报案实录》,中国史学会编:《辛亥革命》(第一册),上海人民出版社,1957 年版,第 380 页。

国人的殖民地或者是一个独立的城市。"①因此,英国公使的态度对决定是否引渡是至关重要的。为此,清政府特地搬出了一系列条款来说服英国公使萨道义,"查英美条约均载有通商各口有中国犯罪人民潜匿各该国船中房屋,一经中国官员照会,领事官即行交出,不得袒庇。是匿在船房之内尚应交出,岂有在口岸地方转行干预。况洋泾浜设官章程,又复详载明确。此等重犯,与洋人无干,应交中国地方官审办。两国交涉,惟凭约章,虽公法亦为所限。今领事工部局实不应违背约章干预"②。但萨道义却丝毫不加理会,坚决不同意引渡,"苏报诸人当在租界鞫讯,断不可交与华官。使果有罪可据,则加以应获之罪,亦不能出租界一步"③。在上议院谈到苏报案时,英国蓝斯唐侯爵称章、邹等人被租界拘捕是"受上海道之促迫,不得已而出此",同时表示坚决不能移交给清廷。④ 清政府对此无可奈何,"此次六犯,美法俄比皆允交犯,惟英不允"⑤。

据传,为了加快引渡工作的进展,清朝的最高统治者慈禧太后甚至开展了一场"夫人外交",试图通过各国公使夫人的力量,间接

---

① 1903 年 8 月 18 日古纳致美国助理国务卿的信函,Despatches from United States Consuls in Shanghai(1847-1906),Volume 49。

② 《光绪二十九年六月初六日兼湖广总督端方致内阁大学士张之洞电》,《苏报鼓吹革命清方档案》,中国史学会编:《辛亥革命》(第一册),上海人民出版社,1957 年版,第 471 页。

③ 张篁溪:《苏报案实录》,中国史学会编:《辛亥革命》(第一册),上海人民出版社,1957 年版,第 383 页。

④ 张篁溪:《苏报案实录》,中国史学会编:《辛亥革命》(第一册),上海人民出版社,1957 年版,第 383 页。

⑤ 《光绪二十九年七月初三日兼湖广总督端方致内阁大学士张之洞电》,《苏报鼓吹革命清方档案》,中国史学会编:《辛亥革命》(第一册),上海人民出版社,1957 年版,第 474 页。

说服公使。按中国人的心理,吃人嘴软,拿人手短,即使不会同意,也不致当面抢白。但一群公使夫人在酒足饭饱后听慈禧道明了本意,却认为"太后地位品极尊崇,但无权干涉国政,尤其是司法独立,碰都不要碰",俨然将中国人的老佛爷给教训了一番。①

列强的态度让清政府失望,旅沪侨报的众口交腾更让清方无处发泄。《北华捷报》首先反对,指出如果将章、邹等人交给清政府,那么按照"中国官场惯用之手段",定会"加以极刑,强迫供词,殃及无辜",如此《苏报》诸人难逃"惨酷之刑"。②《字林西报》则云:"攻苏报者,非指为叛逆,即讥为疯狂。而不知人苟有心,真理不灭。苏报诸君子发为议论著于报端,而千万人观之,则其舆论之表同情者极不乏人。使以苏报诸人加以极刑,是适令中国之有志者愤激而图举义也。吾知在狱诸君必可获免,出版自由,中国亦向无厉禁。使有意外之事出于租界,而以诸人交付华官,则外人素持公理之名誉恐有损伤。外人在租界一日即有一日应得之权利,中国人在租界一日即有一日应受外人保护之权利,而华官固不得过问也。"③这些评论,有对《苏报》诸人同情和支持的成分在内,但更为主要的是强调外国在中国的治外法权。《字林西报》代表了当时西方舆论界在引渡问题上的立场,客观上对反对引渡起了推波助

---

① 参见高拜石《小心"爬耙仔"——苏报案的一个替死鬼》,《古春风楼琐记》(第十一集),作家出版社,2005年版,第90—91页。高先生举出的这个事例,一直没有得到查证。当然,由于丢脸,清方也不可能对此有所记载。后中央电视台录制的《百年中国》讲述《苏报案》时,亦引用该事例。

② 张篁溪:《苏报案实录》,中国史学会编:《辛亥革命》(第一册),上海人民出版社,1957年版,第380页。

③ 张篁溪:《苏报案实录》,中国史学会编:《辛亥革命》(第一册),上海人民出版社,1957年版,第381页。

澜的作用。

整个七月，清政府与驻华公使及驻沪领事关于引渡的交涉一直处于胶着状态，但不可否认，交涉还是有相当进展的。

于北京公使而言，"德、奥、俄、比、荷、西、法主张向清政府引渡；意、美提出有条件引渡；英、日拒绝引渡"①。《上海泰晤士报》登载："法公使度排尔（吕班）甚愿将诸人交于华官，俄公使雷萨则又甚之，美公使康格大意亦与法公使同，惟谓当与上海道熟商，能于租界判断治罪最妙，德国署理公使莱特维芝及荷比两公使皆赞成法公使之议。意公使则独于此事有公正之判断，尝谓此系公罪，而报章之言论自由久已准行于租界，无俟上海道之干预也……日本公使内田则不加可否，惟俟其上海领事之报告以为断。英国政

---

① M. A. E., Correspondance Politique et Commerciale, Nouvelle série, Chine（1897-1918），volume 122, dépêche de Dubail-Delcassé〔B〕, 5 août, 1903, p.107.

务大臣汤来则俟其政府之命令,而奥国总公使克徐肯则并无意见也。"①

于驻沪领事而言,尽管各国驻沪领事也存在异议,但并非全都反对引渡。美国驻沪领事古纳就主张支持清方引渡,并且致函袁树勋:"外国人之租界原非为中国有罪者避难之地,以大义论之,当将反抗中国政府诸领袖如今之苏报一案诸人,一律交华官听其治罪。"②

各国之中,日本的态度最值得玩味。由于苏报案与日本关联

---

① 张篁溪:《苏报案实录》,中国史学会编:《辛亥革命》(第一册),上海人民出版社,1957 年版,第 380 页。在驻京公使团之中,最支持清方引渡的是俄国公使雷萨。他不仅自己同意引渡,还积极为清方出谋划策,力图使驻京外国公使团同意引渡。具体可参见邹容集编注小组所作《老沙皇是残害邹容的刽子手——邹容史事订正(选载)》一文。在公共租界实际占据主导地位的英国领事也于 7 月 4 日参与了美领事与上海道的密谈,会后,英国会审翻译翟理斯在会审处称会审公堂并无权力审理该案,实际上反映了英领事的意思。到此,清政府所希望的引渡问题似乎可以顺利解决。但不久事情就发生了变化,时任英国首相的巴尔福在下议院发表言论,称其已经命令英国驻华公使不要将一干人犯移交给清政府审理。这个消息马上传布出来,在上海引起了巨大的反响,很多报纸登载了此消息,英国驻上海领事及其驻京公使的态度发生了变化。英国首相的表态激怒了法国,其国内有舆论认为:"总之,英首相无若是无上之权,足以裁判此事,而今也竟断言之,岂不甚异?彼表白其意见可也,遽而下令何为哉……事近专擅。"由此我们也可以看出,在北京的公使团里面,英国公使反对引渡的意见并没有占到上风。清政府引渡章、邹还是有希望的。如若"沈荩案"不发生,苏报案的结果恐怕就不会如同历史书中记载的那样。参见李启成《领事裁判权制度与晚清司法改革之肇端》,《比较法研究》,2003 年第 4 期。

② 同上。当然,需要注意的是,古纳主张引渡也并非完全出于替清政府考虑的心理,古纳主张引渡的真正原因在于他认为苏报案涉案人员"疑与长江一带之匪徒暗相联络,使非治以重罪,恐其势力不久扩张,必有害于各国商务,及骚动全国,而外人之居住中国者亦将罹其危难"。参见张篁溪《苏报案实录》,中国史学会编《辛亥革命》(第一册),上海人民出版社,1957 年版,第 380 页。

度较高,清政府一直把日本当作英国之外最重要的交涉对象。日本在引渡问题上,一直追随英国反对引渡。然而出于维持同清政府的邦交和使自己处于主动地位的考量,日本在与清政府的单独交涉当中,往往表示不会庇护苏报案犯。在领事团和公使团内部讨论苏报案问题时,日本则以请求本国政府的指示为托词,不肯明确表态,或者力求置身事外,"我以为我们日本置身事外,才是唯一有利的得当对策"①。但是,不表态并不等于没有态度,反对引渡是日本的基本立场,即认为苏报案是政治案件,章、邹是政治犯,不应该被严惩,并且引渡会影响外国人在租界的审判权和自治权——"中国官员上海道台袁树勋的引渡交涉并没有相当合规的手续,直接斩杀的意图十分明显,更不用说正式审判裁决的缺失了。上海领事团对中国政府引渡要求的回应,是一个令人相当迷惑却也相当有趣的先例。对于在上海公共租界居住的法国人而言,由于他们支持引渡的态度,对上海租界的审判权和上海租界的自治权产生不少影响,更有会自毁上海法租界自身的审判权和自治权的嫌疑"②。

---

① 《日本驻上海总领事小田切万寿之助为引渡审理〈苏报〉案犯等事致外务大臣报告二》。转引自陶陶《日本外务省藏〈苏报〉案档案选译》(上),《历史档案》,2020 年第 2 期。

② 《日本驻华公使内田康哉为中国要求引渡〈苏报〉案犯事致外务大臣信函》。转引自陶陶《日本外务省藏〈苏报〉案档案选译》(上),《历史档案》,2020 年第 2 期。

（二）沈荩案使引渡成为不可能

就在引渡问题稍有进展的时候，一件意想不到的事件——沈荩案①——发生了，清政府引渡的企图便彻底夭折了。

沈荩曾为庚子年"勤王运动"的领导之一，运动失败后，便寄居在京城好友刘铁云处，后被吴式钊、庆宽告发，二人称"（沈荩）受康、梁之命，潜藏京师，图谋把皇上劫出宫去，实现保皇主张"②，于是，沈荩被抓。另有学者提出沈荩乃因披露《中俄密约》惹怒慈禧被抓。③ 但无论怎样，沈荩是被抓了，而且被残忍地活活打死。

中国古代讲究"王者生杀，宜顺时气"，处决死刑犯只能在一年中特定季节、月份、日子执行。春秋时期，"赏以春夏，刑以秋冬"，春夏两季停止行刑。以后历代均有停刑之制，只是时间规定有所不同。按清代停刑之例，"每年正月、六月及冬至以前十日，夏至以前五日，一应立决人犯及秋、朝审处决重囚，皆停止行刑"④。处死沈荩时，正值六月，理当停刑。

---

① 关于沈荩案，可以参见彭平一《沈荩与"沈荩案"》《关于沈荩与"沈荩案"若干史实的补证》、严洪昌《1903年"沈荩案"及其影响》等文章，考证极其认真，推翻了原有历史误传，是关于"沈荩案"研究的极好文章。

② 高拜石：《小心"爬耙仔"——苏报案的一个替死鬼》，《古春风楼琐记》（第十一集），作家出版社，2005年版，第98页。

③ 参见黄中黄《沈荩》，中国史学会编《辛亥革命》（第一册），上海人民出版社，1957年版。这一观点一直被认为是导致沈荩被害的原因。但是，根据彭平一在《关于沈荩与"沈荩案"若干史实的补证》、严洪昌在《1903年"沈荩案"及其影响》中的考察，这一说法是站不住脚的。

④ 赵尔巽：《清史稿·刑法志》，中华书局，1972年版。

但慈禧害怕夜长梦多,决定将沈荩尽快处死,遂采用杖刑。杖刑本来是用棍杖抽打犯人的背、腿、臀部,比笞刑重,比徒刑轻的一种肉刑,并不是一种死刑。现在用杖击办法将沈荩打死,实际是一种非刑。古代死刑在唐虞三代只有"大辟",遵循一种"死刑唯一"原则。后来历朝历代增加了各种酷刑,如商代有炮烙、醢(把人剁成肉酱)、脯(把人做成肉干)、戈伐(用戈杀头)、剖心等;周代有斩(用斧钺砍头)、杀(用刀杀于市)、搏(剥去衣服而磔之,分裂肢体)、焚、罄(在隐蔽的地方缢死)等;秦代有"具五刑"(先执行各种肉刑,再执行死刑)、生戮(先刑辱示众,再斩首)、磔(活着撕裂肢体)、车裂(用车分裂肢体,即五马分尸)、腰斩、枭首、阮(坑,活埋)、定杀(抛入水中淹死)、囊扑(盛于袋内扑杀)等;唐宋以降又有凌迟(一块块地割下犯人的肉,直至其死去)。对沈荩所执行的杖毙之刑,比古代的囊扑还要野蛮,还要残酷。囊扑的受刑者被装在袋中,什么也看不见,而沈荩是眼睁睁地看着刽子手们将自己一竹鞭、一竹鞭地打死。难怪刑部官员听到杖毙沈荩的圣旨时"相顾愕眙",感到惊诧。但太后的旨意不能违抗,便用八人以竹鞭捶之,一直捶了两个小时,血肉横飞,惨酷万状,仍未死去的沈荩痛苦难当,愿求予以绞毙,后才以绳索勒颈气绝。[1] 行刑时间从下午四点一直持续到晚上八点多。

死讯一出,举国惊愕,中外哗然。特别是外方,一种对中国司法的不信任——太后命令即为法律;审判官员屈从权势而不敢根据法律力争;刑罚的极端野蛮,不容于文明社会——在无形中得到

---

[1] 严昌洪、许小青:《癸卯年万岁——1903 年的革命思潮与革命运动》,华中师范大学出版社,2001 年版,第 145—146 页。

加强。《上海泰晤士报》的《论沈荩》一文指出："接驻各国使臣警报,谓各国执政大臣,观于此事,逆料中国居大位者,将有不得久安之势……日前英外部大臣(前文出现的蓝斯唐)曾于上议院论及此事之非,而拟慎重于苏报一案,亦甚洽舆情……此次沈荩之死,实使欧美各国大臣,有异常之感触,恐本届清太后七旬之寿,各国之来庆祝者,将不复如前之踊跃矣。"①

　　这种不信任很快就弥漫到苏报案上,对引渡问题产生了直接的影响,原本赞成引渡的公使、领事纷纷改变立场,一致主张拒绝引渡。其中,法国反对引渡的态度转变直接瓦解了最初支持引渡的联盟。最初法国驻华公使吕班是支持引渡的,后来由于英国政府驻法公使代办德·布森与法国交涉,向法国政府说明如果将苏报案被关押者交给清政府,就不可能阻止他们受到最野蛮、最不人道的待遇,并且表示英国内阁相信法国政府会对英国在苏报案问题上所持观点感兴趣,两国政府将在同一战线上采取行动。② 这一点得到了法国外交大臣德尔卡塞的完全赞同,加上沈荩案的直接示范效应,最终让法国认清清政府的司法现状,迅速在苏报案上转变立场。德尔卡塞在给法国驻英国公使保罗·甘伯的信函中郑重指出："将这些嫌犯交给中国政府不仅有违于我们的原则和人道主义精神,而且会使我们遭受诸如缺乏责任感的舆论诟病。"③法国的

---

① 《国民日日报汇编》(第一集),罗家伦主编:《中华民国史料丛编》,台湾文物供应社,1969 年版,外比第 13 页。

② 参见王敏《苏报案研究》,上海人民出版社,2010 年版,第 54—56 页。

③ 1903 年 8 月 18 日法国外交部长德尔卡塞致电法国驻英国公使保罗·甘伯的信函, L'Affaire de Su-pao, Correspondance Politique et Commerciale, Nouvel Série, Chine, 1897-1918。

态度转变对苏报案产生了重要影响。《纽约时报》评价说:"自从法国政府一同加入反对向中国政府引渡人犯的行动后,中国政府已经意识到通过讨好洋人是无法达到引渡目的的,并且意识到被批捕的人犯将不会被引渡。"①8 月 5 日,英国首相向驻华公使直接发出"现在苏报馆之人,不能交与华官审判"的训令。美国上议院也发来电报,拒绝引渡,命令不得将章、邹等交给清廷处置,"并将主张引渡之上海总领事古纳调任"。②

10 月 29 日,领袖领事古纳代表上海领事团致信两江总督魏光焘,正式向他宣布拒绝清政府引渡的请求,"我们谨按北京公使团的要求回复贵总督:不能照您所说将犯人押送引渡,那些人必须在租界会审法庭受审,他们将会依照法官的严格要求受审,并予以相应的惩罚,会被判定有罪。我们愿意为这样的公正审判,按常规做好法官出庭审判的准备,您将可以另外派遣一名对本案审判有足够级别的中方主审法官。根据北京外交公使团的指令,我们还要向贵总督特别指出:您不应该否定最初的协定,也不可能在不确定的时期审问囚犯,相信您也会接受的。而且我们还要说,北京公使团看起来非常想要一个能够在今后执行的极好的合理措施,以有效防范上海租界内再有同类案件发生"③。

这种转变让清方无可奈何,忙于引渡工作的上海道台袁树勋

---

① "Shanghai Reformers are still in prison," *The New York Times*, Nov.5, 1903.
② 张篁溪:《苏报案实录》,中国史学会编:《辛亥革命》(第一册),上海人民出版社,1957 年版,第 384 页。
③ 《美国驻上海总领事古纳为拒绝引渡〈苏报〉案犯等事致两江总督魏光焘信函》。转引自陶陶《日本外务省藏〈苏报〉案档案选译》(下),《历史档案》,2020 年第 2 期。

在给端方的电报中不时地流露出这种沮丧："职道承办此案,始愿未偿,以沈荩事出,变故从生,无可补救,悚歉莫名。"[1]

至此,引渡的希望如同那飘在空中的肥皂泡一般,愈是大,也愈是容易彻底破灭。

四、额外公堂

(一)审判权的争议

由于中外双方关于"引渡"的交涉反反复复,苏报案一直久拖不决。对此,舆论也不断进行抨击和谴责。

《北华捷报》指出:"六人被禁以来已将四月,身在囹圄,一切自由之权皆以消灭。最可怪者,受苦如此而究未有一定之凭据,一定罪之状,长此以往,彼自亦不知何日得出狱比也。"[2]《字林西报》则连续发文,批评各国领事"不极力断结",使"被禁诸人陷于疑似之罪",如果继续拖延下去,"惟使北京各公使而迎合清太后之意"。[3] 同时,对工部局也严加批评。鉴于舆论的影响,工部局出于利益的考虑,认为不能这样一直无限期羁押章、邹等人,先后多次

---

[1] 《光绪二十九年十月十七日上海道袁树勋致兼湖广总督端方电》,《苏报鼓吹革命清方档案》,中国史学会编:《辛亥革命》(第一册),上海人民出版社,1957 年版,第 439 页。

[2] 《"苏报案"不公之耻》,《北华捷报》。转引自《国民日日报汇编》(第二集),罗家伦主编《中华民国史料丛编》,台湾文物供应社,1969 年版,第 414—415 页。

[3] 张篁溪:《苏报案实录》,中国史学会编:《辛亥革命》(第一册),上海人民出版社,1957 年版,第 381 页。

明确提出尽快结案的要求。若证实有罪,按照相关法律与条约施以刑法;如再拖延下去不审理,就将人犯释放,甚至预备了将他们护送出境的打算。①

无奈之下,中外双方再次交涉,古纳于 10 月 29 日在给魏光焘的信中明确指出:1.我们接到的指示是不能像您要求的那样交出苏报案的被关押者;2.他们应该在会审公廨审讯;3.如果中国政府不接受这个建议,被关押者也不能无限期地被关押。这三条层层递进威胁着清政府。当然,领事团方面也做出了一定的让步:"对于审讯,我们愿意除了通常的谳员在座之外,可以派出一名依据中国法律与这样的案件相适应级别的官员参院。"②最终确定第三次公开庭审在 12 月 3 日进行,并根据清方的提议,在会审公廨的构架之外,设立了一个名为"额外公堂"的机构负责专门审理苏报案。

清政府的代理律师古柏率先发言,建议首先审理陈仲彝、钱宝仁和程吉甫三人,提出陈、钱、程已经在监狱里关押了四个月,清朝政府认为这已足够抵消他在本案中所负的责任,所以不打算对钱宝仁和程吉甫进一步追究,但要求陈仲彝能在以后的庭审中随叫

---

① 参见石培华《从上海英租界工部局档案中有关"苏报案"的资料看"苏报案"的真实情况》,《华东理工大学学报》,1996 年第 4 期。

② 1903 年 10 月 29 日古纳致两江总督的信函,Further Correspondence Respecting the Affairs of China(1842-1937) , F.0.405/142。

随到。① 对此,被告的辩护律师爱立斯表示反对,提出"钱允生(钱宝仁)等人还没有受到惩罚。我不是主张他们要受到惩罚,我的目的是希望中国政府的辩护律师能够提出钱允生等人免于被起诉的结论"②。翟理斯也表示同意,要求控方要么撤诉,要么起诉。庭审从一开始就充满了对抗性。

爱立斯的身份,尽管和初审时一样,依然为被告的辩护律师,但与开始却有所不同,最初他和博易是由章炳麟的朋友吴君遂筹钱聘雇的,现在却是工部局出面聘请的,依据是为因贫困等原因请不起律师的人提供法律援助。工部局的这种举动,特别是法律援助的概念,让清朝官员很是吃惊,"诸逆律师系工部局代请,该局自谓泰西律法,从不冤人,凡有穷迫不能雇律师者,国家代雇等语"③。端方也是一肚子不明白,"闻各犯律师系工部局代请,不知何心"④。

庭审在上午 10:15 正式开始,把持庭审的依然是英副领事翟理斯。翟理斯在法庭上的身份是"法官或者行政官的助理",即"Assessor",中文通常称"观审"。在会审公廨审理的职权配置中,在中

---

① 需要指出的是,清政府在这里没有主动提出不进一步追究龙积之是有原因的。按照端方的判断,龙积之牵涉湖北富有票案,且"与梁启超相伯仲,而资格较超为深。自康梁逃遁后,惟泽厚一人在沪,煽动各报馆,主持逆论,号为中国提调,其罪不亚于章邹二犯"。参见《光绪二十九年闰五月十二日兼湖广总督端方致内阁大学士张之洞电》,《苏报鼓吹革命清方档案》,中国史学会编《辛亥革命》(第一册),上海人民出版社,1957 年版,第 454 页。

② "The Supao Sedition Trial, " *N.C.Daily News*, Dec.4, 1903.

③ 《金鼎致梁鼎芬书》,《近代史资料》,1956 年第 3 期。

④ 《光绪二十九年闰五月二十二日兼湖广总督端方致内阁大学士张之洞电》,《苏报鼓吹革命清方档案》,中国史学会编:《辛亥革命》(第一册),上海人民出版社,1957 年版,第 466 页。

国谳员审理的以外国人为原告、华人为被告的案件中,观审如果对谳员的判决不满,有抗议的权利,但无权直接做判决。但在本案审理中,翟理斯的权力远远超过观审。在当天的审理中,原告律师古柏请求知县汪懋琨、谳员邓文堉和英国观审翟理斯就有关法律问题做出裁决,翟理斯当即明确表示如果没有他的同意,判决不可能形成,更不可能由中国官员单独做出判决。①

当古柏对翟理斯的审判权表示质疑,追问其权力是否来源于《烟台条约》时,翟理斯直接表示,会审公廨和《烟台条约》中的观审,两者的使用范围是不相同的,"《烟台条约》中的观审只有观审和抗议的权力",②而现在则不同。显然,翟理斯将会审公廨中观审的权力做了扩大的解释,根据他的解释,中国官员无权独立对案件做出判决,而且在案件的实际审理过程中,这样的权力与直接判决权已经很难划清界限。尽管这一解释难以使人信服,但特别法庭的设立已是一个既成事实,因此翟理斯不愿在这个问题上多纠缠——"我们没有必要再来讨论这个问题。我参加会审公廨的审判,与《烟台条约》毫无关系。我已经阐明了我的地位。正如中国官员所说,我们无须再次讨论法庭设立的问题,还是继续审理案件。"③

---

① "The Supao Sedition Trial," *N.C.Daily News*, Dec.5, 1903.

② "The Supao Sedition Trial," *N.C.Daily News*, Dec.5, 1903.实际上,1876 年签订的《中英烟台条约》规定:"凡遇内地各省地方或通商口岸有关英人命盗案件,议由英国大臣派员前往该处观审……至中国各口断交涉案件,两国法律既有不同,只能视被告者为何国之人,即赴何国官员处控告;原告为何国之人,其本国官员只可赴承审官员处观审。倘观审之员以为办理未妥,可以逐细辩论,应保各无向隅,各按本国法律审断。"

③ "The Supao Sedition Trial," *N.C.Daily News*, Dec.5, 1903.

(二)12 月 3 日的庭审:指控罪名与举证责任

在 12 月 3 日的庭审中,相比翟理斯的活跃,知县汪懋琨和谳员邓文堉发言不多。据当时的报纸记载,谳员几乎没有发过言,知县提出过几次抗议,但没有一次得到法庭的支持。这一方面是因为法庭审讯中使用的主要是英文,他们的发言需要通过翻译;另一方面,他们对法庭的审讯程序、律师在辩护中依据的西方法律原则不甚了解。更多时候,面对双方律师唇枪舌剑的英语交锋,两位只能作壁上观。

幸好,依据会审公廨的审案惯例,被告是中国人的案件适用中国法律,即《大清律例》。这一点,汪懋琨和邓文堉烂熟于心。汪懋琨甚至能清晰地背出指控的法律依据——"凡造谶纬妖书妖言,及传用惑众者,皆斩。若私有妖书,隐藏不送官者,杖一百,徒三年。"[1]依据这条法律,章炳麟、邹容的排满革命言论应被指控为"谶纬妖书妖言",所触犯的罪名就是妖言惑众,是杀头的重罪。可对于熟悉英国法律的古柏而言,这条刑律很是笼统与模糊,完全依据此条起诉,显然很令人为难。

于是,古柏首先提出章炳麟所犯的这种大逆不道的罪行,中西方的处理应该是一律的,"第一层,凡国人有谋反悖逆重大各情,西律究办此种人罪名最重;第二层,聚众闹事;第三层,扰乱人心。以上三项罪名,按之各西国律例,皆应科以最重之罪"[2]。试图通过国

---

[1] 张静庐:《中国近代出版史料初编·大清律例》,中华书局,1957 年版,第 311 页。
[2]《会讯革命党案》,《申报》,1903 年 12 月 4 日。

外法律的处置来说服法官,即所有国家都认为章、邹的行为是严重的罪行,以出版物的形式煽动叛乱是最严重的反政府罪。形象地说,传播煽动性的言论就如同将火种丢进长满枯草的山坡。对此,汪懋琨也附和强调:"只要写今上一字,罪名足矣。"①不过,尽管古柏的指控很严厉,但提出的罪名却只是"煽动性的诽谤罪"(seditious libel),一个在英国法律中并不算特别严重的罪名。

对此,章、邹的代理律师琼斯采取了极为高明的辩护策略。他提出,原告律师是以"恶意写作、印刷、出版煽动性的诽谤言论"来指控被告犯的是诽谤罪的,其中,写作、印刷和出版是一个整体性罪名,即构成要件不仅要具有写作行为,同时还有印刷、出版这样的行为或意图,才构成犯罪。"在讨论惩罚之前,我想先澄清出版的问题。指控的罪名是当事人恶意撰写、印刷、出版被认为是有煽动性的文章,或导致其作品被印刷、出版——这些指控是控方精心设计,并作为一个整体罪名的。现在当事人在法庭上已经承认是他写的,事实上也是这样。他从未承认印刷或出版过该作品或导致该作品被印刷出版。印刷和出版不是作为附加内容,而是构成所指控罪名的主要部分。"②琼斯一下子抓住了政府指控的漏洞。按照这个思路,对于清方所指控的《驳康有为论革命书》和《革命军》两书的印刷和出版,章炳麟和邹容在后来的庭审中也极力推脱责任。虽然两人之前都承认书是自己所作,但章炳麟在法庭上称这是他写给康有为的一封私人信件,信写好后寄给康有为,草稿被扔在垃圾桶,对于这封私人信件是如何印刷、怎样出版的,他一无

① 《会讯革命党案》,《申报》,1903 年 12 月 4 日。
② "The Supao Sedition Trial," *N.C.Daily News*, Dec.5, 1903.

所知。邹容则声称《革命军》是在日本学校读书时完成的一篇作业，回国前，他将文稿留在东京，返回上海后，才看见市面上有《革命军》的印刷本，因此，《革命军》是如何印刷、怎样出版的，他也不清楚。二人将书籍的印刷、发行、销售推脱得一干二净。

进一步，琼斯还指出，政府要追究章、邹的责任，必须承担举证责任。而当时的上海，并无严格的出版制度，也没有在出版物上印刷出版者、印刷者名字的要求，所以，古柏对回应这样的要求感到很是吃力。

举证责任是现代证据制度中的一项内容，与传统中国司法不同。举证责任遵循最基本的"谁指控，谁举证"原则，原告要指控被告，必须承担相应的责任，这对应的是对被告的无罪推定。无罪推定是英美法系国家法律的基本原则之一，这与中国的传统法律制度大相径庭。在中国法庭上，被告就是被假定为有罪的，这意味着要证明自己无罪，被告必须自己提供证据，否则就被认为有罪。这对被告是非常不利的。相对而言，坚持举证的责任在原告对被告较为有利。因为对被告的无罪推定意味着要由原告举证被告有罪，被告没有义务证明自己是无罪的。如果原告提不出足够的证据，则需承担败诉的责任。

对此，琼斯重申："中国政府的律师已经肯定地、相当肯定地提出指控，即此人犯有印刷、出版他写的文章的罪行，那中国政府律师必须对此举证。"[1]爱立斯也同样指出："我代表被关押者请求，他不犯有被指控的罪名。这是会被任何一个文明法庭接受的合适

---

[1] "The Supao Sedition Trial," *N.C.Daily News*, Dec.5, 1903.

请求。应完全由控方证明被指控的罪名。对被告律师的立场,原告律师没有提出自己的反对意见,说明双方都对此没有异议。"①否则,最简单的办法就是撤销对章、邹的指控——"章、邹只认著书,未认印书,今已在押数月,应请堂上开释。"②

(三)12月4日的庭审:被告接受讯问

12月4日,按照法庭的程序,被告接受原告律师和被告律师双方的讯问。根据《字林西报》的记载,首先是章炳麟接受原告律师古柏的讯问。讯问内容包括被告姓名、籍贯、苏报案案发前几年间的经历,重点是章炳麟在何种情况下写的《驳康有为论革命书》、为何直呼皇帝的名字、何时见到《驳康有为论革命书》的印刷本,以及是否采取措施制止流通等,也问到了《訄书》的写作和出版情况。接着由被告律师琼斯讯问。琼斯的讯问比较简单,主要表明了《驳康有为论革命书》使用的是一个受过良好教育的人才能读懂的语言,是私人之间交流政治看法的信件。

讯问章炳麟之后,双方律师讯问邹容。原告律师主要围绕《革命军》是怎样写作出来的、本人是否见到过印刷本、《革命军》是否有推翻现今统治者的意图、现在对这本书的态度如何等展开讯问。被告律师琼斯对邹容的讯问比较简单,只是问他是否希望看到中国改革、是否从《革命军》的印刷出版中得到报酬。整个讯问中,章、邹只坚持文章是自己写的,但是对书籍的印刷、出版一无所知。

---

① "The Supao Sedition Trial," *N.C.Daily News*, Dec.4, 1903.
② 《会讯革命党案》,《申报》,1903 年 12 月 4 日。

　　讯问中，章炳麟甚至拒绝回答古柏的提问，被法庭多次警告，观审也提出这属于藐视法庭的行为。邹容也不承认自己是自首。①"我与《苏报》无关，但是听说逮捕令中有我的名字，觉得很是奇怪，就来到巡捕房询问。在巡捕房时，我碰到一名外国巡捕，便询问他我是否被通缉，我的名字是否与《苏报》有关。巡捕问我的名字，我告诉了他。他把逮捕令给我看，我在几个被通缉的名字中看到了我的名字，我被指控写煽动性的文章。"②

　　需要指出的是，与初审时期表现出来的大义凛然不同，章、邹二人在当天的庭审中表现得很有"技术"，这显然是受辩护律师影响后的转变。他们一直否认自己同《驳康有为论革命书》《革命军》的印刷和出版有关。

（四）12 月 5 日的庭审：证人的出场

　　12 月 5 日，除了法庭审理人员、控辩双方律师和被告等人出庭，围绕《驳康有为论革命书》和《革命军》是否会造成社会危害，工

---

① 邹容此时的不承认与后人记载邹容大义凛然"自首"的情节有相当大的差别。在章太炎《邹容传》一书中，邹容是一个敢作敢当的英雄，研究者也多引用这段材料，"（邹容）闻余被系，即徒步走赴狱曰：'我邹容'。英巡捕皆骂曰：'尔五尺竖子，未有知识，宁能作《革命军》，得无有狂疾？速去！'容曰：'我著书未刻者尚千百卷，非独此小册也。尔不信者，取《革命军》来，吾为尔讲说之，'巡捕既不能得容，及容自至，亦欲因以为功，乃开铁槛引容入居巡捕狱。"两人的说法有很大不同，但都未必是真实情况。在法庭上邹容显然没有必要表现自己是一往无前的勇士。《邹容传》写于 1907 年 3 月，其时邹容已经去世。邹容投案，同章太炎被捕后以信招邹容投案有关，后邹容瘐死，所以《邹容传》中这段文字可能有溢美甚至是虚构的成分。

② "The Supao Sedition Trial," *N.C.Daily News*, Dec.12, 1903.

部局特别请来两位外侨出庭作证，以认定两书中的言论是否具有煽动性，是否构成诽谤罪。

值得一提的是，本案没有邀请中国人作证，而是请了两个外国人。他们虽然号称"中国问题专家"，懂一些中文，但应该不能够完全读懂被指控的文章。事实上，就《驳康有为论革命书》和《革命军》两书而言，没有接受过良好教育的中国人，恐怕也很难读懂，何况是外国人。因此，请中国人作为证人出庭似乎更加合理。原告律师古柏也对此提出抗议："这些煽动性言论是用中文写的，读者是中国公民；法庭应该采用的是通常的解释，因此，中国地方官员应被认为比任何外国人都能更准确地理解中文的含义。"①他认为应该根据中国地方官员的理解来认定言论是否具有煽动性，但翟理斯并没有支持原告律师的意见。古柏的抗议显然不是临时起意，早在清政府积极运作引渡章、邹等人的时候，"各国在上海公共租界的一般侨民，不仅非常强烈地反对引渡，还有被中国胁迫的深切忧虑，对引渡之事有一股相当大的反对力量"②，更不要说根据中国地方官员的理解来认定言论和主导判决了。

为辩护方作证的是一名叫李德立（《申报》将其名字译为"立得儿"）的英国人。李德立1886年就来到中国，在上海创办内门公司，曾三次担任上海公共租界工部局董事，辛亥革命时，曾促成清政府与革命党在上海和谈，1921年开始担任澳大利亚驻华商务代

---

① "The Supao Sedition Trial，" *N.C.Daily News*, Dec.12, 1903.

② 《日本驻上海总领事小田切万寿之助为引渡审理〈苏报〉案犯等事致外务大臣报告三》。转引自陶陶《日本外务省藏〈苏报〉案档案选译》（上），《历史档案》，2020年第2期。

表,是当时上海很有声望的商人。

在他眼里,这两本书不仅不会构成危险,而且"它的语言十分怪诞离奇,特别是在文章的第一段。如果不是被要求这样做(指法庭要求证人阅读完《驳康有为论革命书》和《革命军》两本书),我不会看完它"①。言下之意,两本书的内容且不说,单就语言的晦涩难懂这一点,一般人就不能接受,因此也不会被广泛接受,更不用说造成多大的社会影响或者危害了。对于整本书,他认为"此书如平常人见之决不至于扰乱,惟著书者一时卤莽,遂未瞩前顾后,实则于时局并无大坏"②。相应地,被告辩护律师也一直强调,"章邹二人,系年轻学生,出于爱国之忧,并无谋叛之意"③,他们的论说不会产生任何影响,他们也不是那种能够煽动或组织叛乱和革命的人。

为控方出庭的证人名叫西蒙,与李德立的谨慎不同,西蒙的证词准备得十分充分,发言也异常激烈,他认为被告有非常明显的煽动叛乱的意图,是"那种最危险的叛逆和煽动言论的贩卖者"④,必须予以严厉的惩处。

"这是所能够写作和出版出来的最具诽谤性和煽动性的东西,他们意图使满族王朝、清朝皇帝和慈禧太后被憎恶、被蔑视,这正是他们的写作意图……我想说的是这一类的作品出版的危险性,就如同将燃烧的火种丢到遍布枯草的山坡上一样。要具体说清楚

① "The Supao Sedition Trial, " *N.C.Daily News*, Dec.12, 1903.
② 《三讯革命党案》,《申报》,1903 年 12 月 6 日。
③ 《三讯革命党案》,《申报》,1903 年 12 月 6 日。
④ "The Supao Sedition Trial, " *N.C.Daily News*, Dec.14, 1903.

这些作品造成多大的危害性是不可能的,但谁能说现在广西的叛乱不是受了这类作品的煽动呢? 谁又能预见其他的叛乱和暴乱不会继之而起呢?"①

这和控方的意见不谋而合,西蒙甚至站在外国人的立场上,在证词的最后特别表示:作为享有条约给予的特权的外国人,应该尊重中国的司法主权,有义务阻止这样的作品流通。"我们作为外国人,尤其是居住在租界的外国公民,享有治外法权,我们受到与中国缔结的条约保护。这些特权也随之产生了特殊的义务,即不干涉中国对本国国民适用法律和司法。……不应仅仅因为叛乱没有发生,就能容忍小册子的作者侮辱中国皇帝,他也就可以不受惩罚。外国人在中国享有的权利是根据条约和习惯获得的,我们在中国也应承担相应的义务作为回报。"②

在没有陪审团的审理中,证人证词的证明力占有很大分量。西蒙的证明很让被告们倒吸一口凉气,但很快,天平就再次向被告倾斜。

(五)12 月 7 日的庭审:释放程吉甫和钱宝仁

12 月 6 日休庭。

12 月 7 日,程吉甫、钱宝仁、陈仲彝和龙积之出庭接受法庭调查。简短的法庭调查后,程吉甫、钱宝仁被当场释放,陈仲彝、龙积之则继续羁押。

---

① "The Supao Sedition Trial, " *N.C.Daily News*, Dec.14, 1903.
② "The Supao Sedition Trial, " *N.C.Daily News*, Dec.14, 1903.

按照辩护律师琼斯的意见,陈仲彝与本案无涉,甚至不能作为第三人出庭,关押他是毫无道理的,"并没有证据显示他能够知道他的父亲在哪儿,他与《苏报》有什么关系,或者他在报务工作方面帮助过他的父亲。对于他的指控已经撤销,我请求允许他做自己的事情,像普通的居民一样,留在或离开上海"①。汪懋琨却不这样认为,甚至在公堂上冒出一句让所有外人都吃惊的话:"你愿意替你的父亲顶罪吗?"这一违反现代法治精神中罪行自负原则的建议,竟然在公堂上由审判官向被告人堂而皇之地提了出来,使人怀疑自己是否生活在原始野蛮社会的血亲复仇时代。

对龙积之的审理更是简单,因为辩护方和观审一致认为龙与本案无关,清政府一直要追究的湖北富有票案应另作处理,且"被关押者不知道汉口放火和杀害官员的阴谋,因此应该被释放。但如果将来发现他被牵扯到任何阴谋中,则将被严惩。虽然他与阴谋的领导者熟悉,但与苏报案却没有任何关系"。②

虽然由于中方的一再坚持,陈仲彝、龙积之两人还是被继续羁押着,但是二人被释放也是大势所趋。

五、艰难结案

(一)清政府的判决与外方的拒不承认

12 月 9 日,按照魏光焘的指示,为了获得对苏报案的判决,上

---

① "The Supao Sedition Trial," *N.C.Daily News*, Dec.16, 1903.

② "The Supao Sedition Trial," *N.C.Daily News*, Dec.17, 1903.

海知县汪懋琨拟定了如下堂谕："本县奉南洋大臣委派，会同公廨委员暨英副领事审讯苏报馆一案，今审得钱宝仁、陈吉甫（程吉甫），由二为报馆伙友，一为司账，即非馆主，又非主笔，已管押四月，应乃开释。陈仲彝系馆主陈范之子，姑准交保寻父到案。龙积之于苏报案内虽无证据，惟前奉鄂督饬拿之人，仍押候鄂督示谕，再行办理。至章炳麟作《訄书》并《革命军序》，又有驳康有为一书，污蔑朝廷，形同悖逆。邹容作《革命军》一书，谋为不轨，更为大逆不道。彼二人者同恶相济，厥罪惟均，实为本国律法所不能容，亦为各国公法所不能恕。查例载不利于国，谋危社稷为反，不利于君，谋危宗庙为大逆，共谋者不分首从皆凌迟处死。又例载谋背本国，潜从他国为叛，共谋者不分首从皆斩。又例载妄布邪言，书写张贴煽惑人心，为首者斩立决，为从者绞监候。邹容、章炳麟照例科罪，皆当处决。今适逢万寿开科，广布皇仁，照拟减定为永远监禁，以杜乱萌而靖人心。俾租界不肖之徒知所警惕，而不敢为匪，中外幸甚。"①

初拟的判决，与正式开庭前上海道袁树勋拟定的四条办法——"一、邹章两犯已经供认，照中律应科斩决，恭逢万寿，拟改监禁；龙积之系湖北富有票内之犯，或解鄂审，或由鄂派员会讯。二、钱陈两犯乃报馆所雇之伙，既非主笔，又非馆主，已押四月，似可从宽保释；陈仲彝到案时自认为陈范之子，仍暂管押，俟陈范到案，再行保释。三、讯结后，详禀到院，请一面申斥沪道，一面照会领袖，此案在沪讯结，本属不合，以后不能援例；租界不准容留不法

---

① 《光绪二十九年十月二十一日南洋大臣魏光焘致外务部电》，见《中英等交涉苏报案当事人问题文电》，《历史档案》，1986 年第 4 期。

之徒,共保和平大局,咨请外部转照各国公使,存此公文,为将来办事地步。四、公廨虽在租界,本国家所设,即此监禁,虽与内地有别,亦足示租界滋事之儆云"①——完全一致。

汪懋琨这样做,无非按照魏光焘的指示同外方争夺判决权。在审讯期间,清政府官员已预感到英国方面不会同意重判,英国副领事曾透露过判刑不会超过监禁三年,于是清政府为避免英国副领事在判决阶段再插手,遂决定审讯一结束,不征求英国副领事的意见,单方面强行做判决。"苏报案,今日县委会英副领自九点钟讯至四点钟止,其中周折甚多,律法官述彼族意,以监禁不出三年,职道饬县力持,倘过宽纵,当硬断。"②

令他尴尬的是,英国副领事表示抗议,提出中方未与他商议此判决结果,拒绝同意汪懋琨在法庭上宣读,便"当将堂谕阻留,率请将章邹监禁三年,否则未便照允"③。

事已至此,汪懋琨也顾不得那么多法律程序,仍将判决书抄发原、被告律师及英国副领事,意欲强行结案。事后,翟理斯致函邓文堉,表示不同意永远监禁的判决结果,且此判决事先没有商议,是中国官员自行决定,因此作废。他又致函上海县令,表达此意,

---

① 《光绪二十九年十月初八日上海道袁树勋致兼湖广总督端方电》,《苏报鼓吹革命清方档案》,中国史学会编:《辛亥革命》(第一册),上海人民出版社,1957 年版,第437 页。

② 《光绪二十九年十月十六日上海道袁树勋致兼湖广总督端方电》,《苏报鼓吹革命清方档案》,中国史学会编:《辛亥革命》(第一册),上海人民出版社,1957 年版,第438 页。

③ 《光绪二十九年十月十六日上海道袁树勋致兼湖广总督端方电》,《苏报鼓吹革命清方档案》,中国史学会编:《辛亥革命》(第一册),上海人民出版社,1957 年版,第440 页。

并将判决书送回,通知双方律师。①

汪懋琨、袁树勋、端方等人显然忽略了这个最重要的事实——案件的执行权最终在租界当局手中,且章、邹被关押在工部局巡捕房,翟理斯的反对态度意味着这个判决不会被执行,因此汪懋琨的单方面判决也就没有多大意义,对章、邹永远监禁的要求更不会被理睬。英国驻华公使萨道义在给蓝斯唐的电文中直白地引用了英国驻上海总领事霍必澜的观点:"霍必澜爵士说本案的唯一一点没有解决的问题是谳员和外国观审(翟理斯)之间关于两名被证实有罪的关押者(邹容、章炳麟)的判决的意见分歧。但是他并不认为这是个严重的问题,他不怀疑中国当局迟早会接受翟理斯先生的主张。"②

(二)12月16日的庭审:释放陈仲彝、龙积之

从目前的史料来看,清政府除对与苏报案实在无关的程吉甫、钱宝仁不予追究法律责任外,对包括陈仲彝、龙积之在内的被关押者一直要求严惩,这也直接导致了与外方发生分歧。

对于陈仲彝,因为他是陈范的儿子,清方认为"(虽)无实在证据可以议罪,(但)职道意仍暂押,俟陈范到案再办,法尚平","而英

---

① "顷据谳员禀称:据翟副领函:所判永远监禁,未能应允,应行会商,不合专主,堂谕作废,除函上海县外,堂谕送还,等因。"《光绪二十九年十月二十一日上海道袁树勋致兼湖广总督端方电》,《苏报鼓吹革命清方档案》,中国史学会编:《辛亥革命》(第一册),上海人民出版社,1957年版,第440页。

② 1904年2月18日萨道义致英国外交大臣蓝斯唐的信函, Further Correspondence Respecting the Affairs of China(1842-1937), F.O.405/142。

领不以为然,力请释放"。① 古柏认为,不再追究法律责任属于政府的宽宏大量,陈仲彝应相应地做出(陈范不在上海期间)本人可以随时被法庭传唤的保证。或者退一步,在法庭需要他时,他能够到庭。汪懋琨则要求陈仲彝努力地找到陈范。

辩护律师爱立斯针锋相对地批驳古柏的请求是无理的。观审翟理斯也对知县的主张提出异议:"要求此人寻找到他父亲的保证,仅仅意味着,当他父亲回来时,如果他没有这样做,对他的处理会像对他父亲一样。当然,我对此不能同意。"②

对于龙积之,以端方为首的官员认定他是"康有为之徒,广西优贡,潜往上海,与康梁暗为声援,时通消息,煽动诸报馆主张逆说,摇惑人心,力量最大,流毒最深"③,所以一直要求将龙积之押解湖北办理。不过,翟理斯却一直坚持没有证据显示龙与苏报案有关,也应该将其释放。

在双方为此胶着不下的时候,福开森提出为了换取外人对严惩章、邹二人的同意,端方最好能够在龙积之一案上做出妥协,以免和外人彻底决裂:"窃思由沪解鄂,领事不允;如或派员来沪会讯,亦恐越例难行;径自释放,则不成政体。倘遵照末减,出具改过

---

① 《光绪二十九年十月十九日上海道袁树勋致兼湖广总督端方电》,《苏报鼓吹革命清方档案》,中国史学会编,《辛亥革命》(第一册),上海人民出版社,1957年版,第439页。

② "The Supao Sedition Trial," *N.C.Daily News*, Dec.16, 1903.

③ 《光绪二十九年闰五月十二日兼湖广总督端方致两江总督魏光焘电》,《苏报鼓吹革命清方档案》,中国史学会编:《辛亥革命》(第一册),上海人民出版社,1957年版,第453页。

自新甘结,较好收场,且免决裂。"①

于是,到 12 月 16 日,会审公廨裁决将陈仲彝、龙积之相继释放,清方谳员事前也予以同意。

此时,翟理斯再次致函汪懋琨,重申"和苏报案有关的陈仲彝、龙积之、程吉甫、钱允生(钱宝仁)等人均已释放。邹容和章炳麟还未判刑。我不能同意你在上次通信中希望判处他们终身监禁的决定,这是太重的判罚。正如我已提出的那样,判处邹容监禁二年(苦役)、章炳麟监禁三年(苦役)已经是足够的惩罚。因此我必须要求你采取相应的行动。这二人已经被关押了好几个月,再次延期审理是不现实的。如果双方对判决不能达成一致,唯一解决办法是释放他们"②。

(三)关于严惩章炳麟、邹容的反复交涉

严惩章、邹二人一直是清朝政府梦寐以求的结果。在引渡的梦想破灭后,坚持对章炳麟和邹容处以永久监禁的判决就成为清政府退而求其次的目标。

他们认为:"章邹所犯极重,照律不但当处极刑,且须连坐家属,今堂谕声明恭逢万寿恩科,减等办理,实属国恩宽大。况领袖

---

① 《光绪二十九年十月二十一日福开森致兼湖广总督端方电》,《苏报鼓吹革命清方档案》,中国史学会编:《辛亥革命》(第一册),上海人民出版社,1957 年版,第 441 页。

② 1903 年 12 月 17 日翟理斯致上海知县汪懋琨先生的信函, Further Correspondence Respecting the Affairs of China(1842-1937) , F.0.405/142。

前奉各公使复文,曾声明倘审得果有罪名,按照中国法律予以应得之罪。虽为该犯求贷一死,立论尚属和平。今章邹所犯供证确凿,被告律师已理屈辞穷,且所延精通华文之西人上堂作证,亦谓实有应得之罪。可见公道难昧。既派汪令审讯,邹章的有罪名,所拟又属减轻,翟领仍不遵行,强欲干预,改少监禁年期,不独不守约章,而且显违公使原议。案经审定,汪令所拟又极公平,彼复不以为然,殊出情理之外。"①这种判断,与汪懋琨宣判前一日(12 月 8 日),端方提出的判决的最大限度——"惟章邹皆不加以极刑,余犯不能不变通办理……章邹必应永远监禁"②——完全契合。

实际上,对章、邹"监禁免死"动议的提出也是清政府的无奈之举,它不只是端方提出的最低限度,实际上也是张之洞的主张。苏报案案发之初,张之洞就发现:"以上海索交六犯,商办为难,属敝处商诸政府,在京设法。嗣探各使口气,皆虑交出后仍置重典,故不肯放松。"③也就是说,张之洞从一开始就知道对苏报案被关押者判处死刑是外人不能接受的。沈荩案发生后,张之洞为打破引渡的僵局,主动提出了"监禁免死"的动议,并由福开森转达给各国驻沪领事。

① 《光绪二十九年十月十九日上海道袁树勋致兼湖广总督端方电》,《苏报鼓吹革命清方档案》,中国史学会编:《辛亥革命》(第一册),上海人民出版社,1957 年版,第 439—440 页。

② 《光绪二十九年十月二十日兼湖广总督端方致上海道袁树勋》,《苏报鼓吹革命清方档案》,中国史学会编:《辛亥革命》(第一册),上海人民出版社,1957 年版,第 479 页。

③ 《光绪二十九年七月初五日内阁大学士张之洞致兼湖广总督端方电》,《苏报鼓吹革命清方档案》,中国史学会编:《辛亥革命》(第一册),上海人民出版社,1957 年版,第 435 页。

但是,外人对清方所谓"监禁免死"的主张并不理睬,社会舆论也是哗然一片,辩护律师更是以"久系囹圄,在法律与人道均属不合"为由,要求立即注销该案,将章、邹二人释放。① 于是,案件再次陷入僵局。

过完了西方的圣诞节,就快到中国的春节了,时间飞一般地过去,但判决依旧没有达成共识,一切仿佛都陷入了僵局。从目前的文献资料来看,在公开会审后的很长一段时间中,双方几乎没有相关交涉。

1904 年 2 月 11 日,阴历正是 1903 年的腊月二十六。当天,萨道义与庆亲王奕劻就苏报案进行了一次谈话。前者明确表示,没有证据显示《驳康有为论革命书》《革命军》两书的出版与苏报案的两名被关押者(章炳麟、邹容二人)有关系,且两名被告都很年轻,他们所犯的罪行与判处终身监禁的决定也不相符合,即便在欧洲,这种犯罪行为也不会受到重判……并愿意尽早结束此案。②

2 月 16 日,新一年的正月初一。驻沪领袖领事照会上海道台袁树勋,"各领以苏报馆案未断定,拟再会审一次,如再不断,将犯开放,以照驻京钦使之意"③,提出重新会审的建议。但这遭到了清方官员的拒绝。袁树勋指出,无论是根据清朝的法律还是中外达

---

① 《"苏报案"始末》,载《旧上海史料汇编》(下册),北京图书馆出版社,1998 年版,第 81 页。

② 庆亲王与萨道义谈话备忘录(Minutes of Conversation between Sir E. Satow and Prince Ch' ing) , Further Correspondence Respecting the Affairs of China(1842-1937) , F.O.405/142。

③ 《警钟日报》,1904 年 3 月 30 日。

成的约章,会审公廨的外籍观审均无权力变更已做出的判决。① 两江总督魏光焘也致电外交部:"查照前已断定之案,告知各使,请饬各领勿再翻异,盖照约照章,皆应由中国定断,既断何能复翻,如有异议,或即释放,是彼违约也。"②一方面按照约章再次提出外方无权干涉判决结果,一方面请求外务部多做斡旋,由驻京公使向驻沪领事施压。

无奈之下,外务部只得出面与英国驻华公使交涉。英国公使却明确表示应该酌情减免刑期,永远监禁的判决太重,是不可能的。事情到了这般地步,外务部也无可奈何。强下判决,本是端方和袁树勋等人的一厢情愿,外务部对这个做法并不完全支持,只能顺水推舟同意"该领既愿复讯,可再派员会审,酌照英使所谓公同定断,以期结束"③,答应重新会审的建议,要求魏光焘、袁树勋等地方官员妥当处理。

但此时,领事团方面却突然变卦,改变初衷,不再坚持会审,声称以往的约定有笔误,而提出只由双方派员共同协商判决,"上年备具华文照会,内载再由中西各管会审,实系笔误。本领拟再有中西判官会同商议一次,并非会审,各行更正。公廨案件,堂谕应有

① 《警钟日报》,1904 年 3 月 30 日。
② 《光绪三十年正月初六日南洋大臣魏光焘致外务部电》,见《中英等交涉苏报案当事人问题文电》,《历史档案》,1986 年第 4 期。
③ 《光绪三十年正月初八发南洋大臣》,见《〈点石斋画报〉案件与"苏报"案》,《档案与史学》,2000 年第 5 期。

中西判官会同定案"①,狠狠地折腾了外务部一把。不过,双方对此案判决的分歧太大,一方要求永远监禁,而另一方坚持仅判三年以下,两者相差悬殊,因此由双方共同做出判决并不是一件容易的事情。之后,清政府做出了妥协,放弃了"永远监禁"的要求,转而争取尽量长的监禁年限。领事团方面对此意见纷纭,英国领事仍坚持不超过三年,但清方还是难以接受。魏光焘请求外务部"转商英使饬领事,纵不永远监禁,亦当将监禁年限从最多者商定,以示儆戒"②,提出"能多禁一年,即可稍示一分严意"③。

1904 年的整个三、四月份,双方都在围绕章、邹所禁年限讨价还价。按照领事团坚持的司法程序,如果案件超过审判期限一直不做出判决,就应当尽快释放被关押者。在这一司法程序的要求下,共同商定久拖不决,对清方十分不利。3 月 18 日,吕班致函法国驻沪总领事拉塔尔:"假如最终无法形成一个协议,那么这些苏报案的被告只将在牢中待一段时间。"④言下之意是,清方再不妥协,章、邹有可能就会被释放。同样的威胁出现在 3 月 21 日萨道义致函霍必澜,授权他可以采取任何可能的措施结束苏报案。如果

---

① 1904 年 2 月 22 日,《光绪三十年正月十一日上海道袁树勋致兼湖广总督端方江苏巡抚恩寿电》,《苏报鼓吹革命清方档案》,中国史学会编:《辛亥革命》(第一册),上海人民出版社,1957 年版,第 443 页。

② 《光绪三十年二月十二日南洋大臣魏光焘致外务部电》,见《中英等交涉苏报案当事人问题文电》,《历史档案》,1986 年第 4 期。

③ 《光绪三十年三月初二日收两江总督》,见《〈点石斋画报〉案件与"苏报"案》,《档案与史学》,2000 年第 5 期。

④ 1904 年 3 月 18 日法国驻华公使吕班致法国驻上海总领事拉塔尔的公函,L'Affaire de Su-pao, Correspondance Politique et Commerciale, Nouvel Série, Chine, 1897-1918。

双方还不能协商一致，即会在一个合理的期限内释放被关押者。① 可是，双方的分歧仍旧很大。5 月 11 日，领袖领事致函袁树勋，鉴于会审公堂迟迟不做判决，领事团已根据北京指示重新考虑释放在押犯的问题，并说此事有可能在两星期内得到解决。②

突如其来的最后期限让袁树勋十分为难，只得通过魏光焘一天内连发两封电文请求外务部出面，一方面告知仅有十天的宽限期，"到期未定，各犯必释放"③，一方面请求外务部迅速和驻华公使联系，"询明拟减年数，磋商定案，以免释放，转行宽纵"④，并再与英国公使商议具体年限。同日，外务部向魏光焘提出至少将监禁期限定在十年以内的要求。⑤ 这实际上也是与英国公使磋商的结果，因为英方公使表示可以接受十年以内的监禁期限，这样十年就成为双方可以达成一致意见的最长监禁期限。

然而，英国公使上述的意见，不知道是有意还是无意，却没有及时通知到英国驻沪领事。"查英使虽允于十年之内酌减，尚未饬知英领，致内外立意不同"，此时"晤商古领，据称两犯监禁十年，各

---

① 1904 年 3 月 21 日萨道义致英国驻沪总领事霍必澜的信函，Further Correspondence Respecting the Affairs of China(1842-1937)，F.O.405/143。

② 1904 年 5 月 11 日工部局会议记录，上海《英租界工部局档案》第十七卷，第 83 页。

③《光绪三十年三月二十六日南洋大臣魏光焘致外务部电》，见《中英等交涉苏报案当事人问题文电》，《历史档案》，1986 年第 4 期。

④《光绪三十年三月二十六日南洋大臣魏光焘致外务部电》，见《中英等交涉苏报案当事人问题文电》，《历史档案》，1986 年第 4 期。

⑤《光绪三十年三月二十六日发南洋大臣》，见《〈点石斋画报〉案件与"苏报"案》，《档案与史学》，2000 年第 5 期。

领尚可设法照允"。① 但英国驻沪领事仍然坚决反对清政府重判，提出"一犯即释，一犯只禁两年"的意见，并一再以审判截止期限相威胁。② 面临着章、邹被释放威胁的南洋大臣魏光焘，只能退而求其次。5月16日，他急电外务部："此案展期以四月初七日为止，万不允再缓。求迅电钧处转商英使，将年限商定，急电饬英领遵办，否则英领故意以一二年为词，借端延宕，一届限满，即行释放，诸领又不愿与英为难，非由内商定不可云。"③同时提出争取减至五六年监禁的建议，以免章、邹被释放。

外务部第二日(5月17日)就回电说："苏报案犯监禁年限，并未与英使商定，现在为期已迫，如再与商，转费周折，即饬沪道与各领商定，将一犯监禁三四年，一犯监禁一年，以期结束。"④主动提出三四年与一年的建议，这意味着经过几个月的交涉，清政府最终主动放弃了重判章炳麟与邹容的努力。恰在同一天的领事团会议上，各国一致认为翟理斯拟定的"年幼之犯拟监禁二年，年老之犯拟监禁三年"的建议是合理公正的，并提出将5月21日作为最后期限，如果清政府不接受英国观审的意见，章、邹将被释放。

---

① 《光绪三十年四月初二日收南洋大臣》，见《〈点石斋画报〉案件与"苏报"案》，《档案与史学》，2000年第5期。

② 《光绪三十年四月初二日收南洋大臣》，见《〈点石斋画报〉案件与"苏报"案》，《档案与史学》，2000年第5期。

③ 《光绪三十年四月初二日南洋大臣魏光焘致外务部电》，见《中英等交涉苏报案当事人问题文电》，《历史档案》，1986年第4期。

④ 《光绪三十年四月初四日发南洋大臣、上海道电一件》，见《〈点石斋画报〉案件与"苏报"案》，《档案与史学》，2000年第5期。

（四）最终判决的形成

最终的审判决定通过领袖领事传达给了袁树勋，这是各国驻沪领事协商确定的结果。显然，外方的"共同商定"遗漏了重要的一方——清朝政府。同时，从时间上来看，外方的"共同商定"显然没有考虑外务部三四年监禁与一年监禁的建议。

5 月 18 日，袁树勋将外方商议的结果电陈外务部："领袖美总领古纳函复，苏报案各领商妥，年幼之犯拟监禁二年，年老之犯拟监禁三年，均自拿获日起算，年满均驱逐出租界外，务于中历四月初七日前会同陪审官照以上定断，如未能照定，押犯仍开释云。查年幼犯指邹容，年老犯指章炳麟。所拟监禁年期，似可照准，乞迅赐核示遵行。"①第二天，外务部就同意了这个结果，也不再坚持最低监禁年限。

1904 年 5 月 21 日，上海知县汪懋琨与谳员黄煊英、新任英国副领事德为门复讯苏报案，并重新宣布了判决结果："本县奉南洋大臣委派，会同英副领事审讯苏报馆一案。今审得钱宝仁、陈吉甫（程吉甫）一为馆友，一为司账，已管押四月，应行开释。陈仲彝系馆主陈范之子，姑准交保，寻父到案。龙积之系鄂督访拿之人，惟案无证据，且与苏报馆事无干，亦应省释。至邹容作《革命军》一书，章炳麟作《馗书》，并作《革命军序》，又有驳康有为一书，言语纰谬，形同悖逆。彼二人者同恶相济，罪不容恕，议定邹容监禁二年，

---

① 《光绪三十年四月初三日收上海道》，见《〈点石斋画报〉案件与"苏报"案》，《档案与史学》，2000 年第 5 期。

章炳麟监禁三年,罚作苦工,以示炯戒。限满释放,驱逐出境。此判。"①至此,苏报案结案。

此时,距离最初审判之日已经整整十个月。

两年后邹容瘐死,章炳麟则在出狱当天就被租界当局送上了前往日本的轮船。风平浪静的黄海海面下,暗流涌动,漩涡急转,伫立在船头的章炳麟仰望着浩瀚的星空,长久不能自拔。他究竟在想什么?是惨死狱中的邹容?当年激昂江山的文字?抑或是这场意味深长的司法审判?谁也无法揣测清楚。

①《光绪三十年五月初十日南洋大臣魏光焘致外交部咨文·附:照录来折》,见《中英等交涉苏报案当事人问题文电》,《历史档案》,1986 年第 4 期。

第二章　苏报案的社会结构

司法是对法律制度的现实检验,展示了法从规范向事实、从静态向动态、从书本向行动的转化,体现了法的实现及其社会效果。① 因此,司法从来不是一个抽象的过程,它通常是在社会中实现自我的。

根据纯粹法社会学创始人布莱克的观点,案件的命运取决于它的几何排列,即案件的社会结构。什么是社会结构呢？布莱克进一步给出了解释:谁控告谁？谁处理这一案件？还有谁与案件有关？每一案件至少包括对立的双方(原告或受害人,以及被告),并且可能还包括一方或双方的支持者(如律师和友好的证人)及第三方(如法官或陪审团)。这些人的社会性质构成了案件的社会结构。② 这种解释与日本学者棚濑孝雄提出的纠纷解决的过程分析

① 徐昕主编:《纠纷解决与社会和谐》,法律出版社,2006 年版,第 1 页。
② 「美]布莱克:《社会学视野中的司法》,郭星华译,法律出版社,2002 年版,第 5 页。

的观点——"有必要把焦点对准纠纷过程中的个人,把规定着他们行动的种种具体因素仔细地剖析出来。例如,他们置身于其中的社会状况,他们的利益所在,与其他人之间的社会关系(包括纠纷发生前的关系和纠纷解决后可能形成的关系),制约着人们行为的各种社会规范,以及可以预想到的因违反这些规范而引起他人采取的行动(反作用)等等,都应该作为说明纠纷过程中行为的资料而加以收集"①——在法理上是一致的,强调的都是从个案本身发散推广至社会结构的思路。

顺着前文关于苏报案全案的描述,本书将通过对苏报案的社会结构,特别是案件中对手、支持者及第三方之间的相互关系的解构,对案件的影响力做出有效分析。这种诉讼法律关系的剖析,便于厘清司法过程中的关键变量,以解释苏报案的处理,最终改造和完善布莱克的"案件社会结构理论",并得出相关结论:司法是一种变量之和。

一、两造:原告与被告之间

布莱克指出:"许多社会和历史时期的大量证据显示,被告的社会地位本身很少或者不能告知我们案件将被如何处理。我们必须同时考虑对立双方相对的社会地位。"②苏报案之所以成为中国革命史上重要的标志性事件,不仅在于两位被告是被追认为革命

---

① [日]棚濑孝雄:《纠纷的解决与审判制度》,王亚新译,中国政法大学出版社,1994年版,第5页。
② [美]布莱克:《社会学视野中的司法》,郭星华译,法律出版社,2002年版,第7页。

先驱的志士仁人,其最重要的意义在于这是一场煌煌"天朝"以平等诉讼主体的身份对两位臣民提起的诉讼,这是中国几千年来史无前例的。可以说,司法外诉讼两造悬殊的地位,仿佛注定了这是一场大象对蚂蚁的战争。

(一)被告:邹容和章炳麟

初次庭审中,龙积之、陈仲彝、钱宝仁、程吉甫与章炳麟、邹容两人一样,同为被指控的对象。但到了 12 月额外公堂的审讯中,只剩下章炳麟和邹容继续为被指控对象,这显然与两人在苏报案中的特殊重要性有关。

邹容,字蔚丹,重庆巴县人。1902 年东渡日本东京同文书院学习,广泛吸收资产阶级民主革命的思想。1903 年 4 月,年仅 18 岁的他就完成了《革命军》一书,成为中国近代史上杰出的青年革命家和宣传家。《革命军》一书崇尚自由、鼓吹革命,尤其是对封建专制制度进行了无情的鞭挞,提出了推翻清政府,反对外来干涉,建立独立自主的"中华共和国"的政治纲领,极大促进了人民的觉醒,对"以 1903 年为分水岭的革命高潮的到来起了极大的推动作用"①。

1903 年是中国近代政治潮流发生重大转折的关键一年,对于国内当时的资产阶级和小资产阶级知识分子而言,是走改良的道路还是用革命的手段推翻清政府和封建制度,成为必须首先做出

---

① 严昌洪、许小青:《癸卯年万岁——1903 年的革命思潮与革命运动》,华中师范大学出版社,2001 年版,第 155 页。

的选择。20 世纪初期,以康有为、梁启超为代表的改良派在中国知识界的影响巨大,但 1903 年国内外政治运动的蓬勃发展,特别是日本留学生界激进的革命思潮和行动,开始推动国内整个社会思想发生突变和转型,使得 1903 年成为改良与革命划清政治界限的一年。邹容的《革命军》在这一巨变中发挥了重要的作用,他在书中坚定地论证:要革命,不要改良。他的观点充满了热烈的法国革命论色彩,对当时的青年极富鼓舞力和引导力,吴玉章的说法就是一个典型代表:"所以当我读了邹容的《革命军》等文章以后,我在思想上便完全和改良主义决裂了。"①当时在日留学的鲁迅在多年后也回忆道:"便是悲壮淋漓的诗文,也不过是纸片上的东西,于后来的武昌起义怕没有什么大关系。倘说影响,则别的千言万语,大概都抵不过浅近直截的'革命军马前卒邹容'所做的《革命军》。"②甚至在日本学者佐藤慎一眼里,"《革命军》的论点相当单纯朴素,从而具有一种震撼人心的巨大的力量,再加上邹容的悲惨命运所起的辅助作用,对当时的中国产生了巨大的影响。这本书对 20 世纪初期的中国人的影响之大,恐怕远远超过了孙文的三民主义"③。

《革命军》之所以能推动 1903 年的政治进程,除了思想内容蕴含的西方进化论、社会契约论符合资产阶级革命需要,最为重要和直接的原因是《革命军》的革命主张契合了当时社会的需要,即为近代中国的屈辱设置了一个有效的宣泄口,它"以国民主义为干,

---

① 吴玉章:《从甲午战争到辛亥革命前后的回忆》,《辛亥革命》,人民出版社,1969 年版,第 59 页。
② 《杂忆》,《鲁迅全集》(第一卷),人民文学出版社,1989 年版,第 226 页。
③ [日]佐藤慎一:《近代中国的知识分子与文明》,刘岳兵译,江苏人民出版社,2006 年版,第 197 页。

以仇满为用"①,把中国内受满洲压制,外受列强驱迫的危险境地公布于众,将中国历史上长期潜伏的种族观用革命的方式表达出来,号召人民奋起"与尔之公敌爱新觉罗氏,相驰聘于枪林弹雨中"②。激进的论调,尤其是中国必须进行革命的鼓动,使得《革命军》很快被清政府列为逆书,清政府特地发电告知各地官员:"近时市中所出《革命军马前卒》及《浙江潮》等书,谤毁宫廷,大逆不道,着即严拿究办等因。遵即发出四百里排单,通饬各属一体,查禁以除反侧而正人心。"③

　　除了写作《革命军》,邹容回国之后的另一项重要活动是参加拒法运动和抗俄运动。1903年4月,东京留学生得知广西巡抚王之春向法国借军借款以平定内乱之议,遂致电中国教育会(爱国学社),请求两地共同协助共同抗议政府的行为。俄国在1900年入侵北京之际,曾与清政府协议占领东北三省三年,但至1903年4月,俄国政府仍不肯彻底履行撤兵协议,遂引起国内外学生的集会抗议,留日学生甚至组织"拒俄义勇队"准备奔赴疆场,与俄人决战。当时的中国教育会作为国内革命的中心,分别在4月25日组织了拒法大会,27日参加了抗俄大会,4月30日又组织了第二次抗俄大会,邹容、章炳麟、蔡元培、马君武、吴稚晖等人纷纷发言,抗议政府的软弱,要求阻止法兵的干涉和俄国的侵占。

　　相比邹容在《革命军》中对革命的正面宣传和鼓动,章炳麟的《驳康有为论革命书》从清朝的封建统治和种族迫害说到革命的必

---

① 章炳麟:《读〈革命军〉》,《苏报》,1903年6月9日。
② 邹容:《革命军》。转引自《邹容文集》,重庆出版社,1983年版,第74页。
③ 《饬禁逆书》,《申报》,1903年6月11日。

要，对改良派只可立宪、不能革命的理论大加批驳，认为君主立宪制无非清政府用来挽救统治危机的工具而已。章炳麟的革命言说极具鼓动性，激发了当时诸多知识分子对革命的向往。他在几次拒法抗俄大会上的发言反响也非常巨大。马叙伦回忆说："遇到章炳麟先生的演说，总是大声疾呼的革命革命，除了听见对他的鼓掌声音以外，一到散会时候，就有很多人像蚂蚁附着盐鱼一样，向他致敬致亲，象征了当时对革命的欢迎。"①

（二）被告引发的后果：法、俄支持引渡

章、邹二人参与拒法运动和抗俄运动的一个直接后果，就是导致了法、俄两国支持引渡的立场。

当时的中外日报详细报道了法俄两国的态度。"本月一号，天津某报有消息云，俄法两国公使极愿将此数人交于华官。"②"近在北京地方各公使因上海苏报馆一案，英国参赞之意，以为诸人不应交与华官，日本公使以为未尝拘人。以前上海道既与各国领事立有约章，现在即应照约办理。惟俄法两国则欲助中国政府，将诸人交于华官。故其中彼等之意见各不相同。美公使之意以为莫妙于仍交上海领事办理此事。"③"伦敦泰晤士报驻北京访事之电：言及

---

① 马叙伦：《我在六十岁以前》，三联书店，1983 年版，第 20 页。
② 《西报论英国不允交人之事》，《字林西报》，1903 年 8 月 7 日。相似报道可参见 1903 年 7 月 30 日《纽约时报》，"法国公使断言：人犯应当被引渡，如果允许犯了罪的中国人在租界藏匿，就违反了设置租界的初衷。俄国公使 M.Lessar 也持同样的观点，甚至比法国公使还要坚决。"
③ 《北京公使会议苏报案》，《上海泰晤士报》，1903 年 8 月 17 日。

北京法公使杜卑尔之意,以为苏报馆诸人应交于华官,俄钦使拉萨氏意则较法公使更注重于此。"①"俄国公使亦谓此诸人者,欲在中国举革命之事,废去满洲王室,实为大逆不道。现在中国政府既欲将此诸人治罪,余不能为若辈助力,使其幸免应受之刑。"②

　　英国的有关外交档案也证实了法俄两国的立场,法国驻京公使吕班认为:"我们不能拒绝中国政府要求交出被证实有罪的中国公民的要求,他们已经承认犯罪,特别是本案中,被告被指控犯了谋反和煽动造反罪。"③俄国公使赞同法国公使的意见,声称强烈希望保持中国的完整和维护满族统治,"不会加入任何一个实质上保护中国公民的一方,这些中国公民通过报纸宣传武装抵抗政府,以武力推翻满族王朝的统治;对皇帝使用最粗野的语言,却赞美目前造反的各个首领"④。

　　吕班还提出要对章、邹等人严惩。他在 1903 年 8 月 5 日给法国外交部长德尔卡塞的电报中写道:"如果一味袒护这些记者,上海的公共租界有朝一日将成为中国革命党人的庇护所,而这些革命党人日后必将引发上海地区,乃至整个长江流域的骚乱。"⑤此前几天出版的法国主流报刊《时报》(Le Temps)早就披露了吕班的观点:"一旦完成对'苏报案'所涉人员的预审,只要清政府向列强提

① 《西报志各公使会议苏报事》,《中外日报》,1903 年 9 月 1 日。
② 《西报论公使领事改变苏报办法之由》,《上海泰晤士报》,1903 年 9 月 5 日。
③ 1903 年 7 月 30 日焘讷里致英国外交大臣蓝斯唐的密函,Further Correspondence Respecting the Affairs of China(1842-1937), F.0.405/135。
④ 1903 年 7 月 30 日焘讷里致英国外交大臣蓝斯唐的密函,Further Correspondence Respecting the Affairs of China(1842-1937), F.0.405/135。
⑤ 1903 年 8 月 5 日吕班致电法国外交部长德尔卡塞的信函,L'Affaire de Su-pao, Correspondance Politique et Commerciale, Nouvel Série, Chine, 1897-1918。

出引渡要求，至于之后再根据中国法律处决这些人员，从法理上来说是无可厚非的"，同时，引渡"还能起到防止租界沦为革命暴动的温床"。他唯一有异议的是："（清政府提出的）相关（凌迟处决）刑罚令欧洲文明国家有些难以接受。"①

有意思的是，即使在后来法国转变立场反对引渡，对判决结果不发表任何意见的情况下，俄国政府还一直坚持自己的立场：支持引渡，要求重判。"俄国驻华公使雷萨尔坚称这些记者所犯之罪并非政治罪，而只属于一般法律的管辖范围，应该接受中国法庭的审判。此外他还指出要真正解决这一复杂事件，唯有严厉制裁这些不法行为。"②

有关被告，还有一点必须交代，尽管章、邹一直被认为是革命先驱，邹容甚至日后被追认为陆军大将军，但是就目前的文献来看，很难找到有关革命党人在苏报案过程中营救二人的信息。有的话，只是冯自由在《革命逸史》中简单提及了一句："癸卯年苏报案起，尝联名致电上海英领事，请援保护国事犯条例，勿引渡章邹。"③但英国的相关资料对此没有记载，很难证明革命党人的营救行为的真伪性，或者是否发挥作用。这也从侧面看出，相比于强大

---

① M. A. E., Correspondance Politique et Commerciale, Nouvelle série, Chine（1897-1918），volume 122, Bulletin de l'étranger, Chine, Le Temps du 1er août 1903〔B〕, 2 août 1903, p.104.

② 1903 年 10 月 7 日吕班致电法国外交部长德尔卡塞的信函，L'Affaire de Su-pao, Correspondance Politique et Commerciale, Nouvel Série, Chine, 1897-1918。

③ 参见冯自由《革命逸史》第一集《孙中山机要秘书回忆录》。有趣的是，根据《纽约时报》的报道，1903 年 8 月 5 日，当时在檀香山的保皇党曾电报美国国务卿，希望美国政府出于自己的利益关注在上海被捕的倾向改革的新闻工作者。参见"Aids Chinese Reformers," *The New York Times*, Aug.6, 1903。

的原告,被告的命运很大程度上掌握在审判机构及其背后的各种力量手中。

(三)原告清政府:从坚持引渡到监禁免死

18世纪末,亲自到访过中国的马戛尔尼在日记中写道:"中华帝国只是一艘破败、疯狂的战船。如果说在过去的150年间依旧能够航行,以一种貌似强大的外表威慑邻国,那是因为侥幸出了几位能干的船长。一旦碰到一个无能之辈掌舵,一切将分崩离析,朝不保夕。即使不会马上沉没,也是像残骸一样随流东去,最终在海岸上撞得粉碎,而且永远不可能在旧船体上修复。"①

马戛尔尼的预言是准确的。一百年后的清朝政府,用内外交困,或者内忧外患来形容,毫不为过。不过,即使对外不断地丧权辱国,与历代的专制政体一样,政府对内的控制依然相当严厉,康、梁维新派的被扼杀、广州起义和惠州起义的失败、自立军起事的被绞杀都是例证。20世纪初以来,政府对有损于政治稳定的革命思潮更是警惕。"巨大的变革不是由观念单独引起的,但是没有观念就不会发生变革。"②因此,《苏报》敢于公然宣传排满革命,便是对满人统治秩序的极大冲击,《苏报》敢于发表"载湉小丑,未辨菽麦"的字样,更是对清朝皇权的挑战。"逆书逆报传播京师,外间办理

---

① Earl Swisher. "An embassy to China: being the journal kept by Lord Macartney during his embassy to the Emperor Ch' ien-lung, " *Asia Study*, Vol.23(1963) , pp.124-125.

② [英]霍布豪斯:《自由主义》,商务印书馆,1996年版,第24页。

稍松,必滋物论,关系太巨,不可不慎。"①那么,利用苏报案来防微杜渐、杀一儆百则显得相当富有政治上的警示意义。

在当权政府的眼里,按照中国传统法律,章、邹等此类案犯因"谋大逆""作妖书""妄生议论""妄布邪言""狂妄悖逆"的文字言论而被置之死地在制度上并无不妥之处,《明史》案、《南山集》案、曾静吕留良案的严厉处罚就是前车之鉴。清政府外务官员联芳在以庆亲王奕劻的名义拜访英国驻华公使萨讷里时就声称,会严格审讯并处决苏报案的被关押者,一旦引渡,将会立即杀头。"联芳说这些人是遍布全国的传播谋反小册子的运动领袖,这场运动威胁王朝的统治,因此有必要对他们进行严惩以儆效尤,制止革命思想的进一步传播。"②上海道袁树勋也提出:"若辈意在造反,岂可惜两三性命,而害千万人性命。"③与中国具有共同政治文化传统的日本,尽管在处理与中国的外交事务上已经习惯遵循欧美国家通行的国际关系处理方式,但在章、邹等人的身份界定上,依然认为他们是"那些自命暴言横议,以浅近的语言纵论国家朝政,实际上

① 《光绪二十九年闰五月初十日兼湖广总督端方致上海道袁树勋》,《苏报鼓吹革命清方档案》,中国史学会编:《辛亥革命》(第一册),上海人民出版社,1957年版,第448页。

② 1903年萨讷里致英国外交大臣蓝斯唐的信函,Further Correspondence Respecting the Affairs of China(1842-1937),F.O.405/135。

③ 《光绪二十九年七月初五日兼湖广总督端方致内阁大学士张之洞电》,《苏报鼓吹革命清方档案》,中国史学会编:《辛亥革命》(第一册),上海人民出版社,1957年版,第476页。

满嘴狂言、乱说粗话、宣泄煽动暴力诉求的中国同辈"①。

但是按照最初的约定,苏报案只能在租界会审公廨审理,司法权不在清政府手中,政府只能作为一方当事人提起诉讼。尽管会审公廨名义上仍然是中国领土上隶属于中国政府管辖的法庭,会审公廨的权力范围却早已超越了《洋泾浜设官会审章程》,中国官厅的审判管辖权一直被排挤。代理英国驻沪总领事满思礼给代理英国驻华公使煮讷里的报告中也提到会审公廨的法律地位:"会审公廨当然是中国法庭,但是相当长时间以来,由于与谳员一同审理案件的观审和执业的外国律师的影响,一个或多或少基于英国法庭的程序逐渐建立起来。但这一点从未写成文字。"②

于是,清政府要想对被告处以极刑,必须能够引渡罪犯。事实上,作为原告的清朝政府,所做的一切努力几乎都是围绕引渡问题展开的,诉诸司法只是最后实属无奈的举措。

7月5日,端方致电福开森:"六犯确系中国著名痞匪,竟敢造言毁谤皇室,妨害国家安宁,与国事犯绝不相同,不应照在租界犯案在租界受罪之例办理。请将此意密告担文律师,坚持到底,务令交犯,由沪道解归江宁,听中国办理。"③7月10日,端方又致电魏

---

① 《日本驻上海总领事小田切万寿之助为引渡审理〈苏报〉案犯等事致外务大臣报告二》。转引自陶陶《日本外务省藏〈苏报〉案档案选译》(上),《历史档案》,2020年第2期。

② 1903年7月10日英国驻沪代理总领事满思礼致煮讷里的信函,Further Correspondence Respecting the Affairs of China(1984-1937), F.O.405/135。

③ 《光绪二十九年闰五月十一日兼湖广总督端方致福开森电》,《苏报鼓吹革命清方档案》,中国史学会编:《辛亥革命》(第一册),上海人民出版社,1957年版,第449页。

光焘:"案情重大,逆焰鸱张,非解宁惩办,不足以弥后患。"①7月14日,清廷下旨:"邹容等六犯业经拿获,仍著严饬速筹解宁惩办,勿任狡脱,以儆狂悖。"②

在引渡无望之后,永远监禁的重判又成为清政府努力的新目标。12月8日,端方致电福开森:"章邹必应永远监禁。趁此互议未定,务望设法妥办。能在华界监禁最好。"③不过,清政府"监禁免死"的愿望最终也未实现。最终的判决与案发之初外方"监禁不过二三年"的设想一致。

检索历史可以发现,清朝政府引渡和重判交涉均未成功的原因是多重的。除了西方对当时中国司法主权的侵犯、对中国司法现状的不认可,以及维护列强各自的利益,最重要的原因是当时中国国力衰弱,国家实力和国际地位得不到承认,更遑论司法主权了。"在殖民主义时代,国际法多被认为是基督教世界中文明国家间的规则体系,而中国等半开化国家以及众多的野蛮国家是不配享受国际法权利的。"④正是因为如此,貌似强大的原告方在外交斡旋屡屡碰壁后,面对弱小的被告也变得束手无策。

---

① 《光绪二十九年闰五月十六日兼湖广总督端方致两江总督魏光焘电》,《苏报鼓吹革命清方档案》,中国史学会编:《辛亥革命》(第一册),上海人民出版社,1957年版,第461页。

② 《光绪二十九年闰五月二十日兼湖广总督端方致内阁大学士张之洞电》,《苏报鼓吹革命清方档案》,中国史学会编:《辛亥革命》(第一册),上海人民出版社,1957年版,第463页。

③ 《光绪二十九年十月二十日兼湖广总督端方致福开森电》,《苏报鼓吹革命清方档案》,中国史学会编:《辛亥革命》(第一册),上海人民出版社,1957年版,第479页。

④ 郭绍敏:《清末立宪与国家建设的困境》,河南大学出版社,2010年版,第110—111页。

这里以苏报案中引渡陈范的实例为证明。上海道台在 1903 年 7 月 19 日给日本驻沪领事小田切的照会称："尚有陈犯一名在逃未获。查该犯系《苏报》馆主，所出日报，不独毁谤皇室，图害国家，且其所云排除异类恶魔等语，即指各国洋人而言，更属有意扰乱大局。……况各国与我国素敦睦谊，见此情形，亦当为之共愤。访闻该犯现在逃匿东洋，应请贵总领事迅速电禀贵国政府，严密查拿，解交驻扎日本中国钦差转解来沪，以彰国法而靖地方。中外幸甚，合函备文照会贵总领事，请烦查照，迅速办理，望切施行，并希示复。须至照会者。"小田切委婉但明确地拒绝了引渡陈范的要求："本总领事查若辈所出日报，竟敢载入毁谤皇室，图害国家，并排除异类恶魔等语，意图扰乱大局，殊堪令人痛恨。惟按各国均无将此等罪犯拿获解交之例，本总领事未便办理，深为可惜……"①

7 月 23 日，上海道再次照会小田切："（陈范）既已逃往贵邦，衡以两国交情，当无不荷帮拿解交之理。乃贵公使以各国均无此例，深为怅怅。然本道细思事变无常，彼此交涉，往往有出于例章之外者。总须从长计议，公允办理。设如贵国亦有此等罪犯潜至别国藏匿，贵国政府备文声请交出，别国不允照办，将如之何？"日本在次日的照复中回复："日、美两国交犯约内能互交拿，罪名不过命犯、伪造国币及其余官府文书等类伪证、盗犯、奸犯、海贼、破坏铁路、船、桥梁、房屋等数犯。若政治罪犯，则不在此例……至政治罪犯，本国不请别国交犯，别国亦不请本国交犯，所有贵道照请一

---

① 「革命煽動者捕縛ニ関スル件（第三報）」（1903 年 7 月 22 日），JACAR Ref. B08090201700『上海ニ於ケル清国革命煽動者捕縛ノ件』，5—1332、184 頁。

节，无例可援，无理可允。本总领事甚惜未能副嘱，抱歉莫名
……"①而当时，日本警视厅实际上已经查到陈范化名"庄守岩"逃
亡至大阪，却没有采取任何强制措施，更没有答应清政府的要求，
抓捕陈范，并予以引渡。

　　分析原告和被告，在一般的案件结构分析中属于正常之举，也
是清晰把握两者社会性质的必然途径。在苏报案中，这更多是象
征意义，清政府与其臣民是法律地位平等的行为主体，当时的舆论
称"此案乃满汉两族二百余年来未尝立于平等之地位也有之"②，
而从更长远的眼光来看，这在中国历史上是亘古未有的现象。

二、律师：人员及法庭内外的对抗

　　布莱克指出，案件的社会结构不只取决于谁控告谁，也取决于
谁支持谁，以及谁是干预的第三方。与控辩双方的社会特征一样，
律师、证人、公开其偏向立场的感兴趣的旁观者等支持者的社会特
征具有同样的影响模式，而且影响的力度取决于其参与的程
度。③ 在布莱克看来，对比案件结构中的支持者来说，律师在这一
过程中具有更为重要的作用。很显然，律师的社会地位越高，当事
人获益就越多，尽管律师不能消除与社会地位优越者对抗的全部
不利因素，但通过提升地位较低一方的社会地位，律师有助于司法

---

① 「革命煽動者捕縛ニ関スル件（第四報）」（1903 年 7 月 25 日），JACAR Ref.
　　B08090201700『上海ニ於ケル清国革命煽動者捕縛ノ件』，5—1332、192—193 页。
② 《咄！满汉两种族大争讼》，《江苏》月刊，1903 年第 4 期，第 120 页。
③ ［美］布莱克：《社会学视野中的司法》，郭星华译，法律出版社，2002 年版，第 10 页。

机构对案件的处理均质化和平等化。① 苏报案就是一个典型的例证。

(一)双方律师的出场

在苏报案中,律师是一个不可轻视的角色。本案之中,双方都有律师出庭。章炳麟、邹容等被捕时,博易律师事务所的博易律师应聘到庭,初审时出庭的是博易和高易律师事务所的雷满。正式审讯时,出庭律师为高易律师事务所的爱立斯和琼斯。清政府聘请的则是上海资历最老的担文律师,出庭的是担文的合伙人古柏律师和哈华托律师事务所的哈华托律师。

律师虽然是舶来品,但在洋泾浜北首理事衙门时期,上海租界就有了现代律师进行法律服务活动的身影。当时,在获取领事裁判权后,西方在各条约口岸纷纷设立在华领事法庭或法院,这些司法机构对以所属国侨民为被告的诉讼案件行使司法管辖权,并在审理程序上遵照本国的诉讼制度,允许当事人聘请律师作为诉讼代理人或辩护人。于是西方的律师制度就这样被引进中国的领土。据学者陈同的考证,外籍律师为华洋案件中华人被告出庭辩护的最早记录是1866年10月Messrs.Adamson & Co.v.Kinkee的经济纠纷案,当时英国律师连厘出庭为被告辩护。② 1864年《洋泾浜设官会审章程》并没有对律师制度予以明文规定,但外籍律师参与

---

① [美]布莱克:《社会学视野中的司法》,郭星华译,法律出版社,2002年版,第11页。
② 参见陈同《略论近代上海外籍律师的法律活动及影响》,《史林》,2005年第3期。

诉讼的做法仍然被延续了下来。会审公廨运行不久后,至少在华洋诉讼中,即已有两造各聘律师在法庭上攻防辩论的先例。学者马长林根据 1875 年 4 月《申报》报道的"英商旗昌洋行控告其买办刘树滋案"中"两造均请律师置办"的记载指出:"毫无疑问,会审公廨在华洋民事诉讼中首先采纳了律师出庭辩护,为律师制度在近代中国的应用开了先例。"①不过,郭泰纳夫却认为律师之所以能在会审公廨出庭,与 1879 年 9 月杜夫、大卫诉汕头洋药公会案有密切关系。他认为,"在会审公廨中,只要是华洋诉讼案件,华方就可聘请律师协助"的原则就是该案确定的。②

然而,在相当长的时间里,会审公廨在审理租界内华人之间的民事案件时,由于审理程序和适用法令与内地衙门仍然一致,一般不允许华人聘用律师。从文献检索来看,也没有发现华人两造聘雇现代律师的先例。显然,苏报案在此开创了两造皆为华人的案件双方都有律师参与诉讼的先例。

本案初审时,被告代理律师的出现,让清方大为震惊。旋即,端方致电魏光焘、恩寿、袁树勋等人,提出"逆党既有律师代为曲辩,亟应由尊处速延律师如担文者与之抗辩"③。担文,全名 William Venn Drummond,英国人,出庭律师。从现有的记载来看,

① 马长林:《晚清涉外法权的一个怪物——上海公共租界会审公廨剖析》,《档案与历史》,1988 年第 4 期。

② Kotenev. *Shanghai: Its Mixed Court and Council*, N. C. Daily News & Herald, Limited, 1925, pp.202-204.

③《光绪二十九年闰五月初十日兼湖广总督端方致上海道袁树勋电》,《苏报鼓吹革命清方档案》,中国史学会编:《辛亥革命》(第一册),上海人民出版社,1957 年版,第 448 页。

他早在19世纪70年代的前期就来到上海执业。1874年,他在连
厘律师事务所工作,还兼任着公共租界工部局的法律顾问,以工部
局法律顾问的身份对修改上海土地章程提出法律意见,并代表工
部局出庭追讨税款。卸任后,担文成立了自己的律师事务所,常常
代表当事人的利益与工部局进行法律交涉,且经常为中国当事人
辩护。在具体的法律事务中能为中国当事人据理力争,维护华人
的利益,这也是他最引人注目的地方。时人在他来华二十年之际
曾这样评价他:"担文律师在华年久,熟习情形,华人出资延其办
案,有时尚知顾全大局,据理力争,讼案往往赖以得伸。"①这使得他
在中国商民中享有不错的声誉。除了担文,本案中的古柏律师、哈
华托律师、博易律师都是当时上海著名的律师。

相比传统的讼师,外籍律师作为一种新鲜事物在晚清的出现,
尤其是其对各种纠纷和诉讼的职业参与,在中国近代法律生活中
有着不容忽视的意义。尽管不少观点认为外籍律师在中国开业是
一种纯粹的殖民行为,"外籍律师的到来,并不是因为中国近代经
济政治发展的需要,而是因为殖民主义侵略活动需要在'公平与正
义'的幌子下合法化","把外国殖民利益强加在中国人身上","惟
延用律师,事实上亦不能无弊。则以律师日多,国籍各异,人品不
齐,无律师公会以统一之,使不为职权以外之事,而华人智识缺乏,
且多畏讼,因此易受律师之欺"。② 然而,在本案之中,双方律师都

---

① 《光绪三十年四月三十日收南洋大臣刘坤文》,见《钦命总理各国事务衙门清文
件》。转引自陈同《略论近代上海外籍律师的法律活动及影响》,《史林》,2005年
第3期。
② 王揖唐:《上海租界问题》(中篇),商务印书馆,1924年版,第7—8页。

完全站在委托人的立场上，表现出极其敬业的职业精神，推动着诉讼的进行，这也增加了本案社会结构的复杂程度。

（二）辩护律师的庭外争取

除了代表双方进行控辩，他们在案件的其他方面也很活跃，如被告代理律师就曾经试图影响工部局在苏报案上的行动，这也影响了苏报案的社会结构。

根据上海公共租界工部局董事会会议记录，被告代理律师爱立斯和琼斯曾先后三次致信工部局董事会和工部局秘书濮兰德。7月22日的信中，他们请求"董事会立即致电公使团，说明此案之实情，并强烈要求：案犯的审判与服刑应在租界范围内执行"。对于这一建议，工部局"按此意所拟之电稿已发给诸董事，并得到赞同。会议还同意立即将电稿副本递交领事团，以使其了解该案之实情"。①7月31日，被告代理律师又写信给濮兰德："工部局在逮捕被关押者时，在哪里审讯和如何审讯已经确定清楚，无限期关押是没有先例的，当然也是不公正和不正常的……如果不对被关押者立即起诉，我们建议领事团应当发出通知，将被关押者从监狱中释放。"②他们一方面坚持在租界审理该案，一方面提出若不及时审理，应当释放被关押者，同时将信件交与《字林西报》发表。虽然工部局董事会反对此议，但认为："由于对案犯至今还未提出明确的

---

① 上述会议记录来源于上海《英租界工部局档案》第十六卷，第552页。
② 《1903年7月31日，爱立斯、琼斯致濮兰德的信函》，见周勇主编《邹容与苏报案档案史料汇编》（下），重庆出版社，2013年版，第878—879页。

指控,而且案犯未经审判已被关押多时,故此案需有被告的代表介入。董事会决定写信给总领事,建议要求中国当局尽早确定在会审公廨开审此案的日期。总董表达了董事会的观点,即在任何情况下,不能未经会审公廨的此类审讯,就将被告'引渡'给中国当局。"①在苏报案长久得不到正式审理的情况下,10月下旬,被告代理律师再次致信请求董事会立即采取措施,要求着手审理,否则应尽早将案犯释放。② 面对被告辩护律师的请求,董事会决定将意见写信告知上海领事团。

1903 年 10 月 7 日,被告代理律师甚至直接来到会审公廨,提出本案自初审之后至今杳无音信,而被告在押时间已有四个月,按照律例应该属于超期羁押,"既不会讯,又无切实证见,(应请)公共会审公堂将此案立即注销,六人交保开释,以免拖累无辜,况公共公堂既有出票拘人之权,即有当堂释放之权,立请公判",结果"会审员孙令不知所对"。③

律师的出庭辩护和庭外争取,很大程度上改变了会审公廨的权力配置与权力关系。从早期谳员、外籍陪审员依职权定案,到后期律师凭借法律专业知识和各种交涉影响诉讼结果,律师的出现,无疑对于案件的社会结构是一种牵扯和制约。特别是在苏报案实行对抗式庭审的情形下,由于免除了职权式庭审中法官案件调查的责任,双方代理律师对法官的影响很是重要。同时,由于"主审

---

① 上述会议记录来源于上海《英租界工部局档案》第十六卷,第 558 页。

② 上述会议记录来源于上海《英租界工部局档案》第十六卷,第 596 页。

③ 《党狱事件》,载《国民日日报汇编》(第三集),罗家伦主编《中华民国史料丛编》,台湾文物供应社,1969 年版,第 76 页。

官一般由副领事官兼任。由于他们中的许多人并不是专业的法律人员，不懂法律，因此律师的作用便增大了许多，法官往往会更多地听从律师的意见"①，这种影响也突出地体现在苏报案中，尤其是法律和程序的适用上。

（三）适用英国法律与关于举证责任的辩论

苏报案的审理适用中国法律，这是中外双方交涉的结果，原、被告代理律师对此均无异议。原告代理律师在正式庭审的一开始，就申明了依据中国法律审判的原则："阁下……您有义务适用中国的法律和惯例。因为犯罪者是中国公民，犯罪行为发生在中国的领土上，触犯的是中国政府，他们应受中国法律的制裁，这在以往的条约中也写得很清楚。"②对此，法官表示赞同。

不过，中国最早有关新闻出版的法律《大清印刷物专律》是1906年才颁行的。苏报案案发时，清政府尚无有关印刷物的法律，古柏只能依据《大清律例》提出指控："恶意写作或者是导致印刷和出版对皇上和政府的煽动性诽谤言论，意图是煽动叛乱和不满，扰乱国家安宁，使中国皇帝和政府被仇恨和蔑视。"③具体实体法则依据《大清律例增修统纂集成·刑律·盗贼类》中"凡造谶纬妖书妖

---

① 转引自杨湘钧《帝国之鞭与寡头之链——上海会审公廨权力关系变迁研究》，北京大学出版社，2006年版，第158页。

② "The Supao Sedition Trial，" *N.C.Daily News*, Dec.4, 1903.

③ 对苏报案被关押者们的指控（ Charges against Chang Ping-lin; Charges against Cheng-Fan, Cheng Chong-yih, Tsien Seh-tseng, and Cheng Ki-fuh）, Further Correspondence Respecting the Affairs of China(1842-1937) , F.O.405/135。

言,及传用惑众者,皆斩。(监候,被惑人不坐。不及众者,流三千里,合依量情分坐。)若(他人造传)私有妖书,隐藏不送官者,杖一百,徒三年"的规定,据此,章、邹的排满革命言论属于"谶纬妖书妖言",他们所触犯的罪名就是妖言惑众,是杀头的重罪。可对于熟悉英国法律的古柏而言,这条刑律很是笼统与模糊,完全依据此条起诉,显然很令人为难。于是,他总不自觉援引英国法律来进行指控,这也与控制庭审的翟理斯是英国人有关。

古柏在指控中,把这个罪名表述为"煽动性的诽谤罪",具体而言是"恶意撰写、印刷、出版被认为是有煽动性的文章,或导致其作品被印刷、出版"。这个表述远比"妖言惑众"清晰和明确。"章炳麟和邹容被指控的罪名在英国被称为煽动性的诽谤罪。首先,我想提醒法庭注意这个罪名意味着什么。……所有的国家都认为以出版物的形式煽动叛乱自然也是最严重的反政府罪。传播煽动性的言论就如同将火种丢进燃料堆。作者可能无法预见其后果,但是作为众所周知的英国法律原则,他必须考虑到可能的后果。"①

在中国的司法制度下,法律条文的笼统模糊意味着主持案件审理的官员有更大的自由解释权。但这个被原告律师清晰化、明确化的指控罪名,显然与《大清律例》笼统而专断的"妖言惑众"有很大不同,它实际上成了一个依据西方法律提出的指控罪名。为了进一步说明被告行为的危害性,古柏还在 12 月 4 日的辩护中援引了英国诽谤法(Holklord Law of Libel and Slander)的一段内容:"无论对犯罪行为的性质有什么疑问,毫无疑问的是,作为整体损

---

① "The Supao Sedition Trial, " *N.C.Daily News*, Dec.4, 1903.

害的原则,导致诽谤被最终公开的人是可以起诉的……诽谤被公开的有力证据即是由被告所写或以其他形式导致其存在,比如他指令别人这样做,除非他能令人满意地解释他的动机。"[1]他试图通过英国法律的规定来提示翟理斯对苏报案的处理。

以中国法律之名,循西方法律之实,让站在原告这边的上海知县汪懋琨不知所措,但双方律师却熟视无睹,汪也毫无办法。甚至被告方代理律师在辩护中根本不援引中国法律,而是直接依据西方法庭的程序和西方法律的一般原则为被告做辩护。

琼斯也是熟悉英国法律之人。他深知,原告律师以"恶意写作、印刷、出版煽动性的诽谤言论"指控被告犯的是诽谤罪,这是依据英国的法律提出的指控罪名,这个指控比依据中国法律提出的指控要轻得多。同时,原告指控的写作、印刷和出版是一个整体性罪名,即不仅要具有写作行为,同时还要有印刷、出版这样的行为或意图,才构成犯罪。在法庭审讯中,章、邹都坚决否认书籍的印刷和出版与他们有关,原告又拿不出被告有出版意图的证据,这样原告的指控就仅仅是写作。琼斯对此坚持:"第一,所行之事;第二,何人刷印,此系最要关键,请政府律师指出刷印真凭,方可谓章、邹实有扰乱人心之意。"[2]

被告律师紧紧抓住这一点,在实体法层面,以文明国家的基本原则——思想自由和言论自由为被告辩护,以确定被告行为的罪与非罪;在程序法层面,则以最基本的证明责任原则要求"谁主张,谁举证"。

---

[1] "The Supao Sedition Trial," *N.C.Daily News*, Dec.5, 1903.
[2]《三讯革命党案》,《申报》,1903 年 12 月 6 日。

"我们都有权利——中国政府对此也不会否认——每个人都有思想自由的权利,这是每个生活在文明国度的人都享有的权利,我希望中国也应当允许其国民享有这项权利,使自己跻身文明国家的行列。"[1]

思想自由是琼斯与爱立斯的高明辩护策略,也是浸润在外人内心深处不可动摇的信念和原则。这一点,古柏也无法否认,实际主持审判的翟理斯的内心也确信无疑。当然,这是中国官员汪懋琨所不能理解的。

原告举证的前提是对被告的无罪推定。无罪推定是英美法系国家法律的基本原则之一,这与中国的传统司法制度大相径庭。在中国法庭上,被告是被假定为有罪的,这意味着要证明自己无罪,被告必须自己提供证据,否则就被认为有罪。这对被告非常不利。相对而言,坚持举证责任对被告较为有利。因为对被告的无罪推定意味着要由原告证明被告有罪,即举证的责任在原告,被告没有义务证明自己是无罪的。这是遍查当时中国法律都无法寻觅的一条原则。

当时的上海,无论是清政府还是租界,都没有关于印刷和出版方面的专门法律法规,因此上海的印刷出版市场并无有效管理,各种盗版书泛滥,无印刷者、出版者名称的出版物很普遍。对于清方指控的《驳康有为论革命书》和《革命军》,尽管章炳麟和邹容都承认是自己所写,但二人将书籍的印刷、发行、销售和自己推脱得一干二净。如今看来,章、邹二人的这番推脱,应当是和辩护律师事

---

[1] "The Supao Sedition Trial," *N.C.Daily News*, Dec.9, 1903.

先沟通过的。二人的辩护律师抓住了《驳康有为论革命书》和《革命军》两书没有印刷厂家、出版商、销售商这个漏洞，反过来坚持原告举证，不能不说是一个辩护的高招。

法庭上，琼斯重申："中国政府的律师已经非常肯定地提出指控，即此人犯有印刷、出版他写的文章的罪行，那中国政府的律师必须对此举证。"[1]爱立斯也附和道："我代表被关押者请求，他没有犯被指控的罪名。这是任何一个文明法庭都会接受的合适请求。应当完全由控方证明被指控的罪名。"[2]

古柏知道，如果证据不足，根据举证责任的基本原理，原告就要承担败诉的风险。依据外人的法律理念，单是写作不构成犯罪，必须由控方举证被告有将其公开的意图，如被告同意或者以其他方式导致印刷和出版。但是，控方就此提出令法庭相信的证据却不容易。古柏沮丧地说："我无法找到印刷者，因为单纯从书上没办法知道他的名字。""我不能提供充分的证据，因为他们使我无法获得印刷和出版的证据。"[3]

无奈之下，古柏只得借助"推定"这一证据方法，即基于被告章炳麟等已承认被指控的书籍为他们所写，推断他们有将其公开的意图，进而指控被告应对他们所写的书籍被出版负责任。对此，被告律师马上提出反驳："刊印与否，邹未供认……如果有人将其书刊印，与作书人无涉，今应请华政府指出真凭实据，方能究办。"[4]同

① "The Supao Sedition Trial," *N.C.Daily News*, Dec.5, 1903.

② "The Supao Sedition Trial," *N.C.Daily News*, Dec.4, 1903.

③ "The Supao Sedition Trial," *N.C.Daily News*, Dec.4, 1903.

④ 《会讯革命党案》，《申报》，1903 年 12 月 4 日。

时他认为这是控方律师变相将举证责任转移给被告:"被告承认文章是他所写的这一事实,导致了接下来一系列的假定,即认为他会知道该书被出版,并辩论说他确实印刷和出版了它,但这个主张是站不住脚的。"①审判官翟理斯也以原告举证为原则主持案件的审理,没有支持控方,而是支持被告律师,这让古柏很失望。

整个过程中,汪懋琨和邓文堉原本发言机会就不多,对原告还是被告举证问题更是一无所知,因此在审讯中懵懵懂懂。但汪懋琨还是提出了自己的意见:"只要写今上一字,罪名足矣。"②

这个在中国人看来理所当然的罪名,让深谙西方法律思想的翟理斯有点啼笑皆非,只得对着古柏说:"中国官员的意思是,被告写了这本书,这点他自己也承认,就构成犯罪?古柏先生想进一步指控印刷和出版的罪名,应在法庭上出示证据。"③原告律师无可奈何,只能一味地强调章、邹二人的言论是极其具有煽动性和危险性的,并且这种激烈诽谤性言论导致社会动荡的可能性极大,强调"无论何国,均须禁止究办"④,试图避开举证问题。但琼斯反复申明"谁控告,谁举证"原则。双方律师都是上海滩上著名的律师,你来我往,争辩得不可开交。但直到正式庭审结束,依旧没有得出任何结论。

---

① "The Supao Sedition Trial," *N.C.Daily News*, Dec.5, 1903.

② 《会讯革命党案》,《甲报》,1903 年 12 月 4 日。

③ "The Supao Sedition Trial," *N.C.Daily News*, Dec.7, 1903.

④ 《会讯革命党案》,《申报》,1903 年 12 月 4 日。

三、第三方：法官及其背后的权力角逐

在布莱克的归纳中，第三方不同于惯常诉讼法中的第三人，而是包括法官、检察官、警员、陪审员在内的非诉讼两造。根据他的总结，第三方作为案件的裁判者，是构成案件社会结构的另一个重要组成部分，他们不同的社会结构也必将影响案件的处理。一般来说，第三方的社会地位与案件权威性成正比，其权威性的程度也随第三方社会特征的不同而不同。与对立双方和他们的支持者的社会地位相比，第三方的社会地位越高，其行为越容易表现出更大的权威性。① 显然，法官是第三方中最重要的一个角色。他是司法裁判的主体，更是会审公廨形式上的主导者。会审公廨的法官有两类，一是中方的谳员，二是外方的陪审员。

（一）会审公廨的由来

无疑，在会审公廨的两类法官中，谳员在名义及形式上占据着主导地位，也被称为塑造双方权力格局的"联系人物"，但实际上判决结果却多采纳外国陪审员的意见，特别是涉及外人时；在原、被告聘请外籍律师的案件中，囿于语言的缘故，谳员更是无法主导案件的判决。一般来说，外国陪审员通常由副领事等人担当，并非职业法官，时人直言"不知来廨会审之洋官，尊之曰副领事，实则均翻

---

① ［美］布莱克：《社会学视野中的司法》，郭星华译，法律出版社，2002 年版，第12 页。

译官耳"①。在会审公廨中,凡是涉及外人利益的案件,均需外国陪审员参加会审,而外国陪审员往往"唯视领事临时之意旨为准"。究其原因,郭泰纳夫指出:"外国陪审官不是法官,甚至不是会审官,其责任在于保护外国人利益,而不是守护正义。"②因此,在本书有关第三人的研究中,相比法官个人的权威性,苏报案更值得深究的应该是法官所在的审判机构——会审公廨,这个并非"中国式衙门"的具有浓厚"混合法庭"色彩的机构及其背后。正是会审公廨这一特殊审判机构框定了中国谳员和外国陪审员的人事组织,其背后的权力角逐更是决定了苏报案的走向。

"会审"二字,可以追溯到1843年《中英五口通商章程》的"会同公断"四字。该章程第十三条规定:"凡英商控告华人,必先赴领事署投禀,领事先行劝息,使不成诉;如有华人赴领事署控告英人,领事一律劝息,免致小事酿成大事。倘有不能劝息,即移请华官会同查明实情,秉公定断,其英人如何科罪,由英国议定章程法律,发给管事官照办,华民如何科罪,应治以中国之法。"此处的"管事",即英文"领事"之意,从此英国领事就取得了在华裁判英国国民的权利,也就是领事裁判权。

会审公廨源于1864年建立的洋泾浜北首理事衙门。此前,因为小刀会起义攻击上海县城,租界之内涌入大量华民,中外纠纷也不断发生,被战火搞得焦头烂额的清朝官员自顾不暇,根本无从处理司法纠纷。英、法、美三国驻沪领事遂主张租界内一切较轻案

---

① 姚公鹤:《上海闲话》,商务印书馆,1917年版,第13页。

② Kotenev. *Shanghai: Its Mixed Court and Council*, N. C. Daily News & Herald, Limited, 1925, p.94.

件,先由外领审理,较重者则移交界外华官审判。于是,仅 1855 年一年,领事法庭就审理了五百多件华人的案件。等到战火平息,清方要求归还预审权时,英国领事巴夏礼便建议在公共租界设立一个由华官主持的司法机构,专门处理租界内发生的华人违法案件,凡案件涉及外人利益,则由外国领事"参加审理"。

若与上海开埠之初的约章对照,这"参加审理"的要求已经超过领事裁判权的范畴,严重逾越了当时中外约章(即使是不平等条约)的规定,更遑论符合国际法法理了。然而,就当时的局势与租界现实而言,巴夏礼的提议至少代表了"中国依然对租界华民拥有相当的司法管辖权"。[①] 清方最终答应,双方便在 1868 年签订《洋泾浜设官会审章程》[②],作为会审公廨的运作依据。

从此,上海市民目睹了一个从来没有过的中西合璧式的审判组合:堂上,顶戴花翎官服朝珠的中国官员和西装革履的西方陪审官并排而坐;堂下,中国衙役们操持着一米多长的水火棍,低吼着

---

① 杨湘钧:《帝国之鞭与寡头之链——上海会审公廨权力关系变迁研究》,北京大学出版社,2006 年版,第 69 页。

② 有关《洋泾浜设官会审章程》的内容,可参见王铁崖主编《中外旧约章汇编》(第一册),三联书店,1957 年版,第 269—270 页。根据研究,《洋泾浜设官会审章程》对中国法权的侵夺主要是在以下三方面:一是提传外人雇佣的华人,其权操纵于领事之手;二是对于无约国人民与华人混合案件,领事有陪审权,无约国人民之间案件,领事也拥有会审之权;三是领事与会审委员处于平等地位,会同审案,然而又参与由道台处理的上诉案件,能够变更会审公廨委员的判决。参见梁敬錞《在华领事裁判权论》,商务印书馆,1930 年版,第 105—107 页。

"威武",对面当值的印度法警们却一会儿耸肩,一会儿摸鼻。①

　　大概是由于历史的疏漏,当时法庭究竟使用的是中国公堂上的惊堂木还是西方的法槌,却从没有记载。但历史脉络有一点却是清晰的,自会审公廨建立以来,经过一系列或明或暗的较量,特别是领事团和工部局在攫取权力欲望上的孜孜以求,清朝方面一再退让。外人通过改革诉讼程序,扩大管辖权等方式不断扩大在庭审上的权力,甚至纯粹华人的诉讼也要经领事过堂,而清朝政府面对在租界已扎稳脚跟的对手,很多的时候则显得无力、无助与无奈,甚至沦为陪衬,只能借着帝国的落日余晖,苟延着残存的余威。单就苏报案而言,如果按照1868年《洋泾浜设官会审章程》规定,此案诉讼两造当事人均"只系中国人,并无洋人在内,即听中国委员自行讯断,各国领事官毋庸干预"②。但到了1902年的《上海租界权限章程》,对两造皆为华人之案件,则明确规定会审公廨拥有管辖权,这与会审公廨权力触角的日渐延伸密切相关。

　　前文也指出,会审公廨的案件在很多时候是由中方谳员处理

---

① 有学者指出,在会审公廨,由多名法官坐堂听讼而不是县太爷一人说了算;法官每人只有一票;当事人不用跪堂还有律师帮他说话;证人必须到庭接受双方交叉询问;对被告人不能当庭打屁股或使用任何刑讯方式取得口供……所有的一切,似乎与中国传统"纠问式"的法律文化背道而驰。可以想见,代表着中国官府立场的谳员以及所有经历或旁听诉讼的人们,不仅眼睛受到冲击,心中根深蒂固的价值体系也受到了强烈的冲击。同时,在这个貌合神离的法庭中,对抗的味道远远大于合作的味道,甚至于连维持秩序的警卫人员,也都傲慢地分立两排,一边是中国官员所带的衙役,而另一边是代表西方近代法治文化的法警。参见《屈辱·冲突,抵抗·吸纳——近代中国租界领事裁判权和会审公廨制度解读》,http://www.lawtime.cn/info/lunwen/sifazd/2006102657837.html。

② 参见王铁崖主编《中外旧约章汇编》(第一册),三联书店,1957年版,第269页。

的，尤其是些只涉及华人且不直接影响外人利益的案件。外国陪审官则只是在判决书上签字，表示同意。但是，这绝不意味着中方谳员的审判独立，因为在审理案件的过程中，一方面中方谳员往往会与外方陪审官进行商议，如果意见不合，中方谳员很难径自做出判决；另一方面如果外方陪审官对谳员判决持异议，会主动提出反对意见，甚至以强势压人，直到中方谳员同意。① 具体到苏报案中，把持庭审的翟理斯从一开始就坚持认为，判处章炳麟三年监禁，邹容二年监禁已经足够了，他不会同意更严厉的惩罚。这或许也是端方、袁树勋等人不愿意将苏报案被关押者交由租界审理的最重要原因。

(二)工部局、领事团与公使团对苏报案的态度

会审公廨作为租界自治后随着租界成长演化的司法裁判机关，并非单纯依据相关条约产生的司法机构，更不会完全听命于单一的国家。它不仅迥异于传统中国的司法裁判机关，也不同于其他国家依领事裁判权所设的司法机关。

郭泰纳夫即言："（会审公廨）是由于上海公共租界经济和政治力量的发展，负责租界内居民利益的人民，为了避免中国内部动荡的影响，而不断努力创建的一个独立法庭。"②这也道破了会审公廨

---

① 洪佳期：《上海公共租界会审公廨研究》，华东政法大学博士学位论文，2005 年，第 130 页。

② Kotenev. *Shanghai: Its Mixed Court and Council*, N. C. Daily News & Herald, ltd, 1925, p.94.

受制于领事团和工部局的现实。

从会审公廨的发展历程来看,领事团和工部局对会审公廨的控制包括两个方面,即控制会审公廨的司法审判,以及会审公廨对租界内华人的行政管理权(有限范围内)。其中对会审公廨司法审判权的控制,又包括领事委派陪审官参与审理甚至主导审判,工部局委派督察员监督审判,以及司法管辖范围的扩张等。

不过,虽然领事团与工部局的在华利益在根本上一致,共同掌控会审公廨,但由于具体利益存在差异,两者之间也存在着分歧矛盾。上海公共租界具有国际性,工部局董事会由纳税人选举而组成,对租界管理采取的是一种较为民主的方式。更为重要的是,租界利益已不等同于各国在华的国家利益,而由各国委派到中国的领事或公使代表的外交利益,才是各国的国家利益。对于居住在租界内的外国人来说,更为实在的是他们在租界的商业贸易等具体利益,特别是租界的管理方式、成效等会直接影响这些具体利益。因此,这导致了在某些问题上双方的分歧,他们甚至认为领事无权对工部局事务加以干涉。

同时,工部局是外人管理租界的最高行政机关,其不允许中国政府"干涉"租界内事务。① 这就不难理解为什么在苏报案中,工部局一直拒绝清政府的引渡要求,甚至在这个问题上不惜与领事团、公使团发生冲突。

具体而言,工部局一直坚持独立的立场,坚决拒绝引渡:"此租界事,当于租界治之,为保障租界内居民之生命自由起见,绝不可不维持吾外人之治外法权。"②苏报案发生后,工部局还采取了一系列行动,如为他们聘请律师,严密防范案犯被劫持,防止章炳麟等被关押者落入清政府手中。1903 年 10 月初,"日前革命党邹容、章炳麟二人,在福州路老巡捕房押所忽患红痧,经西医验明,送至虹口司考脱路工部局病房医疗,并由捕头派令三画西捕二名,各带火枪,日夜轮流看守"③。这则报道也从侧面说明了当时工部局对苏报案是十分重视的。

在反对引渡的问题上,工部局是坚定积极的,并试图以此影响上海领事团和北京公使团在苏报案上的立场。工部局在 7 月 23 日致函北京公使团,陈述反对引渡的理由:"关于苏报案,工部局提请

① 有研究指出工部局的独立和强势地位,"侨民们选出了一个工部局代表他们,与领事们和道台分庭抗礼,正是这个工部局——社区本身——的工作使上海的历史别具一格。它必须不断地抵制中国人的蚕食,同时自己不断地蚕食对方;有时它被官场遏制了,于是就忍耐着等待机会;有时它得到了一点,就守住它,使它可以作为先例和惯例从而获得更多。它主张应该执行条约的精神而非文本,并以缓慢的进程,压制领事们朝这个方向走。这个由不拿薪水的商人组成的委员会虽不总是为社区成员所赞成,却以耐心和坚毅改革了陋习,获得了无可争议的权力,在统治异质社区上赢得了支配地位"。参见 G. Lanning, S. Couling. *The History of Shanghai (Vol.2)*, Shanghai municipal concil by Kelly & Walsh, Limited, 1921, p.5。

② 张篁溪,《苏报案实录》,中国史学会编:《辛亥革命》(第一册),上海人民出版社,1957 年版,第 380 页。

③ 《党人患病》,《申报》,1903 年 10 月 4 日。

公使团注意以下事实,在过去的很多年,租界的管理已经形成这样一个固定的原则,即未经审讯并证明有罪,本地居民不能被逮捕或被带离租界,租界的繁荣和安全依靠的是对这一原则的坚守……而且自 1898 年起,公使团和领事团反对在租界不合法地逮捕被指控为政治犯的本地人。在苏报案中,六人中有四人明显地与苏报无关,也与爱国学社无关,他们的罪行未被证实,他们的身份也没有被证明。不给予被告机会证明自己无辜就把他们移交中国当局,这对于租界的良好形象是一件影响力持久的羞辱,并且会严重地损害租界未来的管理。"①

苏报案久拖不决,工部局在 11 月份又致函上海领事团,催促其要么继续诉讼程序,要么释放苏报案案犯:"被关押者现在在巡捕的监管之下一直被关押但不审判违背公认的程序,对租界良好管理的声誉和公共租界的利益都是不利的。工部局关押苏报案犯是因为会审公廨有过保证,既然有保证,那么依据文明的做法和租界已经建立起来的程序,对被告的审讯是必要的,对他们只关押不审理的现状不能无限期地拖延下去……如果还继续拖延,工部局提出一个可能具有可行性的办法,即在保证被关押者在法庭随叫随到的条件下释放被关押者……"②11 月 25 日,在仍没有收到任何有关案件开审消息的情况下,工部局董事会决定:"如果发生对这些羁押犯中任何人撤回起诉,或宣判无罪释放的事,要求采取措施防止他们重遭正常或非正常逮捕的可能性。在此情况下,将护

① "Supao Case, " *N.C.Daily News*, Sep.3, 1903.
② "Supao Case, " *N.C.Daily News*, Nov.19, 1903.

送羁押犯登上驶住香港或日本的船,随他们意愿。"①

上海领事团和北京公使团起初并不支持工部局在苏报案的立场,驻京公使团往往倾向于谨慎严守条约立场,不愿冒险突破本国的外交政策以引起不必要的纠纷。领袖公使甚至致信工部局指出工部局无权干涉苏报案:"公使团已一致表示,在司法事务上,工部局董事会无权干涉。"②对此,董事会决定在答复中表明:"在'苏报案'的问题上,他们未曾提出过任何司法问题。所提出的建议,他们认为是有益于公众的,而所涉及的行政问题,董事会对之直接感兴趣是正当的。"③

对于工部局和领事团在处理苏报案上的重大分歧,有媒体概括为:"吾观近者上海总领事处理苏报一案之居心险恶及其不待审判而遽欲施其奸计将诸人移交华官者,实出人所意料之外……工部局固乐于保护彼等一切权利,以及处其治权之下之一切居民等。"④赞赏工部局在苏报案上的立场,批评领事团不顾"良心"。

事实上,工部局董事会作为公共租界欧洲人的自治组织,英国

① 上述会议记录译自上海《英租界工部局档案》第十六卷,第630页。
② 上述会议记录译自上海《英租界工部局档案》第十六卷,第570页。
③ 上述会议记录译自上海《英租界工部局档案》第十六卷,第570页。
④ 《总领事与"苏报案"》,《国民日日报汇编》(第三集),罗家伦主编:《中华民国史料丛编》,台湾文物供应社,1969年版,第663—664页。

人占多数，①居主导地位，处处以维护其既得权力和利益为出发点，较少考虑条约约束。北京公使团和上海领事团也往往不得不认可这个既成事实。而英国在苏报案中自始至终坚持反对交出案犯，这也是工部局立场形成的重要原因之一。

北京公使团面对工部局的坚持和沈荩案的惨状，无法达成一致的意见，最后也只得以"此事领事主之，吾人不能侵其权限"来推脱，将案件的处理权发还领事团。但是，上海领事团是不可能按照公使团的说法来"主之"的，他们不但不能要求工部局服从领事团的决议，往往还要尊重工部局的意见。②

"在理论上，领事团依旧是上海租界的最高权力者，就是对工部局也可以向领事法庭提起诉讼，但在实际上，则工部局董事会实已高踞租界之王座。"③同时，章、邹等人一直被关押在工部局掌控

---

① 有数据显示，1900 年前后上海公共租界外国人总数为 6774 人，其中英国人数占据首位，达 2691 人。由于英国人居多的原因，纳税人大会也是英国人占据绝对的优势，相应地，由纳税人大会选举的工部局董事会也是英国人占据主导地位。通常，在 9 人规模的工部局董事会中，英国董事的名额一般在 6—7 名，占绝对多数。1902 年，法国驻上海领事在一份报告中称："公共租界的工部局中，有七位董事为英国人。他们容许一位德国人和一位美国人在工部局里，只因不愿被人谴责其过分的专权。该局所追求的唯一目标就是要使上海变为一个完全自治的城市，脱离与外国领事团和中国行政当局的法律关系，然后等待时机一成熟，再宣布该市为英国人所有。"参见吴圳义《清末上海租界社会》，文史哲出版社，1978 年版，第 11 页。

② 例如在章邹等人被抓，而《苏报》馆却没有被查封的情况下，魏光焘就担心，"况今日局董权势较重，各领多视其意旨为转移，万一出票而各领因工部局保护甚力之故不允签字，后更难以措手"。参见《光绪二十九年闰五月十六日两江总督魏光焘致葊湖广总督端方电》，《苏报鼓吹革命清方档案》，中国史学会编《辛亥革命》（第一册），上海人民出版社，1957 年版，第 419 页。

③ ［美］霍塞：《出卖上海滩》，周育民译，上海书店出版社，2000 年版，第 33 页。

的巡捕房(后为监狱)中,这是工部局对抗清政府的重要筹码。清政府试图通过领事团和公使团向工部局施压,工部局就多次以释放被关押者来要挟清政府接受苏报案在租界就地审理和定罪的主张,而清方对此毫无办法。无奈之下,苏报案最终只能在会审公廨审理。

(三) 从观审到会审:外人审判权的扩张

论及会审公廨,必须明晰一个重大问题,即容易混淆"会审"与"观审"的问题,这在苏报案中也有体现。

正式审判中,原告代理律师就质疑观审英国副领事翟理斯的权力。翟理斯在法庭上的身份是"Assessor",英文原意为"法官或者行政官的助理",中文称其为"观审"。在以往会审公廨审理的案件中,观审的职权是在中国谳员审理的以外国人为原告、华人为被告的案件中,如果对谳员的判决不满,有抗议的权利,但无权直接做判决。一般观审,如认为审判、判决有不妥之处,可以提出新证据和抗议等。这种制度是原有领事裁判权的扩充,但在本案审理中,翟理斯的权力远远超过观审。在当天的审理中,古柏对翟理斯提出:"你的权力是根据《烟台条约》获得的吗?"翟理斯则解释道:"不是。我现在的权力很不同。根据使用范围的情况不同,'Assessor'(观审)有两重意思。有会审公廨的观审和《烟台条约》下的观审。《烟台条约》中的观审只有观审和抗议的权力。"① 对此,古柏

---

① 王敏:《苏报案的审讯与判决》,《史林》,2005 年第 6 期。

进一步质疑："查《烟台条约》，西方有观审之权，无讯断之权；华官则有管理华民之权，如何讯办，在何处审断，其权均属之华官。"①试图将审判的主导权引给清方官员。翟理斯当即明确表示如果没有他的同意，没有哪个判决能形成，没有必要在此纠缠。

按照中外条约的规定，所谓"会审"是指对于华洋混合民刑诉讼事件，领事不能劝息的，由中国地方官员和领事会同审判。即使华人为被告的案件，外国领事也得莅庭会审。② 而"观审"偏重的则是"旁听"，凡同时涉及华洋的民刑案件，被告所属国的领事或官吏，得在法庭上观审，以监督诉讼的进行。如观审员认为应该办理，则可以逐项辩论，并得以添传复讯证人，承审员对于观审员应以相当之礼对待。观审员在法庭内虽可自由发言，但不能与承审员居于对立、对等的地位。

然而，从中外条约的发展来看，上海公共租界从成立之初，会审公廨对于华民的裁判就超越了中外约章，形成副领事或翻译官"会审"华洋混合民刑案件，甚至纯粹华民民刑案件的格局，其不仅是"会审"，更是"主审"。此后的各个时期，外方一直坚持此权力，从未有过削权的考量。苏报案中的翟理斯就是如此。他将"观审"的权力做了扩大的解释，根据这一解释，中国官员无权独立对案件做出判决，而在案件的实际审理过程中，翟理斯的权力实质上已经等同于直接的判决权。

当然，这并不等于说清政府对于庭审没有采取任何有力的主动性举措，上海知县汪懋琨最终参与庭审就是清政府积极运作的

---

① "The Supao Sedition Trial," *N.C.Daily News*, Dec.4, 1903.

② 叶祖灏：《废除不平等条约》，中正书局，1967 年版，第 42—43 页。

结果。按照会审公廨的人事组织惯例,中方派驻会审公廨审理的一般只是谳员,但在苏报案的实际审理过程中,地位和权限比谳员高一级的上海知县却参与其中,这实际上是清政府力争的结果。在苏报案引渡无望的情形下,上海道台袁树勋致电端方:"惩前毖后,窃拟补救主权办法两条。一、拟由地方官审讯,仍照律定罪,请旨办理,俾知朝廷法外施仁;二、由外部照会各公使,申明和约及照会交犯章程,嗣后不得援以为例。"①对清政府而言,苏报案能否由中国高级别的官员参与审理,关系到国家主权,更关系到帝国的尊严和脸面。

列强也意识到这一点,因此,领事团同意上海知县参与苏报案的审讯,并且可以依据中国法律审理。当然,这是一种有限度的妥协,主要是为了"顾全中国人的面子"②。而在更普遍的意义上,清朝政府的意图只是"使人看起来对人犯的审讯和惩罚好像不是出自会审公廨长官之手"③,对租界的实际权力并未有所损害。对此,工部局却十分警惕:"事实上,公共租界当局希望会审公廨能变成不受中国地方官员控制的独立司法机构,会审公廨谳员能拥有独立的审判权,因此一直警惕中国地方官员到租界行使权力。派出比会审公廨谳员更高一级的官员参与苏报案审讯是出于上海道台

---

① 《光绪二十九年七月初二日上海道袁树勋致兼湖广总督端方电》,《苏报鼓吹革命清方档案》,中国史学会编:《辛亥革命》(第一册),上海人民出版社,1957年版,第432—433页。

② 1903年9月16日英国驻法公使蒙森致英国外交大臣蓝斯唐的信函,Further Correspondence Respecting the Affairs of China(1842-1937),F.O.405/135。

③ [澳]莫理循:《清末民初政情内幕》,[澳]骆惠敏编,刘桂梁等译,知识出版社,1986年版,第285页。

的建议,公共租界当局希望这只是一个临时的安排,不构成先例。"①

对于上海知县汪懋琨的出现,清政府显然是寄予厚望的,希望他能够在庭审中发挥作用,起码让民众觉得审判是出于中国政府之手。当时工部局的会议显示,"由英国陪审官带来的消息说,总督已授命道台委任一名代表立即审理此案。他的职责是:一俟发现案犯的罪行,就予以量刑。"②然而,从正式庭审的记录来看,汪懋琨在审讯中并未发挥多大的作用,他的发言机会并不多,而且需要翻译。他不熟悉法庭的审理程序和双方论辩的法律原则,更多的时候,他只是一种存在的象征,更像是观审。对于汪懋琨的抢先宣判,翟理斯更是明确表示反对,声明上海知县的宣判是中国官员自行决定,不符合常规:"我已经说过我不能同意对章、邹二人判处终身监禁的决定。在会审公廨审理案件共同磋商是必要的,你的独自行动却是不合常规的。现在我把判决的副本送还谳员邓先生,并通知双方律师。在此我也通知你。"③

四、小结:作为变量之和的司法

对于传统法学而言,规则、原则、制度等构成的法律条文是当

---

① [澳]莫理循:《清末民初政情内幕》,[澳]骆惠敏编,刘桂梁等译,知识出版社,1986 年版,第 285 页。

② 上述会议记录译自上海《英租界工部局档案》第十七卷,第 3 页。

③ 1903 年 12 月 8 日翟理斯致上海知县汪懋琨先生的信函,Further Correspondence Respecting the Affairs of China(1842-1937),F.0.405/142。

然的法律逻辑，决定着司法裁判的结果。但布莱克等法社会学学者认为法律是社会的产物，影响法律运作和司法裁判的社会因素太多，使得制度本身不足以完全能够预测或解释案件是如何处理的。因为除法律的技术性特征——在法律准则具体应用于实际案件外，每一案件还有其社会特征，这使得对案件的观察常常必须置于社会学的视野之下，这从另一个侧面推动了法社会学的勃兴。对于布莱克的贡献，学者季卫东指出，"（他）以最简明、最优雅的表述为认识和预测法与社会的变化关系提供了分析的框架，为有关法律制度的历史学、社会学和人类学的研究奠定了概念基础"①，继而提出，布氏的《社会学视野中的司法》一书，为中国法学提示了一种新的发展方向和研究进路，中国法学研究需要社会学的知识和方法。

（一）案件社会结构理论与苏报案中的关键变量

无疑，社会结构是法社会学的一个重要的分析路径，案件的社会结构作为司法社会学理论的核心理论，奠定了布莱克司法社会学理论基础。根据这一理论，对手效应、律师效应和第三方效应是案件的基本结构。案件的社会结构与其设定的法律基本函数紧密相关，它不仅与法律量的变化直接相关，同时也是法律强度和歧视量的基本构成要素。因此，研究案件的基本结构对司法社会学研究有重要的意义。

---

① 季卫东：《法治秩序的建构》，中国政法大学出版社，1999 年版，第 359 页。

但是,对于极具特殊性的苏报案而言,纯粹的社会结构分析是不足以完全解释苏报案的最终判决的。这不仅是因为苏报案发生的司法背景与布莱克提炼案件社会结构的司法背景几乎迥异,而且在于当时中国社会背景的特殊性。当时的中国充分展现了传统与现代、本土与域外的深刻矛盾冲突,那是一个急剧震荡的社会时期,转型是社会结构的主要动向,法律的模糊与冲突是会审公廨普遍存在的情形,且苏报案中的法外因素又过于浓烈,夹杂着太多的政治因素。当然,这也增加了本书分析的难度。但是,反过来通过苏报案,我们可以以科学的态度和理论的勇气,继承和发展布莱克的"案件社会结构论"。

在法社会学看来,影响司法裁判和法律运作的因素很多。布莱克的贡献就在于将这些影响裁判的社会因素系统化、体系化,尤其是科学化,甚至是量化了。这种纯粹社会学的框架可以说是孔德创立社会学并提倡以科学方法研究社会以来,实证主义社会学的一项重要发展。但这种纯粹的理性主义方法往往无意中排除了文化、历史、人性等不易量化的规范分析要素,它的"最简明、最优雅"导致了案件社会结构分析的简单化约,而历史和现实中的诸多案件是复杂的,并非通过解析对手效应、律师效应和第三方效应的案件基本结构,就能轻易解释案件结果的。以上对苏报案案件基本结构的分析就是例证,某些结构点的社会特征不仅难以归纳,如清朝政府,而且某些结构点超越了布莱克的总结,如苏报案中的法官,其很大程度上不是独立的,而是受制于公共租界工部局和领事团的。苏报案的最终判决,实际上蕴含着诸多影响性的关键变量.

（一）审判机构——会审公廨

（二）原告——清政府

（三）被告——革命者

（四）幕后——西方列强的态度

（五）代理人——外籍律师的作用

（六）适用法律——被忽略的《大清律例》

（七）不可忽视的因素——众口沸腾的新闻报道

当然，上述变量并不是全部。1.苏报案中两位证人的出场，就是支持者中的重要组成。在 12 月 5 日的庭审中，两名外侨应工部局邀请出庭作证，他们的辩护词大相径庭，几乎完全对立，一方认为章、邹二人的著作不仅难以构成危险，单纯阅读下去都成问题，一方则认为被告有非常明显的煽动叛乱的意图，必须予以严厉的惩处。两种对立观念无疑分化了支持者的阵营，产生了一种平衡效应。试想如果证人的立场完全一边倒，恐怕苏报案的结果也有可能不尽相同。2.苏报案的交涉过程，不仅有中外力量的交涉，实际上也包含列强之间的较量。列强在是否交犯以及判刑轻重的问题上意见纷纭，受各国对华政策、列强之间关系、公使个人因素及文化传统等因素的影响，列强的反应和表现各不相同。如法国态度的转变就是一个关键性的变量。起初法国是支持引渡案犯的，这与法国驻华公使吕班的个人因素有关，他在华多年，与清政府关系良好。不过据推断，"我们有理由相信，带头反对扣押苏报案人犯的吕班,并没有同本国政府商量过,政府迄未批准他的行动"①。
后来法国驻英国公使保罗·甘伯同法国交涉,向法国政府陈述了
英国的态度和立场,指出如果将苏报案被关押者交给中国政府,就
很难阻止他们受到最不人道的待遇。② 这一点得到了法国外交大
臣德尔卡塞的完全赞同,最终导致了法国在苏报案上的立场转变。
当时,上海一地三制,除了清政府管辖的领土,还有公共租界和法
租界,因此,"由于此事处于公共租界管辖范围,和我们法国并没有
直接的关联,所以我们没有必要介入这场纷争之中"③。这也对苏
报案产生了重要影响。法国人的态度变化瓦解了支持移交的阵
营,英国由原来的少数地位一变而为多数,俄国转而陷入孤立的境
地。《纽约时报》评价说:"自从法国政府一同加入反对向中国政府
引渡人犯的行动后,中国政府已经意识到通过讨好洋人是无法达
到引渡目的,并且意识到被批捕的人犯将不会被引渡。"④3.法国
态度转变的另一个重要原因是沈荩案的发生,试想如果沈荩案没
有发生,西方列强是否能够形成近乎一致的反对引渡的立场就未
可知了。4.律师的出场,且不论被告律师在改变工部局拒绝引渡立
场(包括不立即审判就释放的要求)上的运作和影响,他们的出现
让庭审的对抗成为可能,特别是对于法律程序和证据制度的应用

---

① [澳]莫理循:《清末民初政情内幕》,[澳]骆惠敏编,刘桂梁等译,知识出版社,
　1986 年版,第 280 页。

② 参见王敏《苏报案研究》,上海人民出版社,2010 年版,第 54 页。

③ 1903 年 8 月 18 日法国外交部长德尔卡塞致电法国驻英国公使保罗·甘伯的公
　函,L'Affaire de Su-pao, Correspondance Politique et Commerciale, Nouvel Série,
　Chine, 1897-1918。

④ "Shanghai Reformers are still in prison, " *The New York Times*, Nov.5, 1903.

和展示，让章、邹等人获得了法庭对峙上的优势。5.甚至不难想象，如果苏报案是在中国地方衙门审理，按照中国历代对文字狱的处理方式，结果又是如何。

如果纯粹按照社会性质来定义苏报案中的三方，原告清政府应该是封建性质的，被告应该是革命性质的，而法官及其背后的列强则是殖民性质的。根据传统史学的定义，在半封建半殖民地的中国，革命往往是遭受两种力量同时绞杀的。这在一般史书关于苏报案的描述中也是如此。然而，通过苏报案的分析和推论，文章试图总结出，个案不是按照纯粹的社会性质的结构就能顺理成章归纳预测得出结果的。封建、革命、殖民的社会特征由于过分宏大，往往难以适用于个案的解释和预测中。

（二）作为变量之和的司法：兼谈司法的确定性与不确定性

作为一种分析的"模式"，布莱克案件社会结构论与其他"样式"或者"模型"存在同样的缺陷，"模式分析通常只关注那些足以代表事物本质属性的基本要素，对该事物的一些具体特征或细枝末叶则往往忽略不计"。① 这也成为布莱克案件社会结构论最为致命的地方。而在更为普遍的意义上，布莱克的许多命题要么不能证伪，要么就伴有诸多例外。人们往往可举出反例来挑战他的命题，比如他认为法律的普遍精神有利于强者不利于弱者，但弱者在

---

① 陈瑞华：《司法过程中的对抗与合作——一种新的刑事诉讼模式理论》，《法学研究》，2007 年第 3 期。

诉讼中胜出的例证比比皆是。①

其实,我们可以发现,在个案之中,关键性变量,甚至关键性变量的细节都有可能影响司法的最终裁决,也即司法的结果有时候是非逻辑的,是充满变数的,一个偶然的细节或变数都可能导致裁决的完全不同。

历史学家许倬云将历史定义为"变数之总和"。② 在此,本书顺延此概念,提出"司法是一种变量之和"的概念。司法作为变量之和,从时间的维度来观察,司法过程中的每一个场景都不尽相同。从两个相互衔接的场景而言,由于其中各种因素的消失与产生、改变与退化,很容易造成各种变数不同的排列和不同的组合。许多变数可以在前一个时刻结成一个静止的平衡体,但由于变数之间的相对关系,这种平衡体往往很容易被打破,在变数的抗和拒、进和退、变与不变之间,下一个时刻的场景就往往会发生变化。许倬云先生认为:"每一个静止时期事实上都不能维持很长的,因为时间本身就是一个不断进行的线。在这个线上,既然时间不会停止,这种改变就永远不会停止,也没有一个时期有真正静止的局面。换句话说,每一个顷刻间有一个新的平衡,每一个顷刻间各个因素之间有新的相对关系。"③

在这一维度的观照下,司法是充满不确定性,受制于多重变量

---

① 王静怡:《社会学视野中的司法》,二十一世纪网络版,第 36 期。

② 参见许倬云《历史分光镜》,上海文艺出版社,1998 年版。

③ 由此,他也提出史家无须再去寻找究竟哪一个力量是最重要的因素,也不须再去寻找哪一种力量是存在于历史以外,却又是支配历史的。参见许倬云《历史分光镜》,上海文艺出版社,1998 年版,第 5 页。

因素影响的。当然,在法治社会的场域中,司法作为对法律的社会实践,通常遵循和追求的还是一种"以司法治理理性为主的实践逻辑"①。尽管"法律只不过是法官做出判决的大致预期,而实际上做出什么样的判决取决于诸多非法律条文的因素"②,但更多的时候,法律是主导性的、预期性的,特别是随着立法的规范和全面,非法律条文的因素只会在一定限度之中产生影响。不过,在司法的过程中,任何法律条文都面临着如何还原"纷繁复杂的现实境况",如何解决"法律自身语词"与"客观世界"的差异性等重大问题。司法确定性的重心从文本的确定逐步向法律适用的确定转变,从静态的确定性向动态的确定性转变,从短期的确定性向长期的确定性转变,这是任何一个时代司法都必须面对的趋势。

从另一个角度看,司法也是一场各种变数角逐的变量之和要阐释的问题,即司法的确定性和不确定性的问题,与接下来将要讨论的沈荩案研究中提出的"司法的偶然性"在法理上是一脉相通的。在布莱克的研究中,该问题的讨论侧重于各种社会因素对于法律、司法、案件的影响,这无疑将法学研究和讨论纳入了开放的社会科学框架之中。但其《社会学视野中的司法》一书也暴露出他对社会学本身的过度倾向与推崇,以及对法律制度、法律体制缺乏清醒的认识,乃至对某些法律常识的忽略。这显然与本案,以及当下的司法现实是不符的。

---

① 类似表述参见黄家亮《法律是如何实践的? ——以一起刑事附带民事案件为关键性个案的分析》,载张永和主编《社会中的法理》,法律出版社,2010年版,第226页。
② [美]霍姆斯:《法律之道》,许章润译,《环球法律评论》,2001年第3期。

除了法律制度文本的原因,这种以司法治理理性为主的实践逻辑与司法的独立性和社会结构的稳定性是密切相关的,布莱克的司法社会学理论也毫不否认这一点。但从苏报案发生的背景来看,司法的独立性和社会结构的稳定性在晚清中国都是稀缺资源,加之苏报案中各种有关司法的因素的冲突和过于强烈的法外因素的影响,司法很难将纯粹的法律奉为圭臬,而只能是一场各种变数角逐的变量之和。进一步来说,在诸如苏报案等案件中,"可能需要从关键性变量的节点入手,区分可控制型变量与不可控制型变量,进而具体分析司法过程中各个变量以及这些变量分别对司法活动产生何种影响,以及最终是否在整体层面上决定了司法的确定性或不确定性"[1]。这恐怕是比"司法是一种变量之和"更值得进一步探讨的话题。

必须再一次澄清的是,尽管本书强调司法是一种变量之和,但这并不意味着可以无限放大司法的不确定性,更不能把司法活动贬低为一场随心所欲的"去规范性"展演。可以断定,在任何一个文明社会,对司法确定性的追求都是不懈的目标。解决这个问题,除了无法确定的个案的社会结构,能着手的就是规范法律制度和司法体制,特别是前述立法的完善与本书尚未重点论及的司法独立两大关键,这也是中国当下法治面临的重要课题。

---

[1] 曾令健:《帝国司法的黄昏——〈1903 年:上海苏报案与清末司法转型〉中的叙事、审判与政治》,载徐昕主编《司法·近代司法专号》,厦门大学出版社,2012 年版,第 209 页。

第三章　苏报案的若干追问

　　既然前文论证到"司法是一种变量之和"，那么一系列有趣而又极具学理性质的追问便可被抛出：如果审判机构不是会审公廨而是传统的衙门，苏报案的结果会怎么样？如果司法过程中沈荩案没有发生，苏报案的结果又会怎么样？如果苏报案没有吸引足够多的媒体关注，结果是否又会有所不同？

　　这些假设性的问题貌似粗浅，实际上理论意义重大，更回应了前述结论的有关疑问，即"不但应知道'司法是一种变量之和'，而且更为重要的是弄清楚决定司法结果的关键性变量有哪些，在众多变量中哪些变量才是有决定性意义的，怎样的变量配置才是合理的"①。

---

① 何永军：《蔡斐博士论文商兑》，载徐昕主编《司法·近代司法专号》，厦门大学出版社，2012年版，第232页。

历史不能假设,但历史学的研究却可以且有必要运用假设的方法。① 历史事实是无法改变的,但其最后结局在发生之初并不一定只有唯一的可能性。换言之,历史事件在成为既成事实之前不可避免地存在多样的可能性。历史发展并不是如黑格尔所说的是先于历史,外在于人的绝对精神的展开。历史是人类创造的,是人类自身价值判断和选择的结果,是一个不断选择的试错过程,因此历史发展的道路并不是唯一的。通过人的主动实践和选择,历史事件和历史进程也会有相应的变化。如果说历史不能假设,那就意味着历史主体在历史创造活动中没有任何选择的余地,就会陷入历史决定论和宿命论的泥沼中去了。

相反,借助假设的方法,从一定的历史事实前提出发,以相关学理为支撑,框准明确的范围和方向,以过去存在的但尚未转化成为现实的可能为客观基础,我们可以开阔视野,推断苏报案演绎的不同版本;进而可以通过比较发现差异,加深对历史的认知和理解,进而对案件做出合理的解释,并从学理上提升对苏报案的反思深度。因而上述的追问确是值得认真对待的问题。

一、审判机构:会审公廨与衙门之间

苏报案最大的争论点发生在案犯的引渡问题上,即苏报案在不在租界审理的问题上。从另一个角度看,实际就是将苏报案置

---

① 叶险明:《历史不能假设但历史学须用假设研究方法》,《人民日报》,2007 年 4 月 9 日。

于租界会审公廨审理还是引入中国传统衙门审理的问题上。显然,会审公廨与中国衙门两者之间,不仅仅是审判机构的名称不同,其背后的制度、程序、文化,甚至法官办案思维的差异,都将会影响到案件的裁判。

(一)会审公廨与衙门:职能与程序的对比

晚清筹设各级审判厅,各级审判厅在天津试办之前,司法审判只是行政的一个环节、一种手段。地方各类案件一般都由知县、知府等行政官员在州、县、府、道等各级衙门审理。中央审判机构则以三法司(刑部、都察院、大理寺)为主。当时的清朝,司法与行政合二为一,不存在专门解决纠纷的司法机构。对此,大部分学者认为这是一种"行政兼理司法"的制度,"清国不为裁判事务设特别之机关,使行政官厅兼掌之,且在地方官厅,督抚以下至于府州县诸衙门,殆无不兼任行政、司法二权之执行也。凡行政机关之组织及职权,掌其裁判事务之际,当可明其相互之关系。惟其关系,非仅错综,且裁判上之职权,不过梗概而已"。① 也有学者基于司法在清代的重要性,认为是"司法兼理行政"。② 但无论谁主谁辅,清朝行政机构与司法机构没有严格的分离是一个不争的事实。

对比之下,会审公廨作为专门性质的司法机关,也承担了一定

---

① [日]织田万:《清国行政法》,中国政法大学出版社,2003年版,第431页。
② "中国古代司法组织,与其谓行政官兼理司法,毋宁谓以司法官兼理行政之更切实际。"谢冠生:《中国司法制度概述》,见《中国政治思想与制度史论集(二)》,中华文化出版社,1955年版,第176页。

的行政角色和立法角色。会审公廨角色分立的原因主要有两点：一方面，华方谳员由于参与会审公廨，很自然地就要扮演代表华方与外国政府沟通的角色，同时仍需要扮演传统中国"父母官"平抚舆情、照顾弱势的角色；另一方面，华方谳员和外方陪审由于来自不同的上级机关，往往还要听命于上级机关来立法或者自行立法。如1869年会审公廨成立后，谳员陈福勋就奉上海道台饬令，照会各国驻上海领事并发布公示：9月15日起，以一个月为限，凡堂名、花烟间一律闭歇。倘逾期不遵，定将房屋充公，所有妓女，或亲戚领回，或当堂择配。① 就当时租界而言，管控华人妓院不独是清朝上海地方官员的职责，也是租界工部局当局重要的行政工作之一，这项工作也得到会审公廨的支持，华方谳员"想押送她们回乡，或将她们送新闸收容所，其他的妓院现已受到监视，并将提起诉"②。但需要指出的是，在会审公廨的角色丛中，司法是最重要的一项角色，这是由繁重的审判任务决定的。据统计，在会审公廨存在的七十八年间，会审公廨审理了大约550万件案子（按此推算，每天近200件案子）。其中，会审公廨受理的华洋诉讼案件占上海的华洋诉讼案件的十之八九，而上海发生的华洋诉讼案件占全国的十之七八。③ 并且，会审公廨的运作有一套包括人事组织、管辖及处罚权限、侦查起诉、审判程序的制度保障，这与传统中国衙门是截然不同的。

---

① 汤志钧编：《近代上海大事记》，上海辞书出版社，1989年版，第261页。
② 上海市档案馆编：《工部局董事会会议录》（第九册），上海古籍出版社，2001年版，1889年6月18日记录。
③ 王立民：《上海法制史》，上海人民出版社，1998年版，第276页。

尽管当时的清朝政府在成文法层面比较详细地规定了案件的审前程序、审理程序、复审程序和秋审程序，从放告、呈控、批词、查验、检验、传唤、拘提、缉捕、监禁、保释、调处、审讯、刑讯、判决、上控乃至执行都有相应的法律规定，[1]但这些规定在多大程度上能够得到严格遵守值得怀疑。恰如日本中国法制史学者高柳贤三所指出的，"司法官的裁判重心放在自己具体妥当的认识上，并不把法规当作最高唯一的标准"[2]。在此，作者认为这一问题的出现是由传统司法体制司法官主导的、非对抗性的性质决定的。

布迪厄提出："司法场域是一个围绕直接利害相关人的直接冲突转化为由法律规制的法律职业者通过代理行为进行的辩论而组织起来的社会空间。"[3]然而，由于传统中国司法过于强调法官的绝对权威，布迪厄强调的庭审空间的辩论对抗在形式和实质上都必然受制于法官的权威而得不到充分展开。在这种体制下，法官往往表现出一种全能型司法的角色，"他的职责包括法官、检察官、警长、验尸官的职责，这包括了最广义上的与司法相关的一切事务"。[4] 换言之，他集侦查、控诉、审判职能于一身，当事人没有任何诉讼权利，只是被审问、受追诉的对象。这就不可能重视程序，更不可能发展出一套具有独立价值的程序。由法律职业者进行代理的行为更是难以想象的，尽管有研究表明，在清代中后期，讼师在

---

① 参见那思陆《中国审判制度史》，上海三联书店，2009 年版。

② 蔡枢衡：《中国法理自觉的发展》，清华大学出版社，2005 年版，第 91 页。

③ 布迪厄：《法律的力量——迈向司法场域的社会学》，强世功译，《北大法律评论》，第 2 卷第 2 期，第 518 页。

④ 瞿同祖：《瞿同祖法学论著集》，中国政法大学出版社，1998 年版，第 443 页。

衙门的活动越来越活跃。① 讼师的主要业务是"包揽词讼""代作呈词"，以及与衙门胥吏、差役进行交涉，其不能在讼词上署名，也不能在法庭上出面为原告被告辩护。虽然这种职业"与我们今天普遍存在的律师制度决非毫无关联"，②但是其实，迄至晚清，在中国民间的法律生活中，并没有产生现代意义上的律师职业。事实上，由于法官的绝对主导型，"司法官不必受复杂的证据法的限制……法律适用完全系于司法官的一念之间，不必经过法庭争辩。从而律师也就没有必要设置"③。进一步，"当事人之间对立的利益诉求就无法上升为一种不同法律理由之间的深入对话，律师参与所能够对于证据规则发展的推动也不可能出现"④，这种"没有对抗的司法"严重限制了现代司法制度和理念在中国司法审判中的发展。

在这种庭审模式下，一旦苏报案的案犯被引入中国传统衙门，审理程序和结果都是可想而知的。

(二)苏报案指控罪名的认定

更值得关注的是，鉴于苏报案的特殊性，在中国传统衙门审理还必须注意指控罪名的认定问题。

---

① 参见[日]夫马进《明清时代的讼师与诉讼制度》，载滋贺秀三等《明清时期的民事审判与民间契约》，王亚新等译，法律出版社，1998 年版。
② 瞿同祖：《瞿同祖法学论著集》，中国政法大学出版社，1998 年版，第 413—414 页。
③ 季卫东：《法治秩序的建构》，中国政法大学出版社，1999 年版，第 58 页。
④ 贺卫方：《司法独立在近代中国的展开》，载《20 世纪的中国：学术与社会》(法学卷)，山东人民出版社，2001 年版，第 183—185 页。

中国封建社会以皇帝为中心,实行皇权至上和皇权专制的政治制度。它以君权神授学说为理论基础,用严格的名位等级、封建礼乐和皇位继承等各种制度和措施,集中突出皇帝个人的权威地位,保证皇帝高踞于国家机器之上,拥有至高无上、不受制约的绝对权力。这一制度自公元前221年秦始皇创立,经过历代王朝的不断发展强化,在清朝达到顶峰。① 德国传教士郭士腊在描述清朝皇帝时写道:"成为中国的君主可能是人类立志所能达到的最高的最尊贵地位","他的语言即是法律;他的行为无论多么琐屑,却成为人们行为的范式;他可以随意杀戮或者暂缓杀戮;他的子民的生命和财产均在他的掌握之中。并且,中国君主无需对充满警惕的议会或者强有力的贵族体系负责"。② 在这种强调君主权威的制度下,冒犯皇权,甚至倡言推翻统治是一种很严重的罪行,在古代中

---

① 清朝以少数民族入主中原,承袭明朝的制度,为了加强阶级和民族的统治,进一步加强了专制统治,皇权集中达到空前程度。(一)对中央政权机构进行了调整。清初虽然设有内阁和六部,但实权由议政五大臣会议掌握。康熙时,又设南书房,加强君权。雍正时设立军机处,由皇帝选派亲信大臣担任军机大臣。军机处成为执政的最高国家机关,内阁形同虚设,议政王大臣会议被废止,历史上丞相制度的影响不复存在。军机处的设立标志着清代君主集权发展到了顶点。(二)设立内务府,排除了宦官对皇权的干扰,根绝了宦官专权之祸。(三)内地各省设总督和巡抚,边地设都统、将军、大臣,代表皇帝在地方上处理政事,统领边地军政要务。(四)保持一支庞大的军队,将军权集中于皇帝之手。八旗兵20万人,绿营兵80万人,分驻京师和全国各地,构成对全国的控制网。(五)推行极端的文化专制主义。大量查禁、销毁和篡改有碍其统治的著作,屡兴文字狱,极为残酷地屠杀知识分子,加强思想控制。清朝采取了上述加强皇权的措施,使历史上的宰相擅权、外戚篡权、宦官横行、大臣朋党这些几乎与专制皇权相始终的现象,在清朝前期的二百年间已不复存在。这标志着君主专制的中央集权制的发展达到了顶峰。

② Jessy G.Lutz."The Legacy of Karl Friedrich August Gutzlaff,"*International Bulletion of Missionary Research*, Vol.24(2000), PP.123-128.

国属于十恶不赦的罪行范畴。

"十恶"源于隋朝的《开皇律》,是对《北齐律》"重罪十条"的改动,指十种严重危害封建特权、危害封建纲常伦理的犯罪,即谋反、谋大逆、谋叛、恶逆、不道、大不敬、不孝、不睦、不义、内乱。"十恶"中的有些条目早在周、秦、汉时就已出现。[1] "十恶"是历代封建法律的重点打击对象,其中的不少罪名只要有预谋即成立,甚至只要表现了犯意就构成犯罪,这是封建礼教所谓的"诛心"原则。"十恶"的处刑一般也都比较重,大量施用死刑,以及"不分首从皆斩",尤其是对于侵害皇帝或皇权的罪名,还往往要实行"连坐",连带处罚罪犯的亲属。且"十恶"的罪犯一律不得为普通的大赦所赦免,即使贵族官员犯有十恶的,也不得援引"收赎""八议"之类的特权来逃避刑罚。因此,对于章炳麟、邹容,甚至与案件无关的钱宝仁、程吉甫、陈仲彝、龙积之等人来说,一旦被清朝政府引入衙门审判,被判死罪是毫无疑问的。

从当时的立法来看,清政府及租界当局虽无专门的新闻出版的法律法规,但《大清律例》中涉及言论、出版等方面的法律条文并不少见,且散见于谋反、谋大逆等严重罪行中。有学者研究指出,《大清律例》有两个典型特征,一是法律与政治紧密结合,法律制度直接服从于统治;二是官方的自由裁量权蔓延,这在很大程度上导致了法律与政治、行政和道德秩序没有多大的差别。[2] 而根据《大

---

[1] 如《尚书·康诰》:"元恶大憝,矧惟不孝不友……速由文王作罚,刑兹无赦。"《周礼·地官大司徒》:"以乡八刑纠万民:一曰不孝之刑,二曰不睦之刑,三曰不姻之刑,四曰不弟之刑,五曰不任之刑,六曰不恤之刑,七曰造言之刑,八曰乱民之刑。"

[2] [美]诺内特等:《转变中的法律与社会》,张志铭译,中国政法大学出版社,1994年版,第57—58页。

清律例》中的具体条文,章、邹触犯的罪行很大,刑罚也很重,且大多是死刑。如"谋反及大逆,但共谋者,不分首从,皆凌迟处死""妄布邪言,书写张贴,煽惑人心,为首者斩立决,从者皆斩监候""凡造谶纬妖书妖言,及传用惑众者,斩监候",甚至还包括"谋反大逆,祖父、父、子、孙、兄弟及同居之人,不分异姓,及伯叔父、兄弟之子,不限籍之同异,年十六以上,不论笃疾、废疾,皆斩。知情故纵、隐藏者,斩"等"连坐"条款。

但在会审公廨的指控中,被告的这些在当时中国人和统治者眼里的重罪被原告律师表述为"煽动性的诽谤罪",一项依据西方法律提出的并不是特别严重的罪名。[①] 根据英国刑法的规定,"煽动性的诽谤罪"主要是指针对英国皇室或皇家煽动仇恨和不满的一种罪行。根据英国普通法的规定,任何人只要出版了具有煽动意图的书籍或者其他相关文字,一经法庭查实,都可能属于此种罪行。但"煽动性的诽谤罪"强调所使用的言辞不仅必须具有引起公众骚乱或暴动的意图,而且必须具有扰乱合法政权的意图。这种犯罪行为一般将处以两年监禁,并附加一定数额罚金的刑罚处罚。[②] 由此看来,原告律师的指控中,清政府提出的"谋逆罪"性质也荡然无存,这实际上也与最终判罚的结果一致,这也直接导致了

---

① 需要指出的是,在近代西方(以英国为例)的法律中,也有类似于《大清律例》"谋反、谋大逆"罪名的"叛逆罪",但由于西方罪刑法定主义原则的限定,叛逆罪被严格地限定,其范围很小,远远不及《大清律例》宽泛。资产阶级革命后,特别是随着新闻自由观点的深入人心,一些有关言论的叛逆罪行或针对皇室的煽动罪也会按照"煽动性的诽谤罪"来判罪。

② An Introduction to Criminal Law(Sixth Edition), p.213. 转引自徐中煜《清末新闻、出版案件研究(1900—1911)——以"苏报案"为中心》,上海古籍出版社,2010 年版,第 191 页。

审判阶段定罪量刑的差异。

从庭审过程来看,尽管庭审开始时协商一致适用中国的法律,但实际判决中却是按照西方的法律精神和原则来审理的,特别是言论自由和思想自由原则成为案件的判决依据。外方办案者主张,"(章、邹)监禁不出三年"①,"鄂寄案(龙积之案)证不足为治罪之据,拟径释"②。相比之下,端方则认定,"章邹永远监禁,龙出甘结最要"③,坚决主张予以章、邹二人重判。重罪与轻罪的区分主要应该从犯罪的社会危害性及其程度和法律明文规定的法定刑,即实质和形式两个方面进行综合判断,才能得出正确的结论。但在不同的法律观念冲突的背景下,重罪与轻罪的划分则是大相径庭的。这也就不难理解二者在刑法传统、罪名指控和定罪量刑上的差异了。

不过,清政府还是在第一次判决中使用了他们认定的罪名,"查例载不利于国,谋危社稷为反,不利于君,谋危宗庙为大逆,共谋者不分首从皆凌迟处死。又例载谋背本国,潜从他国为叛,共谋者不分首从皆斩。又例载妄布邪言,书写张贴煽惑人心,为首者斩立决,为从者绞监候"。据此,"邹容、章炳麟照例科罪,皆当处决"。

---

① 《光绪二十九年十月二十一日上海道袁树勋致兼湖广总督端方电》,《苏报鼓吹革命清方档案》,中国史学会编:《辛亥革命》(第一册),上海人民出版社,1957年版,第441页。
② 《光绪二十九年十月二十一日福开森致兼湖广总督端方电》,《苏报鼓吹革命清方档案》,中国史学会编:《辛亥革命》(第一册),上海人民出版社,1957年版,第441页。
③ 《光绪二十九年十月二十二日兼湖广总督端方致福开森电》,《苏报鼓吹革命清方档案》,中国史学会编:《辛亥革命》(第一册),上海人民出版社,1957年版,第479页。

只是"今适逢万寿开科,广布皇仁,照拟减定为永远监禁,以杜乱萌而靖人心"。① 然而,这一判决中指控的罪名是清政府的一厢情愿,外方并不认可,提出"堂谕作废"。到了1904年会审公廨关于苏报案的最终判决,只是说"至邹容作《革命军》一书,章炳麟作《訄书》,并作《革命军序》,又有驳康有为一书,言语纰谬,形同悖逆。彼二人者同恶相济,罪不容恕,议定邹容监禁二年,章炳麟监禁三年,罚作苦工,以示炯戒。限满释放,驱逐出境。此判"②。只说"言语纰谬,形同悖逆",并无相关罪名,《大清律例》更不知道被抛在何处了。

(三)从苏报案看中国传统司法的审判特征

中国传统刑事诉讼程序的启动除司法权主体主动行使职权之外,还有被害人告诉、一般人告诉、犯罪人自首和官吏举发等几种情况。③ 在清政府的司法职权下,官吏举发这种形式显然表现出两方关系,但由于案件未在中国的官厅审理,苏报案最终呈现出一种类似于被害人告诉的案件类型,形式上出现了三方结构,清朝政府居于平等诉讼当事人原告的地位。不过,从苏报案中清政府的函电交驰,力争再三却能明显看出中西方办案者的差异,特别是中国

---

① 《光绪二十九年十月二十一日南洋大臣魏光焘致外务部电》,见《中英等交涉苏报案当事人问题文电》,《历史档案》,1986年第4期。

② 《光绪三十年五月初十日南洋大臣魏光焘致外交部咨文·附:照录来折》,见《中英等交涉苏报案当事人问题文电》,《历史档案》,1986年第4期。

③ 参见陈光中、沈国峰《中国古代司法制度》,群众出版社,1984年版,第47—51页。

传统司法的审判特征。①

  偏重直觉思维是中国传统司法审判的形式特征之一,通常的表现是依照个体经验和智慧,凭感觉办案,这与西方偏好以严密的逻辑推理办案的司法思维方式迥异,这从清方档案中的一系列判断就可看出。如案件之初,虽然对章、邹等人并不十分了解,清廷办案者仍断定章炳麟为革命党巨魁,"巴县邹容最为凶险",并且意图将钱宝仁等四人一并拿办,意欲株连同党,"非一并伏法,不足以快人心"。② 而对于逃逸日本的陈范,则揣测"逆犯陈范定是托病在外,勾串党羽,营谋兔脱"。③ 而实际上,当时的邹容只不过是个青年,钱宝仁四人与本案无关,陈范则是躲在日本低调生活,与革命党并无往来。审判中,谳员孙建臣看到章炳麟文字功底深厚,料想必定"得之何科?"湖广总督端方见到辩护律师博易的出场,估计"各犯亦请律师,财力甚薄,党羽解体,不能持久,但不速办,深恐康梁孙文诸逆暗中接济,致难措手"④,担心革命党或维新派给予接济,但实际上他们自始至终并无资助。此外,往来电文中"以快人

① 本部分的审判特征总结参考了易江波《"苏报案"与西法东渐下的中国传统办案思维》,载中南财经政法大学法律史研究所编《中西法律传统》,中国政法大学出版社,2002 年版,第 305—307 页。
② 《光绪二十九年闰五月十二日兼湖广总督端方致内阁大学士张之洞电》,《苏报鼓吹革命清方档案》,中国史学会编:《辛亥革命》(第一册),上海人民出版社,1957 年版,第 454 页。
③ 《光绪二十九年闰五月十一日兼湖广总督端方致上海道袁树勋电》,《苏报鼓吹革命清方档案》,中国史学会编:《辛亥革命》(第一册),上海人民出版社,1957 年版,第 452 页。
④ 《光绪二十九年闰五月十五日兼湖广总督端方致军机处电》,《苏报鼓吹革命清方档案》,中国史学会编:《辛亥革命》(第一册),上海人民出版社,1957 年版,第 459 页。

心""以昭大公""以儆狂悖""公道难昧"等断语，均不过是办案者主体认识中对情理的直觉体悟。

偏重整体思维也是中国传统司法审判的形式特征之一，通常的表现是"执两用中"，善于圆机地应付办案中前后矛盾及逻辑上不一致的情形。本案中，清廷办案者的宗旨是"惟有尽力筹办，但交涉全贵审机，能无失国体，即可定议"①；在引渡的问题上，"各犯解宁，自是正办，非分别次第，步步逼紧，恐难合拍，未敢激切，转误事机。现同福开森筹思婉商，徐图解宁办法，虽无把握，竭力维持……"②；在交犯与定罪方面，张之洞在意识到不可能将章、邹等人处以死罪后，就主张与各国婉商，"此六犯若交出，皆只以监禁了事，决不办死罪"③；端方拟补救主权办法两条："一、拟由地方官审讯，仍照律定罪，请旨办理，俾知朝廷法外施仁；二、由外部照会各公使，申明和约及照会交犯章程，嗣后不得援以为例。"④试图通过两条不同的办法，扩大案件的处理张力，拓展办案的空间。此外，前后判决中，从"应科斩决"到"永远监禁"，从"务使逆徒授首"到

① 《光绪二十九年七月十五日兼湖广总督端方致内阁大学士张之洞电》，《苏报鼓吹革命清方档案》，中国史学会编：《辛亥革命》（第一册），上海人民出版社，1957年版，第478页。

② 《光绪二十九年闰五月十三日道员袁明震上海道袁树勋致兼湖广总督端方电》，《苏报鼓吹革命清方档案》，中国史学会编：《辛亥革命》（第一册），上海人民出版社，1957年版，第415页。

③ 《光绪二十九年闰六月三十日内阁大学士张之洞致兼湖广总督端方电》，《苏报鼓吹革命清方档案》，中国史学会编：《辛亥革命》（第一册），上海人民出版社，1957年版，第432页。

④ 《光绪二十九年七月初三日兼湖广总督端方致内阁大学士张之洞电》，《苏报鼓吹革命清方档案》，中国史学会编：《辛亥革命》（第一册），上海人民出版社，1957年版，第475页。

"改过自新甘结"，苏报案的处理结论几经变更，均是办案者以浑融的整体思维操作的结果。而往来电文中，"法外施仁""通融办理"等语更是颇多。

情理为本位是中国传统办案思维方式的内容特征，通常的情形是重情理、轻法理。情理司法的本质是对法律问题的一种道德伦理化思维，在这种思维下，认识、判断一定事实或行为的法律人不是首先从合法性角度对相关事实或行为进行评判，而是先从道德上的善恶和伦理上的秩序来对其进行评价的，并以此作为裁判的基础。该特征在苏报案诸多环节均有体现。比如在一开始对章、邹两人的罪名认定上，清方就认定二人大逆不道，有违伦常，上海知县对章、邹的"公允"判决被外方审官否决后，清廷办案者顿感"殊出情理之外"。同时，苏报主笔章士钊竟能幸免的原因之一，乃是案件最初的承办者"俞明震……独不及章行严者，盖俞明震是时总办江南陆师学堂，行严在先一年习军旅于是，以英年能文为俞明震所激赏，后虽离校，而此情意未衰之故也"[1]。章士钊也承认，除了上述原因，重要的是"余与其子大纯交好"[2]。为了将苏报案被关押的六人引渡，清政府甚至用起了潜规则，"在会审时，且曾有上海出银十万两将诸人审实处决之说，而以三百金齐送工部局，工部局竟严词拒之"[3]。在额外公堂审理中，见到工部局代为被告聘请

---

[1]　张篁溪：《苏报案实录》，中国史学会编：《辛亥革命》（第一册），上海人民出版社，1957 年版，第 373 页。

[2]　章行严：《苏报案始末记叙》，中国史学会编：《辛亥革命》（第一册），上海人民出版社，1957 年版，第 390 页。

[3]　张篁溪：《苏报案实录》，中国史学会编：《辛亥革命》（第一册），上海人民出版社，1957 年版，第 380 页。

律师,清方大感意外,"闻各犯律师系工部局代请,不知何心"①。从这些电文中都可以看出,情法不分、相互交织的因素在苏报案的司法过程中起着重要作用。

与无罪推定原则相反,中国传统司法办案一般思维路径可描述为:面对案件初步材料,即以社会流行、大众周知的是非观念、道德尺度为起点,未经精细、缜密的逻辑分析即形成道德或舆论的先期结论,再围绕该结论组织证据材料、法律条文,作为对结论的支撑和证明。如果不能获得三者之间的统一,则重复该过程,修正个人结论,更换或补充法律条文、证据材料,直至自圆其说。这种办案思维方式偏重整体直觉,重情理、轻法理,推崇"情理"为本位。苏报案审判正体现了这一特征。这也是中国衙门与会审公廨的差异,无罪推定、原告举证、程序公正等一系列中国司法人员前所未闻的观念和概念,在会审公廨中的运行和使用,体现了中西司法巨大的冲突性,也从侧面说明了近代中国司法转型的必要性。

(四)苏报案中的细节:"连坐"与跪立之争

在苏报案中,尽管钱宝仁、程吉甫、陈仲彝、龙积之四人与《苏报》激烈的言论无关,工部局也一再强调:"在目前的这个案子中,六人中有四人明显地与苏报无关,也与爱国学社无关,他们的罪行

---

① 《光绪二十九年七月初三日兼湖广总督端方致内阁大学士张之洞电》,《苏报鼓吹革命清方档案》,中国史学会编:《辛亥革命》(第一册),上海人民出版社,1957年版,第466页。

没有被证明,他们的身份也没有被确定。"①"不利之处是至少要去除四个人,据我所知没有丝毫证据证明他们有罪,如果在会审公廨审讯,必须宣告无罪释放。"②但在起初的指控中,清政府仍坚定地认定"邹容等六犯业经拿获,仍著严饬,速筹解宁惩办"③,要求将钱宝仁、程吉甫、陈仲彝、龙积之四人一并审判。这种判断与中国司法制度中"连坐"的传统有关,是当时中国司法备受西方诟病的地方之一,也是本书不能忽略的一个细节。

"在中国人有关责任的教义中,让西方人最为反感的就是那种一人犯罪,诛及全家的做法。"④按照近代西方的法律理论,任何人只对自己或自己授权的行为所产生的后果负责。换言之,人们不应为自己以外的行为负责。与这种个人责任制不同,中国传统的连坐制度恰恰是要求人们为自己以外的其他人的行为负责。所谓"连坐"或称"缘坐"是一种连带责任制度,在英语中有时译为 Collective Responsibility,即集体责任;也可译作 Mutual Responsibility,意为相互责任制度。有西方人指出:"如果不随时牢记相互责任制的宗旨,就不可能对中国的刑法或民法有正确的了解。"⑤或许是因为交涉的困难,或许是严惩的最终指向是章、邹二人,清政府最终

---

① "Supao Case," *N.C.Daily News*, Nov.19, 1903.

② 1903 年 9 月 18 日萨道义会见吕班的备忘录(Memorandum of Interview with M. Dubail), Further Correspondence Respecting the Affairs of China(1842-1937), F.O. 405/136。

③《光绪二十九年闰五月十九日军机处发两江总督魏光焘兼湖广总督端方江苏巡抚恩寿电旨》,《苏报鼓吹革命清方档案》,中国史学会编:《辛亥革命》(第一册),上海人民出版社,1957 年版,第 423 页。

④ Arthur H.Smith.*Chinese Characteristics*, Fleming H.Revell Company, 1984, p.234.

⑤ T.R.Jemigan.*China in Law and Commerce*, Macmillan & Co, ltd, 1905, p.72.

还是放弃了对与本案无关的四人的指控。当然,有意思的是,这种放弃也是极不情愿的,"龙积之系湖北富有票内之犯,或解鄂审,或由鄂派员会讯。钱陈两犯乃报馆所雇之伙,既非主笔,又非馆主,已押四月,似可从宽保释;陈仲彝到案时自认为陈范之子,仍暂管押,俟陈范到案,再行保释"①。特别是最后对陈仲彝提出的保释条件,搞得有点令人啼笑皆非。

另外还有一个值得寻味的细节就是"跪"。跪,作为中国旧习惯中表示臣服、尊重、恭敬、崇拜、乞求的方式,在司法中是一种形式上的固定要求,"双方一经公堂对簿,先须下跪",即实行跪讼原则,这也被认为是宗法制原则在中国古代诉讼制度中的贯彻和体现。在传统司法体制中,因"父母官"兼理司法,他们对"子民"的审判,一开始就被定位为家长族长对不肖子孙的惩戒,故跪讼颇似子辈聆听长辈之训诫。② 但近代以来的外国人却很难理解。

美国驻华外交官何天爵在《真正的中国佬》一书中记载了这样一个耐人寻味的故事:1873 年的某天,受美国驻华使馆的指派,何天爵会同清朝衙门的一位官员,共同审理两名居住在北京的美国人与一名中国包工头之间的纠纷。临到开庭时,何天爵招呼当事人双方坐下说话,没想到却当场遭到了中国会审官员的反对。他坚决主张中国的包工头必须双膝下跪,两手触地以接受审判,而且法庭上的双方当事人也必须同等对待,也就是说那两名美国人也

---

① 《光绪二十九年十月初八日上海道袁树勋致兼湖广总督端方电》,《苏报鼓吹革命清方档案》,中国史学会编:《辛亥革命》(第一册),上海人民出版社,1957 年版,第 437 页。
② 范忠信:《中国法律传统的基本精神》,山东人民出版社,2001 年版,第 94—95 页。

必须匍匐在地上，只要审判不结束，他们就要在法庭上保持这种姿势。但在何天爵看来，让两位美国的自由公民跪伏在法庭上才是天大的笑话。更何况，那两名美国人都比他还年长，其中有一人早已是满头白发。在法庭上，双方当事人究竟是应该站着还是坐着，或者应该跪着，经过了一段长时间的激烈争论。最后，双方终于达成了共识：各自按照本国的通行做法行事。于是，在法庭上的中国包工头自始至终跪在地上，而两位美国人则站着。

其实，京城中上演的这一令人哭笑不得的一幕，在千余公里之外的上海也同时上演着。会审公廨成立后，经过私下协商，凡由外国领事与中国官员会审的庭审现场，都会同时出现"坐着的"和"跪着的"两种形式。这不仅使"跪着的中国人"，令人感到可怜和不公，也使参加会审的中国官员感到懊恼和难堪。本来这仅仅是会审过程中的一个小问题，对审判结果也无甚影响，但它生动地展现出中西方由于法律制度和法律观念之间的差异而产生的深层龃龉和冲突，①特别直观地显示出司法权主体高高凌驾于诉讼当事人之上的优越地位。跪立之争，也使一心在中国推行殖民政策的西方各国感到中西方法律制度必须早日"接轨"。或许也正因为如此，1902 年《马凯条约》中特地加入了一条："中国深欲整顿本国律例，以期与各西国律例改同一律，英国允愿尽力协助，以成此举。"1906年 2 月 6 日，上海会审公廨正式上奏，提出"拟变通刑章，废止中国人跪地听审"。处于司法改革进程中的清政府随即准奏，"为矜恤罪犯，审判时准原告、被告双方，均立而不跪"。至此，中国司法程

---

① 参见陈柳裕《清末司法改革的前奏——跪立之争》，《浙江人大》，2002 年第 12 期。

序中习以为常的下跪制度,伴随着现代审判制度的逐步建立,渐渐地消失在历史无声的长河中。

二、司法过程:如果沈荩案没有发生?

我们可以做这样一种设想,如果沈荩案没有节外生枝般地发生,苏报案的被关押者很可能就会被引渡,然后按照中国传统司法的套路进行审判。但是沈荩案确确实实地发生了,而且引发的急转直下的外交形势,不但直接扭转了先前多数驻华公使和驻沪领事对于引渡问题所持的模糊或支持态度,也影响了整个司法过程,让章、邹等人得以幸免于重蹈沈荩惨死的覆辙。

(一)沈荩案对引渡的影响与外人的批判

沈荩案发生后,"政府之意,并不欲以此外扬",但"惟无过施刑于志士,势不能隐蔽",[1]最终引起了国内外舆论的广泛关注。

当时的《泰晤士报》敏锐地捕捉到该案与苏报案之间的重要关联。"沈荩被杀,举国热诚诸君子咸愤悒不平。近日北京外部又接驻各国使臣警报,谓各国执政大臣,观于此事,逆料中国居大位者,将有不得久安之势……日前,英外部大臣蓝斯唐,曾于上议院论及此事之非,而拟慎重于苏报一案。亦甚洽舆情。而自此言传说以

---

① 《函述北京昏暗之境、庆宽得奖之原由》,《国民日日报汇编》(第一集),罗家伦主编:《中华民国史料丛编》,台湾文物供应社,1969年版,第104—105页。

来,苏报诸人得以免移交之患。"①

清朝官员也清楚地看到了交涉形势的急剧变化。"沈事大碍,外间物论亦如此。金令世和来函,谓德、美领甚帮忙,惟英领作梗,加以沈事,益难着手。"②这种担忧在端方致张之洞的电文中表露无遗。尽管再三交涉,"英日意欲在京与外部商办,其余各公使拟在上海商议,意见不同。刻力怂诸领,免英擅权。咸为沈荩严惩,各国均有违言,从前之允交者,今则意见不同,以后能否商交,实无把握"③。

从宏观上来看,西方媒体对沈荩案的关注,均突出了沈荩案的审判未经正当司法程序、沈荩被慈禧太后直接下令处死、处决的方式骇人听闻这三大元素。

这种关注的背后,一方面,体现了当时中国司法制度的实情。《字林西报》认为沈荩案是中国司法落后的体现。"审讯没有出示证据,甚至没有说明谁指控、指控的罪名是什么,仅仅是中国式的讯问,以酷刑促使其招供。"④判决也不是由主持审讯的法官做出,更没有公开审判,而是报告给慈禧太后,由太后做出最终的判决。作者评论说:"这没有什么不正常的——在中国,什么样的事情都

---

① 《论沈荩》。转引自《国民日日报汇编》(第一集),罗家伦主编《中华民国史料丛编》,台湾文物供应社,1969 年版,第 101—102 页。

② 《光绪二十九年七月初一日兼湖广总督端方致内阁大学士张之洞电》,《苏报鼓吹革命清方档案》,中国史学会编:《辛亥革命》(第一册),上海人民出版社,1957 年版,第 472 页。

③ 《光绪二十九年七月十五日兼湖广总督端方致内阁大学士张之洞电》,《苏报鼓吹革命清方档案》,中国史学会编:《辛亥革命》(第一册),上海人民出版社,1957 年版,第 478 页。

④ "The Barbarous Official Murder at Peking," *N.C.Daily News*, Aug.11, 1903.

会发生。"①其实,当时国人对于这种不经司法程序就直接处决的做法也极其反感:"按中国法律,非贱如宦者必不处以如此之刑,而清太后竟行之,则其言可为法律矣。如此惨刑,实为昏暴。使审判者而能据法律以争之,则虽处斩,亦何碍。然此,非俟诸他日自由战争之后,盖不能见于今日中国也。"②

另一方面,在外人眼里,沈荩案绝不是一个孤立的事件,如果将苏报案被关押者交由清政府,结果是可想而知的。不出意外,他们将遭遇和沈荩一样的悲惨下场。伦敦《泰晤士报》直白地指出:"从沈荩被慈禧太后直接下令处死可以看出,如果我们不能够立场坚定,坚决拒绝移交,等待他们(章、邹等人)的命运不是审判,而是判决。"③《华盛顿邮报》转引《巴尔的摩太阳报》关于苏报案的评论说:"表面上看中国政府要求将这些改革者移交给中国政府审讯是合理的,但是众所周知,他们不会受到公正的审判,中国政府认为批评政策和政府是不能原谅的罪行……几周以前,一名中国的改革者因公开提出自己的观点,就被判有罪,并以最野蛮和最残暴的方式被处死。"④另外,有的报纸还突出沈荩的改革者身份,或者新闻记者身份,强调沈荩被处死是政府对政治和言论的镇压和谋杀。

沈荩案的影响迅速蔓延到列强对苏报案的关注上,"旋北京发生革命党人沈荩为清太后旨命杖毙之事,英美两国公使并各接其

---

① "The Barbarous Official Murder at Peking, " *N.C.Daily News*, Aug.11, 1903.

② 《外论》,《国民日日报汇编》(第一集),罗家伦主编:《中华民国史料丛编》,台湾文物供应社,1969 年版,第 9 页。

③ "On Tuesday Night the British Officers Who Are, " *The Times*, Oct.16, 1903.

④ "Chinese Reformers, " *The Wanshington Post*, Aug.31, 1903.

政府的训令,对于苏报案犯引渡一事,命不得允可,他们的态度更加坚决"①。

美国方面。最初美国驻沪领事古纳是主张移交的最直接的支持者,但是沈荩案案发之后,古纳在对 1903 年 8 月 22 日前来拜访他的上海道台明言:"北京方面残酷地对待沈荩,使苏报案被关押者的移交成为不可能。这已经不是条约或者是权利或者是合法性的问题,而是舆论上的人道主义义愤。"②

英国方面。在沈荩案发生之前,尽管英国驻沪领事满思礼倾向于拒绝清政府要求,但外交大臣蓝斯唐还是有准备将人交出去的打算的,前提是清政府保证不施加酷刑。③ 但沈荩的惨死,特别是骇人听闻的刑罚手段,立刻就使英国方面认识到拒绝引渡的必要性。蓝斯唐在给焘讷里的电报中就明确提道:"考虑到最近在北京实施的野蛮处决,以及与道台达成的协议已构成拒绝移交的充分理由,我们不能容忍将苏报案被关押者移交给中国当局。"④至此,作为西方列强主导者的英国已经彻底坚定了阻止案犯被移交的决心,蓝斯唐强调:"不管是否坚持与道台达成的协议,我们必须

① 《"苏报案"始末》,载《旧上海史料汇编》(下册),北京图书馆出版社,1998 年版,第 80 页。
② 1903 年 8 月 24 日古纳致康格的信函,Despatches from United States Consuls in Shanghai(1847-1906),Volume 49。
③ "侯爵建议指示焘讷里先生通知清政府,如果允许,在公正的预审之后,会审公廨决定起诉被告,加入能够达成不对被告施加任何酷刑的谅解,这些人可以交给清政府。"1903 年 7 月 29 日英国外交部办公室致皇家法官的公函,Further Correspondence Respecting the Affairs of China(1842-1937),F.O.405/135。
④ 1903 年 8 月 12 日英国外交大臣蓝斯唐致焘讷里的信函,Further Correspondence Respecting the Affairs of China(1842-1937),F.O.405/135。

拒绝同意引渡。"①不久,英国外务部正式照会清政府,明确拒绝交出苏报案被关押者的请求——"照得苏报馆六犯,前经贵大臣于上月十二日会晤时,商请本国政府按约交出,归中国地方官办理。此事业经详酌,所请一节,本国政府不能允从。查此案各犯,上海道现拟按照原议,略为变通,派一法权较大之员,会同会审委员会讯办。并谓上海县即有此权云云。本国政府不能交出该犯,暨愿按沪道所拟办理各节,业经本国驻京公使照会庆亲王承允,电请江督将沪道所拟办法,再行酌核。萨使处亦已饬令会商各驻使,商请贵政府按照沪道所拟办理矣。"②

可以说,蓝斯唐对酷刑的反对,不只是个人的意愿,而是基于西方社会对刑法人道主义原则的普遍接受。刑法人道主义是表明一个国家的刑法是否具有民主性、科学性、进步性的显著标志。一般认为,只有在刑法中确立刑法人道主义原则,才能促使刑法不断地走向文明、人性和宽和。很遗憾,当时的中国司法并不属于这种类型。这也从细节之处提出了当时中国司法转型的必要性。

(二) 辜鸿铭的辩护与解读

对于西方人的指责,著名学者辜鸿铭在《字林西报》上发表文章《中国的政治犯罪与政治惩罚》为清政府辩解:"根据中国人的观点,认为用棍子打死的严峻和残酷程度比砍头处死要轻,因为前一

---

① 《光绪二十九年八月初八日英外交部致清政府照会》,见《中英等交涉苏报案当事人问题文电》,《历史档案》,1986 年第 4 期。
② 《中英等交涉苏报案当事人问题文电》,《历史档案》,1986 年第 4 期。

种惩处不会造成中国人感觉特别可怕的身首异处。"①

按照辜鸿铭的解释,沈荩被处死是具有合理性的,中国人并不觉得这是野蛮和残酷的。相比砍头带来的身首异处不能全尸,杖刑还是相对温和的,且这种刑罚的罪过不能简单地归结于中国政府,要指责也只能指责文化。"如果认为过于残酷和野蛮的指责只是就现在这一案件而言,那么,这一指责不应直接针对中国现政府,而应指责中国文化。中国的法律是中国人民文化的产物,现政府不能对此负责。如果人们认为中国的法律残酷而野蛮,也不应该归咎于中国现政府,而应归咎于中国人民和他们的文化。"②

辜鸿铭对于文化的这种解释还反映在中西方对未来认知的差别上。在西方人看来,不断洗清自己的罪恶,得到了上天的宽恕,最终仍然可以升入天堂;而在中国人看来,行善的人来生仍然做人,行恶的人死后不仅要下地狱,即使转世,来生也只能做牛为马。因此,中国人眼里的死亡不是意味着生命结束后进入天堂,而是又一轮生命的开始。所以,"中国人对于在死刑时,是'全尸'还是'身首异处',显示了极大的关心。'全尸'似乎代表一种优待,只有有地位的人,或者得到官方的特别恩准,才可以被判处死刑之后,得以'全尸'。相反,不但不能得到'全尸',甚至在'身首异处'之后

---

① 经考证,这篇发表在《字林西报》上的文章与 1903 年 8 月 25 莫理循收到的辜鸿铭的来信完全一致,此处的译文来自《清末民初政情内幕》(上卷)一书。Ku Hung-ming."Political offence and its Publishment in China," *N.C.Daily News*, Sep.11, 1903。

② Ku Hungming."Political offence and its Publishment in China," *N.C.Daily News*, Sep.11, 1903.

的尸体,还将会遭到残酷的蹂躏"①。这样的解释符合中国人对于生命和身体的认知,也体现了中西方在死刑观上的差异。

同时,辜鸿铭对引起外人关注的苏报案司法程序问题也进行了辩解。依据当时中国正常的司法程序,最高统治者是可以直接下令处死一个人的,"必须记住,在中国,皇上可以以一国之主的身份或别的理由驳回皇家司法官员所作的定谳,因为皇上的裁决是最高的法律"②。

辜鸿铭的辩解,有着深刻的历史渊源。封建时期,法律君属、权力支配法律、法律维护君权、君权凌驾于法律之上,是中国法制的传统。从历史的角度来看,自秦以降,皇帝制度就成为中国政治制度的核心,以皇权为中心的传统法律,使得古代的立法和司法都深刻地烙上专制的印记。一方面,皇帝是最权威的立法者,法自君出,另一方面,他又是最高级别的审判官,皇权是最高的司法权,其权力的行使无论是通过"躬操文墨"还是"谕令诏狱",都预示着这样一个原则:从法律上讲,只有皇帝一人握有死刑裁决权。③尽管近代以来限制君权之说有所传播,但封建社会一直以来君主"乾纲独断",法律服务于权力,慈禧太后作为西方人眼中的"龙夫人"仍保持着对国家不可动摇的统治力。

关于判刑过严,辜鸿铭则解释说,中国历来把挑战国家正统权

---

① 田涛等:《接触与碰撞——16世纪以来西方人眼中的中国法律》,北京大学出版社,2007年版,第176页。

② Ku Hungming."Political offence and its Publishment in China," *N.C.Daily News*, Sep.11, 1903.

③ 参见郑秦《清代司法审判制度研究》,湖南教育出版社,1988年版,第9页。

威的政治犯看作像最危险的瘟疫,必须采取最严厉的措施,"中国的君主是最高正统权威的象征,而对于公然违抗最高正统权威者的惩治就是处死"。① 自汉代董仲舒以后,三纲五常作为中国封建社会道德伦理的核心,也成为封建法制的指导思想。其中,君为臣纲又是最重要的一条,沈荩和章、邹等人犯的罪行,在当时属于十恶不赦的范畴,被处死也是正常的,起码传统司法认为这是理所应当的。

辜鸿铭还换用现在的话语来解释,章、邹等人的行为就"如同鼠疫一样,或者确切地说,是无政府主义的病菌。为了消灭一切有可能的无政府主义病菌,采取最强有力的措施是必要的……事实上,对罪犯实行不适当的和欠考虑的宽容,实际上就是对吃这些罪行后果之苦的人民的残忍"②。

从目前检索的文献来看,辜鸿铭的解释自成一说,许多论证都建立在中国传统文化和法律精神基础之上。虽然他在文中列举了许多外国人的例子,但并未得到外人的认可,国内的中文报纸也没有支持的论调。相反,《字林西报》还先后刊登《论辜鸿铭之无耻》《辜鸿铭》《驳辜鸿铭论中国刑法函》等文章批判辜氏,丝毫不认可他的辩解,认为辜氏很无耻,是"媚太后以欺弄天下也"③,是"承太后之旨,时以慰语告我等,意必欲摧锄新党而甘为太后之驱使"④。

---

① Ku Hungming."Political offence and its Publishment in China, " *N.C.Daily News*, Sep.11, 1903.

② Ku Hungming."Political offence and its Publishment in China, " *N.C.Daily News*, Sep.11, 1903.

③ 《辜鸿铭》,《字林西报》,1903 年 9 月 15 日。

④ 《论辜鸿铭之无耻》,《字林西报》,1903 年 9 月 11 日。

辜鸿铭熟知西方文化,又是中国传统价值观的坚定维护者,作为唯一就沈荩案问题直接通过外文报纸与西方文化对话的中国人,他试图从文化的层面来解释沈荩案,但他的声音相当微弱,未能改变中国政府和中国文化的形象,更难对苏报案产生影响。

(三)从沈荩案对苏报案的影响看相关学理

从诉讼法的角度来看,沈荩案对于苏报案的影响,有点类似于"诉讼事件"。所谓诉讼事件,是指不以人的意志为转移,能够引起诉讼上一定法律后果的客观情况。它通常是引起民事诉讼法律关系发生、变更和消灭的重要原因。只是"诉讼事件"是民诉中的一个概念,苏报案却为刑事诉讼案件。不过,沈荩案仍旧是引起案件诉讼法律关系发生、变更和消灭的客观性重要原因。这种影响很大程度源于英、美、法"遵循先例"原则对西方人思维的影响。

遵循先例原则,也称先例具有拘束力的原则,是在英美司法活动中发展起来的一项重要原则。其大意可以表述为,法官在对他审理的案件做出判决时,不仅要考虑到先例,即其他法官在已判案件中对与此相同或密切相关的问题做出的判决中所适用的原则,而且在一定条件下,他要受到已有判决的约束,接受并遵循特定先例所确定的原则,不管他个人是否赞同该原则。遵循先例原则在英、美、法中有着悠久的传统和重要的影响力,最终也推动了英、美判例法效力的形成。按照外人的思维,沈荩案与苏报案同为触犯清政府统治的政治案件,具有极大的类似性。沈荩案的处理对苏报案的判决会有极强的示范作用,如果交出苏报案被关押者,案件被引入中国官厅审判,等待章、邹等人的将是同样的命运——未经判决野蛮处死。

事实上,这样的假设又将问题引入上述关于会审公廨和中国传统衙门的讨论中。不过,正是在上述思维的影响下,以张之洞为首的清政府官员在沈荩案后放弃了对章、邹处以死刑的考虑,而是改行"监禁免死"的主张。早在苏报案案发之初,张之洞就明白对苏报案被关押者判处死刑是外人不能接受的,"以上海索交六犯,商办为难,属敝处商诸政府,在京设法。嗣探各使口气,皆虑交出后仍置重典,故不肯放松"①。沈荩惨遭处决更加坚定了张之洞对章、邹等人不能施加死刑的想法,同时为了打破引渡的僵局,他主动提出了"监禁免死"的动议,并由福开森转达给各国驻沪领事:"上海六犯英人独不愿交。近因沈克诚杖毙,各国皆不以为然,决不肯交。望饬福开森与各国婉商,此六犯若交出,皆只以监禁了事,决不办死罪,或可望允。"②

当然,我们也可以从司法过程的性质,或者更广阔的国家结构的角度来重新思考沈荩案与苏报案。

意大利法学家卡拉玛德雷睿智地指出,司法过程与国家结构存在紧密的关联。他还由此区分了威权国家与自由民主国家的司法过程,前者国家运用极权的司法过程,法官享有全部权力,把当

① 《光绪二十九年七月初五日内阁大学士张之洞致兼湖广总督端方电》,《苏报鼓吹革命清方档案》,中国史学会编:《辛亥革命》(第一册),上海人民出版社,1957年版,第435页。
② 《光绪二十九年六月三十日内阁大学士张之洞致兼湖广总督端方电》,《苏报鼓吹革命清方档案》,中国史学会编:《辛亥革命》(第一册),上海人民出版社,1957年版,第432页。

事人看作物，"他只看到一具无生命的客体，'他'的尘世命运早已写在法官心中，就像在宰杀前被屠夫称其重量的动物的命运一样"①。在这种司法条件下，法庭中只能听到主审法官的庄严宣判，被审人在他面前静静等待。相反，自由民主国家的司法过程反映着国家的自由民主架构。这种不同的国家结构也框定了司法过程的性质——在集权过程中，审判过程是由判决决定的，该判决在审判开始之前已经确定。在辩证过程中，判决是审判的结果，这个结果在审判结束之前是未知的。

毫无疑问，清代的司法属于前者。按照学者苏亦工的归纳，中国传统的法律体制不是一种服务于社会公共利益的管理体系，而是操纵于皇帝之中、通过官僚机器落实的单向控制体系，这种体系所依据的内在逻辑是一种否定式或禁止性的思维。② 所以说，当沈荩案发生时，一方面沈荩的死亡是注定了的，尽管促成他斩立决的原因存在争议，但似乎慈禧太后要他死，他就必须得死。另一方面，这也让外人再次看清了中国司法单向控制的特点，没有基于当事人的对抗，法官的意志就是一切。所谓司法只是单一意志的专断行为，进行审判，只是为给早已形成的判决提供假想的事后证明。这一点在上述分析中国传统司法办案一般思维路径时有所论及，用卡拉玛德雷的话来说就是："当事人在这里只是彩绘要素，用

---

① ［意］皮罗·卡拉玛德雷：《程序与民主》，翟小波等译，高等教育出版社，2005 年版，第 57 页。

② 苏亦工：《鸦片战争与近代中国法律文化冲突的由来》，载张生《中国法律近代化论集》，中国政法大学出版社，2002 年版，第 96 页。

以增强仪式的观赏效果。"①

更何况,在沈荩案中,刑部是否进行了庭审,都值得怀疑。目前只能从文献中查询到:"审明会匪沈荩即沈克诚,照章定拟,得旨,例不行刑,着即立毙杖下。"②而且从慈禧太后急于处死沈荩的行为来看,即便存在庭审过程,那至多也只是过场。因为沈荩被捕后,张之洞致电署湖广总督端方,命"密加询访,如确有识认沈克诚之人,迅速资遣来京,令其辨认,以别真伪"③。但在两天之后,清廷就判决了沈荩死罪。这种判决的速度,让人感到吃惊。对此,章士钊认为:"满政府之逮荩也,有必死之志也,故亦无取乎判案之确实。"④

(四)关于司法过程中偶然性的讨论

抛开这些探讨,再回溯到之前有关司法是一种变量之和的结论中。沈荩案带来的启示,似乎可以从中抽取出"司法过程中的偶然性"这一概念。

司法过程中的偶然性,从学术渊源上来讲,与前文提及的"司

---

① [意]皮罗·卡拉玛德雷:《程序与民主》,翟小波等译,高等教育出版社,2005 年版,第 57 页。

② 《清德宗实录》,华文书局,1970 年版,第 840 页。

③ 《光绪二十九年六月初五日内阁大学士张之洞致兼湖广总督端方电》,《唐才常汉口起义清方档案》,中国史学会编:《辛亥革命》(第一册),上海人民出版社,1957 年版,第 278 页。

④ 黄中黄:《沈荩》,中国史学会编:《辛亥革命》(第一册),上海人民出版社,1957 年版,第 303 页。

法是一种变量之和"的结论一致，只是角度不同。一个关注结局，一个关注变量。同时，"司法是一种变量之和"强调个案之中的变量，甚至关键性变量的细节都有可能影响司法的最终裁决，也即司法的结果有时候是非逻辑的，是充满变数的，一个偶然的细节或变数都可能导致裁决的完全不同。这种"偶然的细节或变数"往往与个案直接相关，但"司法过程中的偶然性"不仅包括前述的"偶然的细节或变数"，甚至还强调这种偶然性很可能是与案情没有直接关系的案外因素。

这恰如西方法律写实主义的一句名言：法官的一次不愉快的早餐都会影响判决。此处"不愉快的早餐"就是"司法过程中的偶然性"，它发生在司法过程之外，但影响却在司法过程之中。在很大程度上，这种偶然性是非预见性的。它可以发生在司法过程内外的任何一个环节，是一种非确定性的影响司法的变量。

当然，要警惕的是，偶然性的影响概率及强弱要视具体情况而定，不能一概而论，更不能否认司法过程的确定性，否认司法是一种规则之治，把司法看作偶然现象的堆积，或者司法人员的随意性产物。

司法过程中的偶然性，并不是一个生造的概念。黑格尔在《法哲学原理》就有所提及："法律和司法包含着偶然性，这本质上是它们的一个方面。其所以如此，乃由于法律是应适用于个别事件的一种普遍规定。如果有人表示要反对这种偶然性，那他是在谈一种抽象的东西。"[1]只不过如前所述，"司法过程中的偶然性"强调

---

① ［德］黑格尔：《法哲学原理》，范扬等译，商务印书馆，1961年版，第223页。

了与案情没有直接关系的、发生在司法过程之外但是影响却在司法过程之中的因素,而黑格尔眼中的"偶然性"只是法律适用于司法实践中具体个案有所差异的一种表征。

在法学理论的研究中,司法过程中的偶然性通常被忽略,这并非由于学者对司法历史和实践不甚了解,或者熟视无睹。冒昧地揣测,这应该是一种刻意的回避。这大抵是因为必须强调司法过程的确定性,这样既维护司法权威、法制稳定,更赋予了大众对司法的可期待性,否则法治将无从被信仰。因为"法律不仅是一种规则体系,同时必然是一种意义体系"①。面对纠纷解决,大众通常存在着有意识的选择过程,会按照经济人的思维来寻求利益的最大化,这也是司法被选择的目的动机,而如若司法过程中的偶然性一再被突出,对法治的信与不信就自然成为一对紧张关系。信还是不信,甚至决定了司法究竟是司法还是不算司法,甚至不被当作司法。

沈荩案中,还有一种流行的观点认为,当时革命形势高涨,清廷原本打算借苏报案杀一儆百,但因为引渡颇费周折,"清政府既逆料其野蛮之行为必难如愿,而积怒愈深……而激怒愈深,故无端而产沈荩之狱"②。即沈荩案是因苏报案引发的,反过来又影响了苏报案。"以未得六人而甘,故借沈荩等而泄恨,迨私恨既泄,而适

---

① 许章润等,《法律信仰——中国语境及其意义》,广西师范大学出版社,2003 年版,编者说明第 2 页。
② 《苏报案》,《辛亥革命前十年间时论选集》(第一卷下册),三联出版社,1960 年版,第 777 页。

足动外人之观念,遂反为六人之续命金丹。"①考证下来,尽管这一观点尚待商榷,也是孤证,甚至有点因果倒置的意味,但也有着存在的可能性。而在更广阔的层面,沈荩案和苏报案,无论是谁先影响谁,这个并不重要。重要的是,沈荩案与苏报案在案情上并无交叉,是两个独立的案件,但沈荩案的余波,却深深地勾连着苏报案的司法进程,最终使清政府引渡的幻想破灭,催使苏报案在会审公廨的审理。

三、庭外因素:如果没有媒体的报道?

苏报案,从个体案件成为公共事件,再演变为著名事件,一个重要的途径就是媒体的广泛报道。一方面,苏报案中的诸多元素契合新闻价值的需求,使得苏报案成为当时媒体议程设置中的重要内容,进而成为媒体、政治和大众关注的焦点;另一方面,媒体的报道又夹杂了政治、社会、文化等关注和评判因素,加剧了案件的冲突,推动了苏报案的发展,使得司法与传媒的关系变得十分紧密。

或许是由于庭审新闻天然的冲突性和戏剧性,自中国现代报纸诞生之初,有关诉讼庭审的报道就一直是媒体关注的重点。如近代著名的杨乃武与小白菜案,就吸引了《申报》长达四年的持续关注。由于《申报》发行量大,流传面广,其报道很快使原来仅限于

---

① 《苏报案》,《辛亥革命前十年间时论选集》(第一卷下册),三联出版社,1960年版,第779页。

浙江当地民众和部分官员知晓的案件公诸天下,引起了社会的广泛关注。当代诸多有关该案的研究,其素材也多来源于《申报》的报道。① 对于该案,《申报》除了及时转引《京报》披露的上谕、奏折等公文,前后还陆续发表了 40 余篇报道和评论。令人称道的是,除了对新闻事实的披露,《申报》的目光已超越了一个单纯的案件,更以此案为契机,推动中国司法变革的深意。比如,不少报道以西方国家的审案方式做对照,对中国官方习以为常的秘密审讯进行了批评,认为"缘审断民案,应许众民入堂听讯,众疑既可释,而问官又有制于公论"②"惜乎审办此案,仍然秘密而不令人观瞻,上难副朝廷秉公为民之深忧,下难解浙省旁观众人之疑惑。……谣议又将大起矣。何也,因其秘密而不使人皆知也"③,"吾因此案不禁有感于西法也。西国之讯案有陪审之多人,有代审之状师,有听审之报馆,有看审之万民"④。可以说,《申报》在无意或有意中引入的公开审理、陪审团、律师、记者旁听、民众旁听等现代法治概念名词,表明了当时法治思想的一种萌芽和冲突,而经过大众媒体的传播,必然成为国家近代司法转型的孕育剂和催化剂。

(一)聚焦苏报案的媒体

相比之下,在苏报案发生的 1903 年,中国新闻事业已经得到迅

---

① 如陆永棣《1877 年帝国司法的回光返照——晚清冤狱中的杨乃武案》,法律出版社,2006 年版。
② 《再论浙绅公禀事》,《申报》,1876 年 2 月 9 日。
③ 《论复审余杭絮》,《申报》,1875 年 8 月 14 日。
④ 阅尽沧桑人:《书浙江清绅公呈后》,《申报》,1876 年 2 月 11 日。

猛发展,涌现出大批形形色色的报纸,国外媒体在华也多有通讯机构或派驻记者。正是他们的介入,使得苏报案能够超越一隅,成为国际舆论关注的内容,成为讨论中国政治、文明,特别是中国司法的一次机遇。

经检索,目前初步发现中外参与报道苏报案的媒体有 40 多家。其中,外文报纸中,《泰晤士报》关于苏报案报道评论共 37 篇、《纽约时报》23 篇、《洛杉矶时报》11 篇、《字林西报》11 篇、《华盛顿邮报》10 篇、《文汇西报》9 篇、《上海泰晤士报》8 篇、《中法新汇报》8 篇。① 甚至连很多新闻人不熟悉的 *Altamont Enterprise*(《阿尔塔蒙特企业报》,美国)、*Morning Oregonian*(《俄勒冈州晨报》,美国)、*Le Temps*(《时报》,法国)、*The Straits Times*(《海峡时报》,新加坡)、*Singapore Free Press*(《新加坡自由新闻》,新加坡)、*The Sydney Morning Herald*(《悉尼先驱晨报》,澳大利亚)都对此有所报道。中文报纸除大量转引外文报纸的报道,自己也采写配发了大量的新闻,并且,由于诸多报纸的立场、风格不同,对苏报案的解读和评析也有所不同,但一致的是,他们都对苏报案的进程产生了影响。

前一节着重阐述的沈荩案引发的舆论影响就是最典型的佐证。当时英国外交部正在就中国政府要求引渡苏报案被关押者一事征求国内皇家法院的意见,外交大臣蓝斯唐倾向于在不实施酷刑的条件下交出被关押者,但《泰晤士报》关于沈荩的惨死和沈荩

---

① 对于外文报纸参与苏报案的报道,有一点值得补充:很多情况下,当时的中国记者喜欢先通过一定的渠道将新闻信息透露给外文报纸,再翻译过来引用登载,以避免被清政府追究责任。此处的有关数据来源于王敏《苏报案研究》,上海人民出版社,2010 年版,第 116—117 页。

案在中国引起的反应等报道引起了英国议员的注意。8月4日和5日,分别有议员在下议院听证会上就苏报案被关押者的移交问题提出询问,这也直接促使英国内阁在8月5日宣布英国政府拒绝清政府的要求。

有关苏报案的报道中,及时是首要的特点。及时性是新闻之所以为新闻的重要原则。6月29日,也就是巡捕开始搜捕革命党人的当天,《申报》就发表了《饬查叛党》的新闻,赫然载明朝廷要在上海租界严密查拿爱国学社内"猖狂悖谬,形同叛逆"之"不逞之徒"的密电。苏报案发生的第三天,远在英国的《泰晤士报》就发表了题为《政府与改革者》("The government and the reform party")的通讯员文章,主要论述了中国保守势力镇压革命党、《苏报》主笔及职员被捕等内容,第一次提及了《苏报》。可见,中外报纸几乎都是在第一时间就关注了苏报案。

持续性跟踪报道也是苏报案相关报道的重要特点,这也是全面展现事件进展和动态的要求。对于苏报案的跟踪报道,诸多报纸可以用"不遗余力"来形容。如《中外日报》在1903年七、八、九三个月转引外文报纸关于苏报案的报道就有近40条。《国民日日报》在1903年八、九两个月期间转引外文报纸关于苏报案的报道就有近30条。《申报》前后共发表《饬查叛党》《会党成禽》《会党自首》《四讯革命党案》《党魁移禁》等10多篇报道,贯穿整个事件始终，甚至对章、邹二人患病，①何时重新开庭②等细微消息都给予了关注。《泰晤士报》前后关于苏报案的报道评论也达 37 篇，时间自 1903 年 5 月一直到 1904 年 5 月，可谓"有始有终"。

（二）中文报纸的不同表现

苏报案相关报道最大的特点，就是众口交腾、意见纷纭，这也从侧面展示了当时社会转型背景下各种思潮激荡交错的场景。

是时，上海的老牌《申报》完全站在清政府的立场上，对章、邹等人持讨伐态度，抨击革命党，这在《申报》的诸多报道中都有反映。这种表现与当时《申报》主笔黄协埙厌恶西学、思想守旧的立场有直接关系。戊戌政变后，黄协埙完全站在慈禧太后的一边，著文批判"康梁邪说"。到 1903 年前后革命风潮和学生运动风起云涌的时候，《申报》更是对其大加鞭挞。6 月 22 日刊发的《奴隶篇》，指出爱国学社这样险恶的用心必然会落得与张献忠、李自成、唐才常等"匪患"一样的下场，"噫！献闯即甚猖狂，不久即膺天讨，唐邓阴谋甫露，已肆市曹，彼何人？斯特庸懦书呆耳，而乃诩诩然曰：驱胡族，灭清人以免二百数十年来为外人之奴隶，试问能乎？

---

① "日前革命党邹容、章炳麟二人，在福州路老巡捕房押所忽患红痧，经西医验明，送至虹口司考脱路工部局病房医疗，并由捕头派令三画西捕二名，各带火枪，日夜轮流看守。"《党人患病》，《申报》，1903 年 10 月 4 日。

② "革命党渠魁邹容、章炳麟等人，拘捕英界捕房已经数月，大宪本订于下礼拜一，即本月十二日（11 月 30 日），饬上海县主汪瑶庭大令莅英、美等国公共租界公堂，会同臧员邓鸣谦司马，及英总领事署迪翻译官推鞫。兹因是日别有要公，已迟至下礼拜四，即本月十五日（12 月 3 日），提案讯供矣。"《改期会鞫》，《申报》，1903 年 11 月 29 日。

不能乎？有不陨首法场步武献闽唐邓诸巨憝者乎？"①同时批判留学生们忘恩负义，愧对朝廷的培育之恩："所可恶者，既受主人豢养之恩，而日以谋叛其主人，图弑其主人为事，则真恶奴贱隶狗彘不食其余者矣。"②

苏报案案发后，除连续报道事件进程外，在清政府以苏报案被关押者是国事犯为由要求引渡时，《申报》也一知半解地认为章、邹等人"与国事犯有殊"，实质上是"忤逆不孝者"。③ 其完全从封建纲常的角度来看待案件，自以为是地认为工部局定会明辨是非，不会庇护案犯。八月初，还特刊发《爱国忠君说》："今天下有创为爱国社者矣，有结为爱国党者矣，有著为爱国篇爱国论者矣，议论激昂，乍聆之，一若真赤心为国也者，及徐而考其宗旨，则嚣嚣然，扰扰然，曰我将借以行革命之事也，我将因以遂易代之谋也，我欲保国土之不凌夷，不得不亟图灭清排满也。"④指出爱国学社名为爱国，实为犯上作乱，意图不轨。而对之前引得舆论蜂起的沈荩案，《申报》既不报道，亦不评论，更不转引其他报纸的相关内容。而从时局来看，《申报》倡导的忠君、卫君、爱国论调，与当时日益开化的风气不相符合，黄协埙的一味守旧更是让《申报》声誉倍跌。即便《申报》长篇大论地为政府说话，但旧传统的忠实卫道士最终并没有得到认可，金鼎在向梁鼎芬汇报时，就提到《申报》"素以守旧，为

---

① 《奴隶篇》,《申报》,1903 年 6 月 22 日。
② 《奴隶篇》,《申报》,1903 年 6 月 22 日。
③ 《保护说》,《申报》,1903 年 7 月 9 日。
④ 《爱国忠君说》,《申报》,1903 年 8 月 3 日。

人所恶,故其言亦不足重"①。可以想象,《申报》对苏报案最终判决的影响并不大。

《新闻报》对苏报案的报道可以用戏剧性来形容。在苏报案案发之前,《新闻报》接二连三发表论说,批判政府、痛陈时局,指出导致革命党人和革命思想趁机而起的原因正是政府的无能与黑暗。苏报案案发之时,又发表《论革命党》,笔锋突转,将批判的矛头对准章、邹等人,对其大加嘲笑。沈荩案发后,《新闻报》又回归原先立场,认为政府处置不当:"夫政府之拿获章邹谓之除逆党,政府之拿获沈克诚,咸谓之翻旧案。非不可翻,特宽政之上谕煌煌在人耳目,故无论旧案,已许人自新,即未尝许人自新,但使其人实已大改从前之所为,则亦既往不咎,故即康梁回国,亦可不加之罪,而况沈克诚之案乎?"同时对沈荩、章炳麟、邹容表示同情:"乃上海方在办交犯之案,而北京忽插入沈克诚一案,同时并举,于是天下以冤沈者转而冤章邹二人。"②但尽管如此,《新闻报》的立场仅限于批判政府,绝不颂扬革命党,分寸把握得当。

《新闻报》言论突然变化的直接原因是一度被官方操纵。苏报案发生后,为争取在舆论上的主动,推动案犯的引渡,端方指示:"申报及中外日报,能为运动,使之助力尤好。"③但他最终选择《新闻报》的直接原因是《新闻报》的幕后老板福开森一直为端方所倚

---

① 《金鼎致梁鼎芬书》,《近代史资料》,1956 年第 3 期。
② 《公信失则人心失说》,《新闻报》,1903 年 8 月 13 日。
③ 《光绪二十九年六月三十日内阁大学士张之洞致兼湖广总督端方电》,《苏报鼓吹革命清方档案》,中国史学会编:《辛亥革命》(第一册),上海人民出版社,1957 年版,第 452 页。

重,也是袁树勋与领事和工部局之间交涉的重要的斡旋者。《新闻报》主笔金煦生是端方亲信金鼎的弟弟,又是福开森的学生。于是,《新闻报》遂有《论革命党》一文发表。更值得注意的是,《论革命党》不是一般的报纸论说,而是政府策划的一个圈套,目的是搜集更多章炳麟、邹容和《苏报》的反清革命言论作为指控的证据。因为当时章炳麟的《訄书》《驳康有为论革命书》和《革命军序》中直接明确的排满革命言论并不多。《论革命党》在这种背景下发表,完全以挑衅口吻点名攻击章、邹等。狱中的章炳麟果然被激怒,一鼓作气写出《狱中答新闻报》发表在 7 月 6 日的《苏报》上,文中遍布"仇满""排满"字样,果然中了政府的阴谋。不过,作为一份商业性质的报纸,《新闻报》最终还是回归到原先的立场。推测起来,这很大程度上与该报经理汪汉溪奉行的"经济独立,不接受津贴"原则有关。

中文报纸中,对苏报案比较关注的还有《中外日报》《国民日日报》《华字日报》等,三者的表现和态度也与前两者不尽相同。

《中外日报》之前就与《苏报》有隙,这与它坚持维新的立场有关。不过,苏报案发生之后,《中外日报》并未落井下石,而是持一种局外中立的姿态,既批评政府不应该采取镇压政策:"即如《苏报》与《革命军》,向不见重于社会,不知其名者颇多,即知之者亦无暇一览,西人更未齿及。自此案出,乃人人欲索而观之,日来外埠之来申觅此者甚众,而西人亦争译以去,是不啻国家为之登求售之告白也。"①又批评革命党人有诸多缺点,如有宗旨而无方法,有议

---

① 《论政府当求消化乱党之法》,《中外日报》,1903 年 7 月 30 日。

论而无心志,只会空言革命,流无益之血等,认为革命党没有前途。① 《国民日日报》在苏报案上持有鲜明的立场,即颂扬革命,塑造章、邹等人的反清英雄形象,同时讽刺政府,指责政府腐败无能。《国民日日报》的另一个特点就是大量转译外文报纸的内容,据统计,前后共有 30 多篇,大部分都是支持革命党或者有利于革命党的内容,指出苏报案的被关押者是中国推翻野蛮政府的有志之士。"中国有志之士观政府之日非,不利己也,亦摧陷之而靡己,两者相持不下,使吾文明各国不能助志士之力,而令野蛮政府仍立于天地间,是吾人之所耻也。"② 《中外日报》与《国民日日报》表现的差异与报纸主持者的身份差异密切相关。《中外日报》的主持人汪康年属于资产阶级改良派,而《国民日日报》名义上是一份外商报纸,实际上是革命党在上海办的报纸,被称为"《苏报》第二",背后有章士钊、张继、苏曼殊、柳亚子等人。相比上海本地中文报纸都有代表性的态度或观点,身处香港的《华字日报》则类似于一个公共论坛,守旧保皇、赞扬革命等各种言论都能在其中觅得踪影。

(三)外文报纸的一致批评

与中文报纸众口交错不同,外文报纸几乎是众口一词地指责清政府,抨击清政府的所作所为。

他们一是批评清政府保守,认为苏报案与沈荩案都是对改革

---

① 《论新党之将来》,《中外日报》,1903 年 9 月 30 日。
② 《论苏报》,《国民日日报》,1903 年 9 月 15 日。

力量的镇压。《纽约时报》报道沈荩案时就称"沈荩是一个不屈不挠的改革者"①，"慈禧太后下令处死沈荩是为了威慑改革者"②；《泰晤士报》称苏报案被关押者为"改革者"或者"主张改革的新闻记者"③；《纽约时报》称章炳麟等人为"中国的改革者"④，或称之为中国的"自由主义者"⑤。

二是指责当时中国司法制度落后野蛮，认为慈禧太后仍旧是一个暴君。《字林西报》认为沈荩案完全就是北京官方的野蛮谋杀，体现了中国司法制度的滞后，更显现出"慈禧太后还是那个1898 年未经审讯就处决六君子的慈禧太后，还是在 1900 年参与除掉在华外国人的阴谋并将忠于她的大臣处决的慈禧太后"⑥。莫理循也指出："老太后的令人难以置信的愚蠢，使沈克诚（沈荩）被乱棍打死，引起了满洲人的很大惊恐……"⑦《纽约时报》称慈禧是旧式的篡位者、暴君，是对残酷暴行有特别嗜好的恶女人，是希腊神话中的怪兽鹰身女妖。⑧

三是反对移交苏报案的被关押者，声称人权高于主权，中国的落后使得它不配与西方文明国家对等。"让我们面对这样一个事

---

① "Shen A Strenuous reformer, " *The New York Times*, Aug.19, 1903.

② "Chinese Editor Torture, " *The New York Times*, Aug.2, 1903.

③ "Government and the Reformer Party, " *The Times*, July.1, 1903.

④ "Trying to Suppress Chinese Reformers—Importance of the Supao Newspapaer Case, " *The New York Times*, July.23, 1903.

⑤ "Chinese Liberals Terrified, " *The New York Times*, Aug.23, 1903.

⑥ "The Barbarous Official Murder at Peking, " *N.C.Daily News*, Aug.11, 1903.

⑦ ［澳］莫理循：《清末民初政情内幕》，［澳］骆惠敏编，刘桂梁等译，知识出版社，1986 年版，第 280 页。

⑧ "The Chinese Reformers, " *The New York Times*, Aug.6, 1903.

实,中国政府不是一个文明的政府,它的腐败臭名昭著,欧洲各国在条约或者待遇上没有将它作为一个平等的对象。我们之所以强调治外法权就是要承认这样的事实——中国的法律和司法系统仍是野蛮的——这在苏报案中也极其重要。"①"为什么在山东、满洲、蒙古和其他地方,中国的主权根本不被当回事,但在租界,中国的主权却成了忽略正义和公平传统的充足理由?从什么时候开始不损害中国政府的尊严和权威成为欧洲各国的关怀对象?"②《泰晤士报》甚至直接呼吁各国支持英国在苏报案上的态度:"事实上如果法国人民同意吕班公使的意见,或者美国人民支持康格公使,即使是最有保留的外交辞令,我们都会感到异常地惊讶。正相反,我们相信世界上最古老的和最年轻的共和国的居民一旦了解苏报案事件的真相,就会真正地支持英国政府和意大利公使。毫无疑问,日本也会采取同样的行动策略,当奥地利发表意见时,相信他会站在起码的正义和公平的一边。"③

　　外文报纸的报道立场,毫不掩饰它们的西方文化价值中心,对清朝政府的行为不屑一顾,同时又极力维护他们的在华利益,认为一旦释放苏报案的被关押者,苏报案将会成为清朝政府冲击租界权力的缺口。"不久以前我们提到,中国政府起诉在《苏报》上发表文章的作者,真正目的是确保对有问题的报纸的镇压,进而形成一个先例。在租界,中国人被认为受到保护而免于被中国官员起诉,如果道台可以镇压租界里令人讨厌的报纸,那么内地的反动官员

① "The Supao Case," *N.C.Daily News*, July.27, 1903.

② "The Supao Case," *N.C.Daily News*, July.27, 1903.

③ "The Prime Minister," *The Times*, Aug.6, 1903.

就会利用这个先例以加强他们的力量。"①即便是后来外方做出让步,让汪懋琨作为清政府更高级别的官员参与会审公廨的审判,"公共租界当局希望这只是一个临时的安排,不构成先例"②,直接言明列强对司法管辖权的坚决态度。法国《时报》更是直言:"我们(西方国家)绝不能在远东地区再以牺牲人道主义来继续我们西方文明的影响,我们在东方国家已为此付出了巨大的代价","绝不能轻易地在我们统治的领土上让出特权,因为这将被视为软弱的标志,那样不仅有损于列强的声望,而且还会使当地政府对我们产生蔑视"。③

(四)中外政府对舆论的关注

外文报纸对苏报案的报道,很大程度是由当时驻华记者和通讯员的立场决定的。

其中必须提及的两个人,一个是濮兰德,一个是莫理循。前者是《泰晤士报》驻沪通讯员,同时担任上海英租界工部局秘书长,向来对清政府"不感冒"。此前就曾经帮助过躲进租界的康有为逃避清政府的追捕,并派船一直护送康到达香港。莫理循的身份是《泰晤士报》驻京记者,其影响力被称为"一篇报道胜过朝廷的十份奏

① "The Supao Case," *N.C.Daily News*, July 8, 1903.
② [澳]莫理循:《清末民初政情内幕》,[澳]骆惠敏编,刘桂梁等译,知识出版社,1986 年版,第 285 页。
③ M. A. E., Correspondance Politique et Commerciale, Nouvelle série, Chine (1897-1918), volume 122, Bulletin del' étranger, Chine, Le Temps du 1er août 1903[B], 2 août 1903, p.104.

折"。现在的北京王府井大街在中华人民共和国成立前就一直被使馆界和来华外国人称作"莫理循大街"。他是最早向西方报道义和团围困外国公使馆消息的记者,对中国政治上层和远东局势极为了解,与近代中国和北京的关系极为密切,被西方人称为"北京的莫理循",直接影响着西方国家的对华态度。

在苏报案中,两人一南一北,遥相呼应,共同反对交出苏报案被关押者。在莫理循致濮兰德的信中,他甚至认为濮兰德应该发挥自己的优势,毫无必要与其他列强协商苏报案的处理:"我向上帝祈求,希望你不要示弱,要迫使英国政府支持你。"对于英国公使萨道义,他直接建言:"我们英国是在上海居于统治地位的国家,应该显示我们的实力,而不应该总是让步。"①由此也可见,作为记者的莫理循,其言论和观点都深刻地影响到上海租界工部局和英国驻华使馆的官员。同时他们的报道也引起英国本土官员的关注,这在沈荩案中已有论述。

同样,美国政府也非常关注舆论。美国驻沪总领事古纳一直很关注上海本地公众舆论的反应,随时向美国驻华公使康格汇报。如在7月9日给康格的信中说:"据我们所知,公众舆论认为与《苏报》有关系的人应该受到惩罚,但是极力反对将他们带出公共租界,因为一旦在租界之外审理,他们非常可能会被草率处决。如果根据清政府的坚决要求,公使团将这些人交给中国当局的话,我估

----

① [澳]莫理循:《清末民初政情内幕》,[澳]骆惠敏编,刘佳楝等译,知识出版社,1986年版,第289页。

计那会非常麻烦。"①他在 7 月 14 日给国务院的电报中也提及:"中
国政府说被关押者有罪,要求公使指示领事命令工部局将被关押
者移交中国政府惩办。人犯关押在工部局监狱。公众舆论强烈反
对将被关押者移交给中国政府不经审判即处决。"②在 7 月 25 日给
康格的汇报中,古纳又提到了上海本地报纸,特别是《上海泰晤士
报》和《华北捷报》反对引渡的态度十分坚决。③ 沈荩案发生后,国
际舆论一致谴责清政府,美国国内报纸《纽约时报》《洛杉矶时报》
等也指责美国政府在苏报案中的立场。这样的舆论环境决定了最
初态度模棱两可的美国政府是不会在一片人道主义谴责声中逆势
而行的。

尽管没有证据直接表明中文报纸的报道引起了政府态度和措
施的改变,但新闻报道这种现代化的信息流动方式还是引起了清
朝官员的注意。

苏报案发生后,端方就非常重视沪上舆论,要求被专门派往上
海的探员志赞希、赵竹君、金鼎等人关注上海报纸的言论动向,随

---

① 1903 年 7 月 9 日古纳致康格的信函,Despatches from United States Consuls in Shang-
hai(1847-1906),Volume 49。
② 1903 年 7 月 14 日古纳致美国助理国务卿皮尔斯的信函,Despatches from United
States Consuls in Shanghai(1847-1906),Volume 49。
③ "要求引渡这几个中国人的消息泄露出去后,《上海泰晤士报》和《北华捷报》的评
论十分激烈,如果驻华公使们决定移交,他们甚至支持拒绝。"参见 1903 年 7 月 25
日古纳致康格的信函,Despatches from United States Consuls in Shanghai(1847-
1906),Volume 49。

时汇报"各报馆议论如何"①，并提出了"运动"《新闻报》或者《中外日报》的想法。后者则奉命持续监控各报的舆论立场："申报持论甚正，新闻亦然，中外报不易化导。"②同时"命令律师将《苏报》和《革命军》诸谬说译成英文，登于《字林西报》，俾众咸知其谬"③。不久后，端方又秘密联络《新闻报》的幕后老板福开森并转主笔金煦生，要求明确"六犯皆系中国著名痞匪，竟敢造言污毁皇室，妨害国家安宁，与国事犯绝不相同，务将此义著为论说，登诸报端"，认为"该犯已干众怒，此报一出，众论翕然，不必游移"。④ 对于金煦生在组织舆论上的积极表现，端方也专门发电表示嘉奖："此事深倚大才，为国出力，拿获逆党，金令世和，竭力相助，均甚感佩。"⑤在章炳麟《狱中答新闻报》发表后，金鼎得意地说："新闻报论革命党用讽激之法，逆党果中计。有闰五月十二日答说一篇亲供，宛然自认。"⑥这也让我们看到，清政府对媒体，从单方面地密切关注走向了策略性地利用，进一步加强了与司法外因素的联系。

---

① 《光绪二十九年闰五月十三日兼湖广总督端方致探员志赞希赵竹君电》，《苏报鼓吹革命清方档案》，中国史学会编：《辛亥革命》（第一册），上海人民出版社 1957 年版，第 454 页。

② 《光绪二十九年闰五月十三日探员志赞希赵竹君致兼湖广总督端方电》，《苏报鼓吹革命清方档案》，中国史学会编：《辛亥革命》（第一册），上海人民出版社 1957 年版，第 414 页。

③ 王彦威纂辑：《清季外交史料》卷一七三，书目文献出版社，1987 年版，第 5—6 页。

④ 《光绪二十九年闰五月十二日兼湖广总督端方致福开森转金煦日电》，《苏报鼓吹革命清方档案》，中国史学会编：《辛亥革命》（第一册），上海人民出版社 1957 年版，第 453 页。

⑤ 《光绪二十九年闰五月十七日兼湖广总督端方致福开森电》，《苏报鼓吹革命清方档案》，中国史学会编：《辛亥革命》（第一册），上海人民出版社 1957 年版，第 457 页。

⑥ 《金鼎致梁鼎芬书》，《近代史资料》，1956 年第 3 期。

　　同时,我们还必须看到,中文报纸连篇累牍的报道,也让普通民众知晓了苏报案的发生,听说了革命排满的改革诉求,扩大了革命影响。① 而其最直接的影响还是在对本案的司法判决上,被告律师琼斯就指出:"此案东西各国均已知之,现在定案时,各国亦莫不留意,须请堂上照公法判断,不能凭政府之意。"②试图以舆论的影响来制衡审判,防止主审法官恣意妄断。

　　从现代司法与传媒的关系来说,传媒对于司法的报道,必须恪守公正与平衡的态度,并且必须保证不能影响司法裁判的过程与结果。但在当时,这些报道差不多都是具有特定立场的,报纸背后的主持力量决定了新闻的言论倾向,其传播效果对司法的影响没有被媒体考虑在内,有的报道甚至就是为了对司法产生影响。这种情况,与当时中国和租界没有新闻法律法规有关,与苏报案背后各种力量的角逐有关,更与传媒同司法的天然密切性关系相连。试问当下哪一件轰动性司法个案,没有媒体的参与? 而深入思考传媒与司法的关系,也成为当代法学研究的重要课题之一。

---

① 比较典型的总结是:1."这件轰动一时的案件,通过国内外新闻传媒的广泛报道,扩大了影响,让更多的中国人懂得了革命道理。这种结局是清朝统治者没有预料到的。"参见童之侠《中国国际新闻传播史》,中国传媒大学出版社,2007 年版,第 108 页。2."这件轰动一时的案件,通过国内外新闻传媒的广泛报道,反而极大地扩大了革命的影响,让更多的中国人懂得了中国必须革命的道理。"参见龚德才《中国新闻事业史》,湖南师范大学出版社,1997 年版,第 98 页。
② 《三讯革命党案》,《申报》,1903 年 12 月 6 日。

四、苏报案:政治的还是司法的产物?

要对苏报案做政治或者司法的区分,并不是一件容易的事情。这在很大程度上是因为苏报案自始至终都贯穿了政治和司法的因子,很难厘清两者错综复杂的关系。

(一)苏报案:从司法内到司法外

从司法的角度来看,苏报案是一个典型的司法个案。在会审公廨这一有别于传统中国衙门的审判机构中,偌大的清政府作为原告方起诉苏报案被关押者;案件前后多次会审,双方各聘律师;从幕后合议到当庭宣判,从证人作证到举证责任分配,从罪名指控到法庭抗辩,从羁押时限到司法程序,从法律适用到最终改判"邹容监禁二年,章炳麟监禁三年,罚作苦工,以示炯戒",苏报案可谓具备现代司法的一切内容。

但"司法的独特性质及其对社会生活的直接介入,很容易使自己处在社会矛盾和冲突的中心,它所处理的事项扭结着社会政治的、经济的、外交的、文化的、道德的、民族的等等各种复杂的关系和利益……正是因为司法处在这样一个特殊的社会结构之点上,它在影响社会生活的同时,也为各种社会力量影响法律活动洞开了门扉。"[1]显然,苏报案在前后接近一年的过程中,时刻都陷在社

---

[1] 舒国滢:《从司法的广场化到司法的剧场化——一个符号学的视角》,《政法论坛》,1999年第3期。

会政治的、经济的、外交的、文化的等各种复杂的关系网络和利益漩涡中。苏报案因政治力量的对抗肇始，清政府意图严惩爱国学社和《苏报》背后的革命新党，以儆效尤，只是因为地域的限制，政府的这种政治的意愿才必须以司法裁判的形式完成，且必须在租界会审公廨——一个由外国人掌控的非中国传统的司法机构中进行。

在此，不妨节录庄和灏先生的一段总结："不得不接受的一个事实是，作为'苏报案'之始作俑者，清政府其实只是一个'配角'，因为自鸦片战争以来，各列强在中国开埠城市所辟出的租界地以及不断扩展的领事裁判权等等，实际上已基本剥夺了清政府对治下领土所享有的绝对国家主权及相关权利，所以上海公共租界的工部局和英国政府可以毫无顾忌地面对清政府的种种合法合情的据理力争。更何况历经了八国联军洗劫之后的清政府，此时更像是唯求在列强纷争下自保的小朝廷，尽管这一衰败王朝犹如其垂垂老矣的铁腕统治者慈禧，仍似乎再欲挣扎，因为面对甲午惨败的民族觉醒以及百日维新的无果而终，民心倒戈革命与社会力主变革等诸多问题的集中大爆发，使得风雨飘摇的清政府继太平天国农民起义之后再一次有了惶惶不可终日的危机感，而这一危机的根源之一正是国民国家认同感的分崩离析。为此，清政府采取了比以往更为积极的姿态意图重建原有的国家认同，即清政府是中国唯一合法的国家代表。所以'苏报案'伊始，清政府便主动介入交涉，希望通过成功引渡革命党人以及积极融入国际体系的这一系列举动，从而重拾国民的信任。然而事与愿违，作为传统世界秩序的局外人——没落的清政府实际上根本无力为它的任何维权主张,比如'苏报案'所涉及的人犯引渡其实是一次中国司法主权的合理伸张,即便当清政府引用国际法之惯例,然而在'世界规则'的制定者——列强看来,不过一形式耳。"①

(二)苏报案:与外交、经济、文化的密切相关

然而,在苏报案的整个过程中,清政府无论是中央还是地方都可谓不遗余力。外交方面,清方一直认为:"袁(树勋)道谓内恃宫保(张之洞)在京主持。福(开森)云须视外部与京使接洽消息等语……无如工部局违约占权,跋扈已久,势非律师申辩所能就范。反复以观,必得外部与京使切实妥商,始易措办。"②

上海道台袁树勋不仅主动参与工部局会议,要求引渡,而且积极联系各国驻沪领事:"日前汪道嘉棠由沪回宁,及袁道迭电,俱述拿犯封报一案,深赖贵总领事力赞助,本大臣实深感荷。惟工部局尚未将犯交出,于条约章程俱有未符。查各国条约均经载明,如中国人犯潜匿口岸各国船中、屋中,经中国照会,即行交出,不得稍有祖庇。两国立约,原所以理交涉,约载既有明文,彼此均应遵守,况章、邹等犯所认之供及苏报悖逆之据,均由沪道宣示,为贵总领事早已洞悉。大凡匪徒作乱,莫不各借事由,现在到处皆有伏莽,若不将该犯等惩办,势必群起效尤,祸害无穷,中外共受其害。是

① 庄和灏:《从法国档案审视清末国家认同的重建——以"苏报案"交涉为例》,《贵州文史丛刊》,2014年第3期。

② 《光绪二十九年六月初一日知府金鼎致兼湖广总督端方电》,《苏报鼓吹革命清方档案》,中国史学会编:《辛亥革命》(第一册),上海人民出版社1957年版,第430页。

此事按诸约章、情势，必应交归中国惩办，方足以遏乱萌而靖地方。本大臣与贵总领事一方共事，遇事必当和衷共济，以期保此公安。务望转向工部局切实开导，将犯交出，俾符约章而敦睦谊。"①

同时外务部还积极联系驻英公使张德彝、驻美公使梁诚等人："上海租界商拿革命党并封苏报馆一案，所获六犯工部局不肯交出，各领意见不同，有请示各政府之说，已由南洋大臣详电，奏达本部函商英署使、美使。据复已报本国政府，语涉推宕。复函该犯等诬谤皇室，妨害治安，与国事犯不同，按照约章，应交归中国自办，中美素敦睦谊，必不任其扰乱大局，希即切商外部，饬将各犯交出自办为要。"②

袁树勋也提出，"电请外部分电出使大臣，执美约十八条、英约廿一条、并租界设官章程、向彼政府再商"③。魏光焘甚至直接致电驻俄公使胡惟德，要求他以现有章约为基础，希望俄国政府能够命令驻华公使和驻沪领事支持引渡。④

在谈到苏报案十二月重新启动审理时，《纽约时报》记者指出："昨天在上海开庭的苏报案，是前五个月中国政府、地方当局、驻京公使、驻沪领事，以及所有的国家驻华外交使节共同交涉的结

① 《光绪二十九年六月初九日苏松太道袁树勋分致上海各领事函稿》，见《中英等交涉苏报案当事人问题文电》，《历史档案》，1986 年第 4 期。

② Translation of a Telegram form the Vicerty of Naking, Notes from the Cjinese Legation in the United States to the Deparment of State(1868-1906), Volume 5.

③ 《光绪二十九年六月初八日知府金鼎致兼湖广总督端方电》，《苏报鼓吹革命清方档案》，中国史学会编：《辛亥革命》（第一册），上海人民出版社 1957 年版，第 431 页。

④ 参见《魏午帅电》，载《近代史资料》，总 37 号。

果。"①苏报案的处理从上海地方上升到中央政府出面斡旋,由于交涉层次的提高,已从地方刑事案件的交涉上升为清朝政府与海外列强的外交交涉,涉及司法管辖权、治外法权等国家主权之争的大是大非问题。从目前的研究来看,上海地方官员、江苏抚台、两江总督、湖广总督、军机大臣、清朝外务部、驻外使馆、列强政府、驻京公使、驻沪领事、上海租界工部局都参与其中,参与面很是宽泛。

英国之所以在苏报案上坚定拒绝引渡的立场,很大程度上也是由巨大的经济利益促成的。当时的上海既是外国资本主义对华经济掠夺的最大基地,又是中国的经济中心、内外商贸的中心。1900 年前后,中国进口贸易总值的一半左右都来源于英帝国,且当时的英国在上海金融业占据了绝对的霸主地位。② 据莫理循估计,"上海无疑是英国在华最大的一笔资产,据我所知,英国在那里的既得利益已经值一亿镑,或许还会多一些"③。在英国人看来,法治与经济利益是密切关联的,即便最初与中国的外交诉诸了武力。"炮舰外交揭露了关于中西交往中谁说了算这个反复未决的斗争……英国希望的不是把中国当作殖民地来统治,而是要中国按照英国方式在法治精神下进行国际交往和自由贸易,因为这将为英国的商业利润打开门户。"④因此,无论是必须捍卫在租界不容动

---

① "Chinese Reformer on trail," *The New York Times*, Dec.3, 1903.

② 参见[美]费正清编《剑桥中国晚清史》之《1870—1911 年晚清帝国的经济趋向》,中国社会科学出版社,1985 年版。

③ [澳]莫理循:《清末民初政情内幕》,[澳]骆惠敏编,刘桂梁等译,知识出版社,1986 年版,第 300 页。

④ 参见[美]费正清编《剑桥中国晚清史》之《1870—1911 年晚清帝国的经济趋向》,中国社会科学出版社,1985 年版,第 251 页。

摇的地位还是试图在所谓的法治精神下来获取更长久的商业利润,英国都一直坚持审理必须在租界进行。

这一点也为清方所洞悉,魏光焘在跟满思礼的交涉中说道,"大英帝国占据中国贸易的 70%,这有赖于中国的繁荣;中国的安宁对于中英贸易至关重要。两国互利明显与在中国享有贸易特权的英国人有关。只有两国官、商、民互信、和睦和友好,贸易繁荣才可能维持。阁下、总领事和我本人在处理公务时,都应本着互益的精神。本案中的罪犯犯有最严重的官、商、绅、民同愤的煽惑谋逆罪;他们意在煽动叛乱,这对商业将造成灾难性影响。俄、法等国愿意移交。英国素与中国关系密切,更应贯彻条约规定,同意移交,官、商、民必将对此深表感激"①。试图从经济利益的角度来说服外方。而清政府所谓"俄、法等国愿意移交"的表述,背后其实也深藏着列强的"小算盘",尤其是法国在中国西南地区,俄国在中国东北地区的各种利益考量。因此,各国在苏报案上的态度,不妨视为列强在华利益的又一次角逐。

再综合而言,苏报案背后流露的同样也是一种文化的冲突。司法的问题是法律问题,也是文化问题。法律制度的冲突容易化解,文化的冲突却黏稠难融,史学家唐德刚就曾指出:"一般外交家、政治学家、法学家只知道'法律冲突'的严重性,殊不知'文化冲突'的严重性实远过之。"②司法本身作为一种文化样式,与其他文化之间必然存在勾连性,这也是苏报案中值得挖掘的一个方面。

---

① 1903 年 8 月 27 日两江总督魏光焘致英国驻沪代理总领事满思礼的信函,Further Correspondence Respecting the Affairs of China(1842-1937), F.O.405/136.

② 参见[美]唐德刚《书缘与人缘》,辽宁教育出版社,1998 年版,第 164 页。

在具体个案中,除了苏报案与沈荩案流露的法律文化差异,如沈荩的惨遭处决、陈仲彝的保释要求以及辜鸿铭的辩护,苏报案的交涉、审判过程,无不贯穿着近代中西司法文化的激烈冲突。这里试举一例,如辜鸿铭在辩护中直接比较了中西方刑事裁判制度的基础,他提出中国是以道德为基础的,而西方自边沁以来则遵循的是功利主义的原则。"在中国,惩办犯罪的动机是对犯罪的憎恨。在欧洲,则是为了保护钱袋子。欧洲法律学家全然不以道德上的是非感来看待犯罪分子,只是把这些人看作社会上应被谴责的分子,必须采取对社会国家损害最小而获益最大的方法予以铲除。与此相反,中国的法律学家则把罪犯看作应该被人憎恨的恶棍,在制定惩办他们的法律时,以憎恨犯罪的道德感为指导,而这种道德感是必须满足的。"①回望整个案件中清政府的到处"碰壁",流露出的无疑是外国人对中国文化传统、保守、顽固、野蛮的批判和鄙夷,他们认为苏报案是中国保守势力对进步改革力量的镇压,中国政府是野蛮政府,中国文化是野蛮文化,因此不应将其当作与西方文明国家平等的主权国家,这是一种文化的不平等看待。

清政府在苏报案中存在着一种双重博弈。一方面要与章、邹为代表的革命党博弈,要严惩他们;另一方面要与以英、美为代表的西方列强博弈,寻求引渡、要求重判,甚至追回司法主权。这两种博弈,无疑都要遭遇政治和司法。只是相比政治,司法更多的是一种承载利益关系的形式。"只要同时存在权力与裁量,审判也同其他政策决定机关一样,不得不卷入各种利害关系错综复杂的对

---

① Ku Hungming."Political offence and its Publishment in China," *N.C.Daily News*, Sep.11, 1903.

立的漩涡之中。在此过程中审判必然会发挥类似于政治那样的功能,同时其决定过程也不可避免地会成为利害关系集团直接或间接地施加压力的对象。"①无论是棚濑孝雄先生提到的这个共性还是基于苏报案凸显的个性,苏报案在成为一个司法案件的同时,包含了太多的法外因素,这恐怕也是案件一波三折、跌宕起伏的最主要原因。

(三)作为政治的个案

那么,苏报案是一个政治案件吗?显然是的。美国《纽约时报》在引用英国《泰晤士报》的报道时直接指出:"事实表明,各国公使团的态度与其说取决于本案自身的价值,不如说取决于政治上的态度。"②

政治显然是主导苏报案的最重要因素之一。但在某种角度上又不是,起码不是传统教科书定义的"中外反动势力勾结的产物"——"1903 年 6 月,清政府勾结上海租界帝国主义所设立的工部局,逮捕章炳麟入狱,查封了《苏报》。邹容不愿章炳麟一人承当,自动投案,这就是轰动一时的苏报案。"③或者是"英美帝国主义者看到中国革命运动的高涨,害怕危害到自己的政治经济利益,

---

① [日]棚濑孝雄:《纠纷的解决与审判制度》,王亚新译,中国政法大学出版社,2004 年版,第 161 页。

② "Case of Chinese Reformers—Its gives an opportunity to the other powers of making a dig at Great Britain," *The New York Times*, July.31, 1903.

③ 陈振江:《简明中国近代史》,天津人民出版社,1983 年版,第 324 页。

因此就和清朝政府勾结起来，镇压革命党人"①。单纯从司法过程来看，这个观点就有简单化、"想当然"的成分。

当然，不可否认的是，在起初的交涉阶段，如果没有领袖领事的签字，章、邹等人就不会被捕，《苏报》馆就不会被查封，但在审讯和判决阶段，中外双方更多的是分歧和对抗，特别是在引渡和重判这两个最关键的问题上，清政府都未能如愿。列强很少妥协，坚持了司法的机构、形式、过程与结果。即便是按照沪道袁树勋的要求同意汪懋琨作为更高级别的政府官员参加庭审，列强对此也是心知肚明，"中国人的策略是很清楚的：使人看起来对人犯的审讯和惩罚好像不是出自会审公廨长官之手。如果他们不把这种做法明显可借以损害租界的方式的先例，那么让他们用这种办法保全他们的面子也不会有多大害处"②。可见，在触及列强政治利益和司法底线的时候，他们丝毫不会让步。清政府的要求，从引渡到永远监禁，到监禁十年，到监禁五六年，再到不超过三年，一降再降。外国势力的所谓妥协，只能是表面的，这又何谈勾结呢？

还有一个有意思的细节，也与苏报案是否为政治案件有关，即章、邹等人是否为"国事犯"（政治犯）的问题，这直接关系到苏报案被关押者能否被引渡。因为按照国际公约"国事犯不引渡"的惯例，章、邹如果是国事犯，那么就无法被引渡，这是初识国际法的清朝官员也明白的。或许是"自戊戌政变后，黄遵宪逗留上海，北京政府欲逮之而租界议会以保护国事犯自任，不果逮。自是人人视

---

① 章回、包村等编：《上海近百年革命史话》，上海人民出版社，1962年版，第64页。
② ［澳］莫理循：《清末民初政情内幕》，［澳］骆惠敏编，刘桂梁等译，知识出版社，1986年版，第285页。

上海为北京政府权力所不能及之地"①,加之此前的康有为②也因国事犯的身份在租界受到过保护。于是,清政府为避免重蹈覆辙,从一开始就强调"六犯皆系中国著名痞匪,竟敢造言污毁皇室,妨害国家安宁,与国事犯绝不相同,不应照在租界犯案在租界受罪之例办理"③,"各逆系中国著名痞匪,竟敢造言毁谤皇室,妨害国家安宁,与国事犯绝不相同,按之西律均应解归中国办理"④。《申报》也一知半解地附和指出章、邹等人并非国事犯:"所谓国事犯者,非结党啸聚也,非阴图篡弑也,必平居豪侠好义,乡里推崇,目击君暴臣贪,不可须臾忍,遂攘臂而起,一呼百应,意欲拯民于水火之中,事败而逃,则邻国鉴其苦心谅其公善,优加卵翼,任其勾留耳。若夫中国之历次惧罪而逃者,非图扰地方,即谋叛君上,迹虽近似国事犯,实与国事犯有殊。"⑤这样的解释,没有得到租界当局的丝毫理会,他们认为,章、邹毫无疑问是国事犯,苏报案所涉的罪

---

① 蔡元培:《读章氏所作〈邹容传〉》,《蔡元培全集》(第一卷),中华书局,1984年版,第400页。

② 1898年9月21日戊戌政变发生,慈禧太后明令通缉康有为,以求就地正法。24日,康有为逃到上海,英国领事派租界工部局秘书长濮兰德问其在京有无"杀人"和"进红丸弑上"事,在得到否定的回答以后,濮兰德即用兵船将康有为藏匿起来。上海道台闻讯后,"追问英领事甚急,既知救在英船,派人来,则船主不准登船,上海道又派兵船二艘来,英人又派兵船二艘夹护之",终于将康有为护送到香港。参见《康南海自编年谱》,《中国近代史资料丛刊　戊戌变法》(第四册),上海人民出版社,2000年版,第163页。

③ 《光绪二十九年闰五月十一日兼湖广总督端方致福开森电》,《苏报鼓吹革命清方档案》,中国史学会编:《辛亥革命》(第一册),上海人民出版社,1957年版,第449页。

④ 《光绪二十九年闰五月十一日兼湖广总督端方致内阁大学士张之洞电》,《苏报鼓吹革命清方档案》,中国史学会编:《辛亥革命》(第一册),上海人民出版社1957年版,第451页。

⑤ 《保护说》,《申报》,1903年7月9日。

名其实是一项政治罪，不应当被引渡。可以想象，如果苏报案的被关押者被定性为非国事犯，苏报案的结果必然是另外一种局面了。

（四）一点归纳

如果非要给苏报案定性，那么它首先是一个政治案件，这是公认的；其次它是一个司法个案，这也是公认的；最后，"司法的过程是一个复杂的权衡的过程"①，当司法和政治、外交、经济、文化等多种因素裹挟在一起时，处于历史关键节点上的苏报案就因其内涵丰富和情节冲突而更值得研究，这也注定了苏报案这一超越一般诉讼意义上的个案，在清末司法转型中及中国司法制度史上关键性个案的地位。而从整个中国近代史的进程来看，1903年上海苏报案犹如辛亥革命年代狂飙突进的一场前奏，生动且深刻地宣告了清朝政府改善统治危局、维护国家尊严、重塑政治权威等一系列努力的破产。整个国家的改革转型，乃至改朝换代是大势所趋、势不可挡的。

---

① 参见［美］卡多佐《司法过程的性质》，商务印书馆，2000年版，第5页。

第四章　苏报案与清末司法转型

　　任何事物的发展过程都是交织着各种矛盾和冲突的,清末司法转型也不例外。别离传统、向司法的现代化跃进这一进程必然有着不可预见的复杂性,充满着难以预测的矛盾关系,否则清末司法改革就无所谓中国法治进程中一场深刻的革命了。当然,也正是这种层层的矛盾冲突推动了清末的司法转型。因此,要探寻这一变革过程中的内在轨迹,进而揭示司法转型的基本规律,必然的举措是认识和辨析其中的矛盾关系,而为了揭示这一矛盾关系的进入途径,本书选择的方式即前述提及的"事件路径"。

　　不可否认,"事件路径"的研究方式也属于"事件史"的研究,但更多的时候,"事件路径"的研究把事件当作一扇窗,研究者希望透过它打量窗外的世界,即能够深入个案透视历史的变迁。在此,本书试图从清末司法转型的动因切入,提出"个案推动说",并从苏报案来看待司法主权与治外法权,通过对会审公廨窗口作用的透视,延续前文有关苏报案的学理反思,进而阐释苏报案作为个案在清

205

末司法转型中的意义。

一、清末司法转型的动因分析

晚清司法转型是近代中国法治乃至社会变迁的一个重要方面,因此,对清末司法转型的动因考察,必须敞开视野,将其纳入近代中国社会整体变迁的宏观背景中,以真正发现历史真实和逻辑结构。这种研究前提并不是凭空臆测的。从历史的角度来看,正是随着历史上西方列强的不断入侵和当时中国社会经济政治制度及社会结构的渐进变化,中国司法制度才开始迈入转型的艰难历程。由此,也产生了学界对中国近代社会变迁的两种典型分析范式。

(一)费正清的"冲击—反应"模式

以美国哈佛大学著名历史学家费正清为代表,他提出的"冲击—反应"模式,强调要把 19 世纪以来中国社会内部所发生的种种变化看成受西方近代文明冲击和影响的历史性后果,主张在考察近现代中国社会变革时,必须充分注意外来的影响。①

在《中国对西方的回应》(China's Response to the West)一书中,费正清对"冲击—反应"模式有初步的阐释:19 世纪中叶以前中国的历史是皇朝的循环,中国的社会是一个自我平衡的社会。西方

---

① Ssn-yu Têng, John K.Fairbank. *China's Response to the West—a documentary survey 1839-1923*, Harvard University Press, 1954.

国家来到中国,对"停滞不前"的中国产生了冲击,面对冲击,中国做出了反应,中国的经济基础、社会结构、传统习惯以及政治制度出现了改变,开始走向近代。在后来的研讨中,费正清对"冲击—反应"模式给出了深入解释,进一步强调在近代中国历史发展过程中起主导作用的正是西方的入侵和冲击。因为自19世纪以来,中国所面对的不是传统意义上被藐视的番夷之邦,而是完成了资本主义原始积累后强大的西方国家,它们在政治、经济、文化、法治等方面都与当时的中国有着根本性差别。伴随着几次鸦片战争,这些国家对中国的征服也不断加深。无论是为了应对西方的侵略还是维护自己的发展,中国都必须开始反应,进而进行各种政治、经济乃至文化上的变革,以适应近代社会的发展形势。换言之,在这一历史过程中,西方扮演着主动的角色,中国则扮演着回应的角色。

　　一直以来,该模式被称为解释近代中国的"诠释之典范"。这一学说也得到了西方学者的称道和响应。在《远东:西方冲击与东方回应之历史》一书中,作者继续费正清的观点论述道:"过去一百五十年,东亚一直是一场革命的舞台,这场革命的广度与深度很可能是史无前例的。它包括两个伟大的运动。第一个运动是西方文化生气勃勃地向中亚与东亚的古老传统社会全面扩展,这个运动从十九世纪初开始,通称'西方之冲击'。到二十世纪初,就政治权力而言,它几乎征服了整个亚洲……亚洲对西方冲击的回应,开始是软弱无力,步调参差,方向不明的。但是到第二次世界大战结束时,已是汹涌澎湃,势不可当。"①

由此推论,包括司法在内的西方法治在中国广泛传播,也就成为推动中国司法由传统向近现代转型的主要力量。清末司法的现代化应是西方法治文化荡涤的历史产物。我们无意抛开西方法治文化的冲击对近现代中国司法转型的影响,也确认这是中国近现代司法转型的前提之一,但这一解释存在的缺陷是,我们无法对西方外来因素冲击的影响程度做出一种恰当、合适、合理的程度性评估。尤其需要注意的是不能随意抹去中国社会内部因素的作用,抹杀历史的主体性。

(二)柯文的"中国中心观"

以美国学者柯文为代表,他主张要从中国社会内部的种种因素或条件中来把握或探寻近代中国社会变革的基本动因,进而提出了著名的"中国中心观"。②

柯文"中国中心观"可以概括为:"19、20世纪的中国历史有一种从18世纪和更早时期发展过来的内在的结构和趋向。若干塑造历史的极为重要的力量一直在发挥作用;前所未有的人口压力的增长与疆域的扩大,农村经济的商业化,社会各阶层在政治上遭受的挫折日增等等。呈现在我们眼前的并不是一个踏步不前,'惰

---

① Clyde and Beers. *The Far East: A History of Western Impact and the Eastern Respones (1830-1965)* , Prentice Hall, 1966, p.6.

② 参见[美]柯文《在中国发现历史——中国中心观在美国的兴起》,林同奇译,中华书局,2002年版。

性十足'的'传统'秩序,主要或只可能从无力与西方抗争的角度予以描述,而是一种活生生的历史情势,一种充满问题与紧张状态的局面,对这种局面无数的中国人正力图通过无数方法加以解决。……尽管中国的情境日益受到西方影响,这个社会的内在历史自始至终依然是中国的。"①

柯文的解释将中国历史的中心放在"内部取向"的落脚点上,强调了从中国自身寻求变革的主要动力。可以插一句的就是,章炳麟、邹容等人包括《苏报》倡导的革命思想就应该属于这种社会内部结构产生的巨大力量。当然,柯文的视野是将王韬、康有为、梁启超、张之洞等晚清变革的诸多力量都囊括在内的。按照他的理解,"中国中心观"也不否认外来因素对中国历史发展的作用。"西方仍然占居重要地位,但对这种地位的理解,要比以前复杂得多,因为我们开始看到和西方打交道的并不是一个惰性十足的、被动的中国,而是一个长期以来自身经历着重要变化的中国,一个充满最基本的矛盾与冲突的中国。"②柯文的分析模式,让我们看到了中国司法变革的主要力量来源于中国社会内部处于变化状态的经济的、政治的和社会的条件,正是这些因素的综合作用,形成了中国司法转型的根本动力和改革方向。

柯文"中国中心观"理论中最有影响力的就是"沿海—内陆"模式。这一模式认为,沿海是中国一系列变化的开端,因为那里率先

---

① ［美］柯文:《在中国发现历史——中国中心观在美国的兴起》,林同奇译,中华书局,2002 年版,第 210 页。

② ［美］柯文:《在中国发现历史——中国中心观在美国的兴起》,林同奇译,中华书局,2002 年版,第 177—178 页。

接受西方的影响,这种变化从沿海地区向内陆蔓延。

在另一部著作《在传统与现代性之间——王韬与晚清改革》中,柯文写道,"自 1842 年以后,沿海与内地的反差逐渐显著了。西方人首先在中国沿海建立据点,后来又扩展到长江沿岸。在这些据点及周围地区,逐渐发展出一种文化:它在经济基础上是商业超过农业;在行政和社会管理方面是现代性多于传统性;其思想倾向是西方的(基督教)压倒中国的(儒学);它在全球倾向和事务方面更是外向而非内向。中国文化的重心仍然牢固地植根于内地。但随着时间的推移,沿海日益重要地成为内陆变革的促进因素,就像细菌学上的'酵母'一样。中国近代史上的一些重要人物都是新的河海文化的产物"①。应用这一模式,我们也可以解释后文关于"中国大地上的司法现代化进程始于租界"的观点。

(三)处于中间的"折中说"

费正清与柯文的解释,可谓外发型和内生型的两种思路框架,后者晚于前者,建立于对前者的批判基础上,更为当下中国学者所接受。但也有学者指出,柯文的解释过于突出强调中国历史的主体性,一是没有认真分析现代世界发展的客观趋势,二是忽视了中国近代社会的具体发展。这种历史的复杂性要求历史学家将近代以来的中国历史看作各种内外因素合力所推动的结果,进而催动相关研究从单向度往多向度发展,也即任何只持"西方中心"或只

---

① [美]柯文:《在传统与现代性之间——王韬与晚清改革》,雷颐等译,江苏人民出版社,1998 年版,第 217 页。

持"中国中心"的观念,都是片面的。①

于此,在这两种学说之间,还有一种折中的表达,有代表性的如学者陈旭麓在《近代中国社会的新陈代谢》一书中提出:"中国近代是一个动态的、新陈代谢迅速的社会,中国近代社会的新陈代谢在很大程度上是由于接踵而来的外力冲击,又通过独特的社会机制由外来变为内在,推动民族冲突和阶级对抗,表现为一个又一个变革的浪头,迂回曲折地推陈出新。"②陈先生的观点指出,中国的变革是内部因素和外来影响相互作用的历史产物,西方冲击是很重要的力量,但最终是通过内部复杂变量发生作用。依据这种理论解释中国近代司法的转型,更具有辩证性。既不夸大外在因素的影响,又不蔑视内在因素的作用,有效地综合了内外两方面的变量。可以说,这一学说更符合晚清司法转型的复杂历史过程。

这种学说也被法学界认同,沈国琴在分析中国传统司法现代转型的背景特点时就应用了这样的分析思路,指出:"中国传统司法现代转型的根本动力在于内部,但外部的因素也必不可少,这是这一转型过程的背景特点。而理解这一特点,对于理解晚清以来的司法现代化历程有着极为重要的意义。只有对此有深刻的理解,才能理解中国传统司法之所以在晚清时期开始了现代化的道路,才能理解中国传统司法现代转型的必然性所在,也才能理解从晚清到民国期间中国传统司法向现代转型所包含的必然的发展趋势。"③

---

① 陈君静:《论柯文的"中国中心观"》,《史学月刊》,2002 年第 3 期。
② 陈旭麓:《近代中国社会的新陈代谢》,上海人民出版社,1992 年版,序言。
③ 沈国琴:《中国传统司法的现代转型》,中国政法大学出版社,2007 年版,第 237 页。

（四）本书的"个案推动说"

面对诸多的解释框架，学界也开始反思，"任何解释近代中国的模式在诠释的过程中都暴露出其局限性，全面而准确的解释则更显得力不从心，甚至是适得其反，乃至走到历史真相的反面"①。这实际上是基于近代中国历史错综复杂性提出的一种意见，本书赞同这种意见。

的确，由于研究者各自的研究起点，或者借助的理论支点不尽相同，使用哪一种范式，基于哪一种角度来分析近代中国转型的动因，并没有统一的尺度和标准，当然也不需要。从另一个角度说，研究者个人通过某一研究范式，或者某一角度所得出的研究成果也不具有终极意义。一个学术上的基本考量点就是，任何范式，其本身不需要规定或强调什么，它只是启发研究者的思想路向，特别是在拓展研究维度和避免落入先验性的窠臼上。对此，本书也提出"个案推动说"。

"个案推动说"强调中国法治进程，无论清末还是当下，是由一个个具体的个案推动前进的。这种论说摆脱了从宏观层面讨论纠缠不清的司法转型动因，而落实到具体个案上，从微观层面入手。因为无论是变化着的政治、经济和社会因素还是需要变革的法律和转型的司法，其落脚点都是实践中的个案。个案恰如一个个节点，勾连起历史的脉络，展现着历史的变迁，同时又承前启后，把旧

---

① 韩秀桃：《司法独立与近代中国》，清华大学出版社，2003年版，第36页。

的需要摈弃的和新的需要吸纳的都包含在内。

当然,我们不否认中国的司法转型在形式上是通过立法的形式来完成的,但实质上,包括法制在内的公共政策更迭,其内在的基础都是个案。从此角度,法律制度的变革或许更像催化剂,而不是决定性因素。也许,因为个案可以直接确定法律效力,"个案推动说"在英美法系判例法中的表现更加直观。在中国,也许只有通过某些具有较大影响力的个案来论说才更具说服力。因为个案的作用更多是隐性的,或者细微的,即任意个案往往不具备显著的解释张力,也无法具有统计学上的抽样意义,只有在引入关键个案、系列个案、众多个案的时候,"个案推动说"的解释模式才能更具说服力。此外,在个案研究中,个案不是统计样本,个案所要求具备的不是代表性,而是典型性。显然,典型性和代表性不可混为一谈。同时,"研究人员的任务是根据对个案的分析,借助于分析性的扩大化推理,而直接上升到理论(当然,描述性个案研究例外)。这个理论结论的具体适用程度和范围有多大,需要读者来'接力'完成"①。

在"个案推动说"的关注下,正是在杨乃武与小白菜案、苏报案、黎王氏案、手推小车加捐案、巡捕房探员曹锡荣杀人案等众多个案的推动下,传统司法与现代司法的冲突才步步展现,晚清司法转型的必要性才层层显露。个案成为晚清司法转型的动因。而在当下中国的司法实践中,《关于建立健全防范刑事冤假错案工作机制的意见》《关于办理刑事案件严格排除非法证据若干问题的规

---

① 王宁:《代表性还是典型性?——个案的属性与个案研究方法的逻辑基础》,《社会学研究》,2002 年第 5 期。

定》《关于办理破坏野生动物资源刑事案件适用法律若干问题的解释》等制度的出台,以及互联网法院、知识产权法院、金融法院、国际商事法庭、破产法庭等专门法院、法庭的相继设立,也都与相关个案有着直接的关联。

有人会质疑"个案推动说"并非有效的学说,它实质上以作为载体的个案来回避清末司法转型的真正动因,没有真正追究清末司法转型的前提条件,这显然会导致"个案推动说"无法与"冲击—反应"模式、"中国中心观"、"折中说"在逻辑上构成并列关系。对此,本书无意否认任何一种分析模式的提出及其实际运用,都必然包含着研究者自身学术视野中无法克服的限制性。但如若稍一转换思路进行考察,作为载体的个案何尝不是司法转型的动因呢?正是个案,作为承载着各种力量作用的场域,让内部因素和外部影响充分激烈地作用;同时,个案作为各种复杂因素综合作用的结果,引导大众和精英们从中反思和觉醒;最后,又是个案作为起点,引起和推动立法和司法变革。法律的衍化史就是从个别调整发展到规范调整,进而实现二者有机结合的过程。① 可以说,苏报案正是这样的个案。同时,这也正是苏报案在清末司法转型中的意义所在。

而在众多的个案中,苏报案绝不是一个孤立的事件,将其放在近代中国司法转型的全景中去观察就会发现,它因集聚的众多元素,可谓"关键性个案"。它通过传统司法与现代司法两者不同司法观念、制度和运作的对比,证实了清末司法转型的必然性,检验

---

① 参见公丕祥《法制现代化的理论逻辑》,中国政法大学出版社,1999年版,第19页。

了布莱克、卡拉玛德雷等人的学说,又挑战和扩展了相关的理论。我们可以由此提出"司法是一种变量之和""司法过程中的偶然性""中国大地上的司法现代化进程始于租界""个案推动说"等观点,将历史探究与学理探索融于个案,又超越个案。

二、从苏报案看司法主权与治外法权

研究清末司法转型,或者变法修律,一个绕不过去的节点就是治外法权的问题。这既与当时中国日益勃兴的主权思想有关,也与中国官员在内部治理中深受治外法权的掣肘有关。苏报案中,无论是外国舆论还是外国政府,抑或租界当局,其主张不将苏报案诸人移交清政府,是有着隐秘心思的,就是防止列强历年来辛苦攫取的治外法权因苏报案而被冲破一个缺口。就如张篁溪在《苏报案实录》所洞察的一样:"工部局与西报何以反对将此案移交满清政府者,绝非卫护苏报案中诸子,亦绝非主持公理,实则为各帝国主义国家之治外法权也。"①对此,湖广总督端方也指出,外方在苏报案中拒绝引渡,实"系争界内之权,非实惜各犯之名"②。

---

① 张篁溪:《苏报案实录》,中国史学会编:《辛亥革命》(第一册),上海人民出版社,1957 年版,第 383 页。
② 《光绪二十九年七月初三日兼湖广总督端方致内阁大学士张之洞电》,《苏报鼓吹革命清方档案》,中国史学会编:《辛亥革命》(第一册),上海人民出版社,1957 年版,第 474 页。

（一）治外法权与领事裁判权

在当时，治外法权的概念常与领事裁判权混淆，甚至可以互换使用。沈家本对此解释为："领事裁判权，近代中国又称治外法权。海禁初开之时，因清朝统治者不知国际公法为何物，国人亦不知何为国际公法，故将二者混用。"①但从普遍意义上来看，治外法权与领事裁判权却是不同的概念。

治外法权，英文为"Exterritoriality"，《牛津法律大辞典》解释为："一定的人和房舍虽然处于一国领土之内，但在法律上被认为是处于该国之外，因而不受当地法律的管辖，该原则适用外国君主、国家元首、外交使节和其他享有外交特权的人。这些外交特权包括：住所不可侵犯，民事和刑事管辖的豁免，免除受传作证的义务，不受治安规则和条例的约束，免纳地方捐税以及自由信仰宗教等等。该原则在较窄范围内也适用于在另一国领土上的访问军队以及在外国领水内的军舰和公有船舶。"②

领事裁判权则是指"一国通过条约给予居住在该国的另一国臣民的贸易特权，特别是给予当地法院管辖的豁免权和由其本国法院对他们行使司法管辖权的特权"③。这种特权典型的例子就是，自1536年起，奥斯曼苏丹给予法国领事根据法国国内法在土耳

① 李贵连：《沈家本传》，法律出版社，2000年版，第169页。
② ［英］戴维·沃克：《牛津法律大辞典》，北京社会与科技发展研究所译，光明日报出版社，1988年版，第136页。
③ 转引自赵晓耕《试析治外法权与领事裁判权》，《郑州大学学报》，2005年第5期。

其来审理法国公民权利,并可要求苏丹的官员协助他们执行判决。此后,几乎所有欧洲国家都在土耳其获得了类似法国的这种特权。① 领事裁判权的英文译为"Capitulations",现译"Consular Jurisdiction"则是沿袭日本的译法。

显然,治外法权与领事裁判权是不同的概念,但在清末民初的诸多表述中,包括在本书探讨的苏报案中,所谓治外法权实际上指的就是领事裁判权。

治外法权以不损害国家领土主权为前提,依据的是"国家主权相互尊重"的原则,可谓一种互惠原则,体现了国际公法上的平等关系;而领事裁判权则为一国单方面的优惠政策,依据的是不平等条约,"为破坏领土权原则之例外。盖一国之领土权,应完全行于本国,亦只能完全行于本国;而领事裁判权者,一方面既使一国之领土权侵入于他国领土之上,一方面又使他国之领土权,受其侵入之限制"②,有违国际公法上的平等原则。这种违背,反映在司法上,就是对他国司法主权的践踏。

---

① 需要指出的是,当时土耳其接受领事裁判权是有特殊原因的。当时土国限制至该国的欧洲人须居住于一定的区域,一切习惯,听任其自为风气,并听任其用本国法律。遇有诉讼事件,土国审判官概不受理,各由他国人民选出在土国最久者审判。日久事增,遂由领事兼理司法事项。而进一步的原因则是土耳其信奉伊斯兰教,以《古兰经》为法律。但欧陆国家旅居土国之人民,并无法服从,土国便依要求准其自行派领事管理审判。参见杨湘钧《帝国之鞭与寡头之链——上海会审公廨权力关系变迁研究》,北京大学出版社,2006年版,第48页。
② 梁敬锌:《在华领事裁判权论》,商务印书馆,1930年版,第1页。

（二）列强在华攫取领事裁判权的过程

根据考证，西方国家早在鸦片战争前就有在中国获得领事裁判权的企图。当时，清朝政府对涉外案件的处理已经引起了列强的不满，列强们认为中国司法没有公正而言，有的方面还很野蛮。对此，就有外人基于中西司法文化的差异和彼此之间的不理解，提出"东方之国（如中国）其文明程度与西方的基督教国家迥然不同，尤以家族关系与刑事法规及司法等最为差异。英美人居彼邦自以适用己国法律与法庭管辖为宜"①。

此后，随着中外民刑纠纷的不断增多，双方之间对司法判决的观点分歧也日益扩大，"所有这些审讯、冲突和判决使西方国家相信，必须迫使中国人放弃涉及外国案件的司法权。而这一点正是中国人竭力坚持的"②。

1840年后，随着清政府在两次鸦片战争中的战败，列强开始向清政府试探获取领事裁判权的可能性。较早显示出攫取领事裁判权迹象的是道光二十三年（1843年）清政府与英国签订的《议定五口通商章程》，其中第十三款规定："凡英商禀告华民者，必赴领事处投禀，候领事先行查察，勉力劝息，使不成讼。如有华民赴英国官署控告英人者，领事均应听诉，一律劝息……遇有诉讼，不能劝息，又不能将就，即移请华官，公同查明其事；既系实情，即应秉公

---

① 强磊：《论清代涉外案件的司法管辖》，辽宁大学出版社，1991年版，第184页。

② ［美］史景迁：《追寻现代中国：1600—1912年的中国历史》，黄纯艳译，上海远东出版社，2005年版，第145页。

办理。英人如何科罪,由英国议定章程法律,令领事照办。华民犯罪,应治以中国之法律。"现在看来,当时清政府签订该条款时,应该没有真正认清领事裁判权的概念,或许还认为此种方法是一种避免肇生事端的办法,所以后来的《中美望厦条约》和《中法黄埔条约》基本沿用了中英条约里有关领事裁判权的条款。此后清政府与英法俄美等国分别签订的《天津条约》和《中英烟台条约》里则有更具体的规定。在此前后,欧美各国相继与中国订立商约,纷纷援引所谓"最惠国待遇"条款,获得领事裁判权。① 据统计,在近代中国享有领事裁判权的国家共有 26 个,遍及欧、美、亚、非四洲。②

领事裁判权的产生,固然有中国传统法律和司法残酷不仁给列强留下了口实和清政府缺乏警惕等原因,但其结果是清政府丧失了对外国侨民的司法管辖权,司法主权的完整性和最高性不复存在,来华外国人得以利用此特权欺压中国人,清政府却无法给予制裁。特别是随着中国主权的逐步沦丧,列强的司法特权一步步肆意扩大,由最初的领事审判,到审判主体、适用对象逐步扩大,观审、会审制度逐步成形,领事裁判机构的设立,这远远超出了领事裁判权的本意。特别是会审公廨的设立,被指为"与中国关系最密

---

① 对于清朝官员接受领事裁判权的评判,不能简单地批判。就当时而言,早期的上海租界所在的位置不仅是华人足迹罕至的偏远地区,界内居住的华民也屈指可数;加上长期以来中国官厅采"华洋分局"的处置传统,以及"化外人"的法律思维,选择"困外人于上海滩"自然是华宫的首选。参见杨湘钧《帝国之鞭与寡头之链——上海会审公廨权力关系变迁研究》,北京大学出版社,2006 年版,第 59 页。
② 对于在近代中国获得领事裁判权国家的数目,一般公认为 19 个国家,但据学者李放的最新考证,共有 26 个国家在中国获得领事裁判权。参见李放《试析近代取得在华领事裁判权国家数目》,《兰州学刊》,2008 年第 5 期。

切,侵犯中国法权最严重者,莫如会审公廨之成立"①。

苏报案发生的 1900 年前后,不仅中外涉讼案件由于适用不同的法律,往往会造成各国领事对本国人的偏袒,而且"华民科罪,则虽重犹以为轻;洋人定案,则极轻犹以为重"②,引起了民众的强烈不满。同时,外人将管辖权由人及地,进一步篡夺了租界领域的司法权。是时,美国来华特使顾盛盛气凌人地声称:"美国政府应为美国人民要求在中国的治外法权权利,这不是要中国让与的问题,而是公认的国际法原则——就是说,像当时中国那样一个国家是没有资格主张一般的属地主权原则,以保持对其国境内外人的管辖权的。"③从法律特征来看,领事裁判权属于一种"属人权",但是随着租界"国中之国"的建立,领事裁判权被扩展到"属地权"的境地,会审公廨的诉讼管辖权进一步扩张。

苏报案中,对于外方坚持案件在租界会审公廨审理这一践踏中国司法主权的现实,有舆论哀叹:"呜呼! 政府亦既知其权力之不能及于租界矣,不胜其愤怒之私必欲弥刘数人以为快,乃不惜低首下心请命,求援于外人……夫竭狮子搏兔之全力以求一泄其区区之忿,卒之损失国权、污辱国体,重自取辱而小忿卒不可得而泄。"④对这一丧权辱国的交涉抓捕行为表示叹息。

可以说,纵观会审公廨的发展史,肆意的权力扩张已经逐渐成为外人的一种惯例,正如郭泰纳夫描述的那样,外人超越章程的权

---

① 吴圳义:《上海租界问题》,正中书局,1981 年版,第 194 页。
② 公丕祥:《中国的法制现代化》,中国政法大学出版社,2004 年版,第 243 页。
③ [美]威罗贝:《外人在华特权和利益》,王绍坊译,三联书店,1957 年版,第 343 页。
④ 《南党狱》,《新民丛报》,第 35 号,第 77 页。

力行使"完成了一种在其他任何国家的立法史上无可比拟的不成文法"①。1902年《上海租界权限章程》第二条直接规定:"两造皆为华人,与外人无涉之刑事案件,及关于界内华人之政治犯案件,必须由犯罪地界内之会审公堂受理。"所以,工部局与清廷达成协议,要求苏报案犯在租界审理,可谓是事出有因,有"据"可循。

(三)苏报案中收回治外法权的期待与努力

需要指出的是,在苏报案中,涉案的清政府官员特别注意研究西律,曾经专门提出了延请精通西律的修订法律大臣伍廷芳出面参与案件处理的想法,②并尽量以现有条约为基础来进行各种交涉,试图赢得外人的同意,并维护国家主权。"查英美条约均载有通商各口有中国犯罪人民潜匿各该国船中房屋,一经中国官员照会,领事官即行交出,不得袒庇。是匿在船房之内尚应交出,岂有在口岸地方转行干预。况洋泾浜设官章程,又复详载明确。此等重犯,与洋人无干,应交中国地方官审办。两国交涉,惟凭约章,虽公法亦为所限",同时,"今领事工部局实不应违背约章干预"是共

---

① Kotenev. *Shanghai: Its Mixed Court and Council*, N.C. Daily *News & Herald*, Limited, 1925, p.88.

② "窃闻伍大臣廷芳西律最熟,曾充香港律师,为西人所重,如蒙奏派,当可接洽。"参见《光绪二十九年闰五月二十二日知府金鼎致兼湖广总督端方电》,《苏报鼓吹革命清方档案》,中国史学会编《辛亥革命》(第一册),上海人民出版社,1957年版,第425页。

识。① 但工部局对此毫不理会，直接以"此租界事，当于租界治之，为保障租界内居民生命自由起见，决不可不维持吾外人之治外法权"②为由予以拒绝。

同样，驻美公使梁诚试图根据相关条约要求美国支持移交苏报案的被关押者，但美国方面认为条约不适用，而应当尊重之前达成的司法解决机制："经过充分研究，国务院的意见是您提出的1958年条约的第十八款不适用。我们不认为能够批准或者同意交出当事人，抑或干预已经达成的正常司法程序（在会审公廨审讯），如被判有罪，应当在租界执行……我们的态度是不干涉一个已经达成的司法程序，我们希望这样做的结果是能维护法律。"③

通过工部局肆无忌惮的拒绝和美国政府道貌岸然的照会，我们可以看出，列强已经将外国势力在中国把持审判看成一种常态，认为这是维护法律和自身利益的必然措施。相应地，清政府在司法主权上的努力必然是徒劳的。

司法权是以国家主权为依据的国家管辖权的重要组成部分，这是当代国际法所奉行的一个基本原则，即便是19世纪或更早期的国际法也是明确承认的。但是，列强从未将当时的中国视为平

---

① 《光绪二十九年六月初六日兼湖广总督端方致内阁大学士张之洞电》，《苏报鼓吹革命清方档案》，中国史学会编：《辛亥革命》（第一册），上海人民出版社，1957年版，第471页。

② 张篁溪：《苏报案实录》，中国史学会编：《辛亥革命》（第一册），上海人民出版社，1957年版，第380页。

③ 1903年8月21日美国国务卿海·约翰与清政府驻美公使梁诚的通话备忘录，Notes from the Chinese legation in the United States to the Department of State (1868-1906)，Volume 5。

等的主体对待。所以,试图通过外交途径来引渡苏报案被关押者是异常困难的。

不过,以张之洞为首的清政府官员并未放弃努力,甚至有借苏报案收回领事裁判权的期望。一方面,他们依据条约,要求苏报案交清政府处理:"按中英条约……若在中国境内,虽系租界,其中国人民仍应归中国管辖,故遍查条约并无租界交犯章程。"①另一方面,他们又试图以苏报案为突破口,收回部司法主权,为以后类似事件的处理提供方便。张之洞直接指出:"我能趁此次极力争回此项治权,将来再有缉拿匪犯之事,便易措手。利害所关甚巨,所包甚广,其有益尚不仅此六犯一案也。"②端方致魏光焘的电报中对此事的利害关系阐述得更为具体:"此次上海各领知大体、顾大局,而工部局硬欲干预此案,竟欲以上海租界作为外国之地,有意占权,万难迁就。历年工部局遇事侵我主权,不遵条约。闻此次洋人私议,虑中国向公使及其外部理争,一经揭破,恐工部局攘夺之权,从此减削。可见外人亦自知理屈,能趁此次争回此项治权,将来再有缉拿匪犯之事,便易措手。利害所关甚巨,所包甚广,其有益不仅此一案。"③由此也可见,工部局坚定拒绝引渡的立场,是从自身

① 《光绪二十九年闰五月二十七日内阁大学士张之洞致兼湖广总督端方电》,《苏报鼓吹革命清方档案》,中国史学会编:《辛亥革命》(第一册),上海人民出版社,1957 年版,第 427 页。

② 《光绪二十九年闰五月二十七日内阁大学士张之洞致兼湖广总督端方电》,《苏报鼓吹革命清方档案》,中国史学会编:《辛亥革命》(第一册),上海人民出版社,1957 年版,第 420 页。

③ 《光绪二十九年闰五月二十八日兼湖广总督端方致两江总督魏光焘电》,《苏报鼓吹革命清方档案》,中国史学会编:《辛亥革命》(第一册),上海人民出版社,1957 年版,第 469 页。

利益出发的，一旦工部局历年攘夺之权从此减削，就会进而影响其在华领事裁判权等一系列权利。

晚清中国的司法制度本来已经千疮百孔、危机重重，中外条约下的领事裁判权问题更加重了这种危机。对于领事裁判权带来的危害，清朝官员也逐渐有了认知，沈家本在清末法律改革的纲领性文件《删除律例内重法折》中，就表达了通过司法改革收回治外法权实现司法主权统一的希望："中国之重法，西人每訾为不仁，其旅居中国者皆借口于此，不受中国之约束……方今改订商约，英、美、日、葡四国，均允中国修订法律，首先收回治外法权，实变法自强之枢纽。"①类似的观点，伍廷芳也有提出："中西交涉，时闻涉讼，而西人向无遵我法律者，中西会审，屡费周张，此时欲收回治外法权，终未能旦夕解决"，因此，"中国改良律例，慎重法庭，自是切要之问题也"。②

在苏报案中，即便在引渡无望的情形下，在万般无奈的"监禁免死"方案上，清朝的官员仍寄希望于该案能够从宏观层面上对清政府的司法主权有所裨益。张之洞在给端方的电报中称："上海交犯事，前因虑各国不肯交还，致永失主权，故拟退让一步商办（指'监禁免死'方案），冀易就范。"③端方也多次指出："此时此案若能

---

① 张国华、李贵连：《沈家本年谱初编》，北京大学出版社，1989年版，第87页。

② 伍廷芳：《中华民国图治刍议》，商务印书馆，1915年版，第11页。

③ 《光绪二十九年七月十三日内阁大学士张之洞致兼湖广总督端方电》，《苏报鼓吹革命清方档案》，中国史学会编：《辛亥革命》（第一册），上海人民出版社，1957年版，第436页。

照尊(指张之洞)电办理,现正可争回主权。"①"拟以监禁免死之法,商令务令六犯交出,由我自办。此正专为争回主权计。非鄙意不欲重办此六犯也。"②由此也可以看出,清朝官员在追求严惩的同时,也不忘维护司法主权。当然,这很大程度上是由对领事裁判权的深深痛恨而引发的。

司法主权在国际关系中,特别是在一个国家独立自主的意义上,都是非常重要的。"夫国家者主权所在也,法权所在,即主权所在……中国通商以来,即许各国领事自行审判,始不过以彼法治其民,继渐以彼法治华民,而吾之法权日削……治外法权不能收回,恐治内法权亦不可得而自保矣。"③这就无怪乎沈家本、伍廷芳等中国司法改革的有识之士反复提及司法主权的重要性,这实际上也是为挽救民族危机,谋求司法主权,进而从法律上获得政权上的国际尊重而产生的深远考虑。

"国家既有独立体统,即有独立法权,法权向随领地以为范围。各国通例,惟君主大统领,公使之家属从官,及经承认之军队、军舰有治外法权,其余侨居本国之人民,悉遵本国法律之管辖,所谓属地主义是也。独对于我国借口司法制度未能完善,予领事以裁判

---

① 《光绪二十九年七月初七日兼湖广总督端方致内阁大学士张之洞电》,《苏报鼓吹革命清方档案》,中国史学会编:《辛亥革命》(第一册),上海人民出版社,1957 年版,第 477 页。

② 《光绪二十九年七月十五日兼湖广总督端方致上海道袁树勋电》,《苏报鼓吹革命清方档案》,中国史学会编:《辛亥革命》(第一册),上海人民出版社,1957 年版,第 477 页。

③ 故宫博物院明清档案部编:《清末筹备立宪档案史料》(下册),中华书局,1979 年版,第 822—823 页。

之权,英规于前,德踵于后,日本更大开法院于祖宗发祥之地,主权日削,后患方长。此愍于时局不能不改也。"①尽管表述存在差异,也许张之洞、端方等晚清政策的制定者对于司法主权的含义并不能完全理解,有时只是作为一种权利来附带争取,但这种力争却在无意中开启了维护国家司法独立之门,这一点是毋庸置疑的。

而从当时整个清末法治变革的背景来看,司法主权观念的确定使得收回领事裁判权成为清朝政府上下的集体呼声,并将收回领事裁判权当作清末司法改革首要原则。"臣等奉命修订法律,本以收回治外法权为宗旨……将来颁布新律,可以推行无阻。"②"中国政府所注意之外交问题,其中为青年所最重视者,莫如治外法权之撤废。"③由此可见,收回领事裁判权,成为清末司法改革的一个基本要求,也成为当时政府很长一段时间努力的目标。这就无怪乎有现代学者提出,治外法权对司法主权的危害极大,所以自清末开始,一应法制变革和司法改革几乎都打上了收回治外法权的烙印,司法改革的宗旨也自然而然地聚焦于收回治外法权。④

在苏报案中,清政府对治外法权收回的想法为外方所洞察,也为律师所知晓。被告律师在辩护中就以治外法权来告诫法庭必须公正处理案件,否则必然要给清方废除治外法权的借口。"我们知道极少国家有治外法权,即使是有过治外法权的日本,最近也获得

---

① 故宫博物院明清档案部编:《清末筹备立宪档案史料》(下册),中华书局,1979 年版,第 846 页。

② (清)朱寿朋:《光绪朝东华录》(第四册),中华书局,1958 年版,第 5413—5414 页。

③ 王健:《西法东渐——外国人与中国法的近代变革》,中国政法大学出版社,2001 年版,第 273 页。

④ 张仁善:《论中国近代司法文化发展的多层面冲突》,《法学家》,2005 年第 2 期。

了审理有关外国人和日本人案件的完整权力。自从治外法权确立之后,中国一直极力想废除它,将自己置身于可以对本国港口范围内的国民实施司法权的独立国家的行列。我们知道根据最近协商的条约,中国将来有可能废除治外法权,但这能否实现,还要看各国对它的满意程度,即它的法庭是否公正,是否能够和愿意根据证据给予每个诉讼当事人以公正。正如我所说的,现在本案吸引了各国的注意力,这是幸运,也是不幸。"①辩护律师的这番言论,试图通过治外法权的去留来"胁迫"会审公廨公正处理苏报案。

或许是明晓外方惯常是通过个案扩大治外法权形成先例,变本加厉侵犯清政府司法主权的手法,所以即便是受制于外方对苏报案的掌控的情形下,清方仍不断坚持声明苏报案不能成为以后被援引及外人扩张司法权力的先例。袁树勋在案件判决前拟定的四条办法中就包括:"讯结后,详禀到院,请一面申斥沪道,一面照会领袖,此案在沪讯结,本属不合,以后不能援例。"②魏光焘在发给外务部的有关苏报案的总结性电文中也不忘指出:"所有上海县此次改定堂谕,理合录折详祈咨请外务部照会驻京各国公使,切实声明此系格外通融办法,后不援以为例。日后遇有华人违犯中国刑律,务当遵照两国约章各归各办。其租界会审案件,务按洋泾浜设官章程,秉公遵办,毋得稍岐,抑界内或有不法之徒,适以妨害政治两有所损,务请严饬驻沪各领事,以后悉遵照天津条约、洋泾浜设

---

① "The Supao Sedition Trial'," *N.C.Daily News*, Dec.14, 1903.
② 《光绪二十九年十月初八日上海道袁树勋致兼湖广总督端方电》,《苏报鼓吹革命清方档案》,中国史学会编:《辛亥革命》(第一册),上海人民出版社,1957 年版,第 437 页。

官章程，一体遵守，中外幸甚。"①

在苏报案中，不排除清政府官员有收回领事裁判权，以严惩苏报案诸人，甚至为以后处理类似案件提供方便的现实考量。但是，能通过现实中棘手的实例清醒头脑，进一步增强了国人维护司法主权的意识，更加坚定了国人收回领事裁判权的信念，应该是苏报案在司法转型过程中的首要意义之一。

三、从苏报案看会审公廨的窗口作用

"峨峨公廨压江滩，绝少威仪似汉官。楼阁不殊商贾宅，独标旗杆插云端。"②这是清人葛元煦描写会审公廨的诗作。

的确，相较于中国传统地方官厅的"威仪"，会审公廨无疑是相对无力的。在这段时间（1869 年—1911 年）里，上海租界不见砍头，也逐渐没有了笞杖，至辛亥革命前只剩下徒刑、"劳役"和枷刑；会审公廨法庭没有了刑具，少了肃杀之气，只剩下言语的对辩；谳员及外籍陪审官没有了衙役喊着"威武"所形塑的"官威"，只剩下通过判决书所宣示的裁判。但一个显而易见的事实是：租界得到了有效的治理，华民面对诸多纠纷时，很容易将会审公廨视为一个解决问题的有效机构。同时，虽然会审公廨仍然保持着一定的传统色彩，以及极力平靖地方的心态，但租界华民面对的却是一个截

① 《光绪三十年五月初十日南洋大臣魏光焘致外务部咨文》，见《中英等交涉苏报案当事人问题文电》，《历史档案》，1986 年第 4 期。

② （清）葛元煦：《上海繁昌记》，《近代中国史料丛刊》（第三编第四十二辑），文海出版社，第 112 页。

然不同于传统衙门的官厅。

剖析会审公廨,特别是其诉讼制度,让我们看到了一个愈来愈接近于现代法庭的诉讼架构、律师制度、诉讼程序、证据制度,以及若干细节流露出的司法文明,这为包括诉讼制度改革在内的中国近代司法转型植入了引导性力量。有意思的是,上述的这些司法元素在苏报案中都有深刻的体现,再加上新闻舆论的广泛传播,使得苏报案成为国人管窥和接近现代司法制度的一个窗口。

(一)展示了现代法庭的诉讼架构

在苏报案中,由于主导审判的领事翟理斯和双方代理律师都来自英美法系国家,庭审现场所应用和展示的诉讼架构也几乎和现代英美法系沿用的当事人主义审判结构一致。所谓当事人主义,又称诉讼的对抗制。这种审判方式强调双方当事人在诉讼中的主体地位和诉讼作用,审判活动依据控诉方和被告方的主张和举证进行,而审判机关则处于居中公断的地位。[①] 在这种架构下,双方当事人法律地位和诉讼手段平等,法官是相对被动的仲裁者。这两点都和中国传统司法有所区别。中国传统司法和法律,异常强调等级制度,这是传统社会严格等级制度的体现。

根据现代司法理念,合理的诉讼构造必须体现控辩平等对抗的原则。诉讼的前提是控诉与被指控的双方存在"诉争",因而形成双方的对抗格局。因此,诉讼的科学程序要求控诉与辩护双方

---

① 龙宗智:《刑事庭审制度研究》,中国政法大学出版社,2001 年版,第 96 页。

在形式上保持平等对抗的格局，这是保证诉讼客观、公正的前提。如果控、辩双方在形式上明显一方优越而另一方处于极为劣势的地位，就有使诉讼在实质上变成行政程序的危险，程序公正就无从谈起，案件的处理就很难保证质量。

因此，在苏报案中，在会审公廨面前，民众眼中仰视的清政府只能以平等诉讼主体的身份来起诉章、邹等人，这是当时的中国民众不敢想象的。因为在传统中国司法裁判中根本不成问题的"诉讼主体"的疑问，被赤裸裸地搬上了法庭，成为最重要的看点。其所呈现的，绝非仅仅谁是原告的问题，更是国家形象乃至传统皇权身份差等的解构。而一旦走上法庭，皇权与政府则被进一步去神圣化，皇权对于司法的影响则愈加式微。所以，清政府与其臣民成为法律地位平等的行为主体，对民众法律意识，特别是权利平等意识产生的冲击性影响是可想而知的。另一方面，作为法官的翟理斯在庭审中更多地将对抗活动交给双方当事人来推动和完成，自己则被动裁断。这和中国当时的实情又完全不同，"中国没有出现过独立的司法机构或法学。县令集警察（他要拘捕罪犯）、起诉人、辩护律师、法医、法官、陪审团的职责于一身"①。在这种体制下，庭审官员的作用被充分强调，他担当了一种全能型司法角色，没有其他的权力与之抗衡，表现出一种独断性权力。这种诉讼架构被日本学者滋贺秀三概括为"父母官型诉讼"，是一种法官指挥、当事人

---

① ［美］兰比尔·沃拉：《中国：前现代化的阵痛——1800年至今的历史回顾》，靳海林译，辽宁人民出版社，1989年版，第26页。

服从的上下等级结构,与欧洲的"竞技型诉讼"是一种对极。[1] 在审判衙门内,主审官就案件的具体情节讯问当事人。主审官讯问的目的在于通过询问了解案情、掌握事实。当事人就主审官所问,就其所知,加以回答。

而当事人则完全处于司法权所指向的客体地位。传统司法程序并没有为当事人进入诉讼之前存在的对抗性利益——也正是因为这种利益双方进入诉讼程序——设置程序。当事人"在诉讼中的活动主要是形成供状(陈述情节)和招状(表示认罪)。但招供的过程实际上并不是事实认定的过程,只是通过结论必须由被告自己承认这一制度设定来防止专断"[2]。换言之,当事人的任务,只是将自己亲身体认的与案件有关的事实向主审官说明,配合司法权主体完成诉讼过程,以求得主审官代表国家与法律为自己做主。至于对事实的最终认定,尤其是对于与案件相关的法律条款的理解和适用,那是主审官的任务,其他人不得参与。[3] 双方当事人在审判活动中的作用,较英美法系当事人主义诉讼中的当事人,显出一种虚无的倾向。

(二)展示了现代法庭的律师制度

中国传统司法活动中只有讼师而无律师。讼师的存在,是采

---

[1] 参见[日]滋贺秀三《中国法文化的考察》,载滋贺秀三等《明清时期的民事审判与民间契约》,王亚新等译,法律出版社,1998年版,第1—18页。

[2] 季卫东:《法治秩序的建构》,中国政法大学出版社,1999年版,第58页。

[3] 徐家力:《中华民国律师制度史》,中国政法大学出版社,1998年版,第27页。

取书面主义和受益者负担原则的诉讼制度本身带来的必然结果,①但他们在传统的司法活动中往往是不足挂齿的一类群体。恰如费孝通在谈到乡土社会中诉讼观念的问题时所指出的那样:"在乡土社会,一说起'讼师',大家就会联想到'挑拨是非'之类的恶行。"②大众对于讼师的这种鄙视,显然并不是一种在乡土社会中才独有的观念,而是一种社会共有意识形态的产物,更体现在中国历代严格的官方规制中。

　　追求无讼是中国古代司法制度重要的价值取向之一,有时甚至被认为是中国古代司法治理的最高理想。讼师的代理活动恰恰与统治者的追求礼让、息事宁人的无讼观念相违背,所以历代统治者都严禁讼师活动,认为他们"以是为非,以非为是,是非无度",是"挑词架讼、搬弄是非"之徒。他们不仅对讼师控制司法诉讼的状况感到不安,更在法律上设专条予以打击,如《唐律》将"教唆词讼"明文定为犯罪,使百姓不知讼、不会讼,以达到息讼目的。《大清律例》规定了"教唆词讼"罪,且对于撰造刻印传授诉讼的书,"照淫词小说例,杖一百、流三千里"。同时,讼师没有法定的权利,既不能在诉状上署名,也不能直接参与诉讼,属于"地下"职业。这种不被国家认可的境地也决定了他们社会地位的低下。③ 另外,清末的诉讼构造中,虽然也"允许当事人在法庭上展开辩论,也允许当事人

---

① [日]滋贺秀三等:《明清时期的民事审判与民间契约》,王亚新等译,法律出版社,1998年版,第418页。

② 费孝通:《乡土中国》,北京大学出版社,1998年版,第54页。

③ 朱良好:《黑暗中的被放逐者——传统诉讼文化中的讼师地位考》,《理论界》,2006年第9期。

请辩护人或者代理人出庭"①,但在更多时候,传统中国司法程序完全由"父母官"主导,其他人无参与性可言。双方当事人只是被审讯的对象,是司法权主体维护社会秩序所涉及的客体而已,在法律适用和事实认定中并没有辩护权,有罪与无罪或者罪重与罪轻,往往全凭主审官发落与裁断。因此,辩护职能也就没有存在的余地,律师制度也就无从产生。

但是,苏报案不仅开了华人两造各聘洋律师出场的先例,而且清朝政府也主动延请了律师。这充分说明了律师制度在近代中国成为一种法治的必需品。时人也指出:"中国自与各国通商以来,于交易一端,华人往往有受亏情事,历年来稍能与之抗理者,全恃有律师得为华人秉公申诉。"②赞扬律师维护当事人权益的作用。只要稍一细读苏报案中双方律师的辩辞,就会发现他们对当事人利益认真维护的职业精神。律师的进入,改变了中国封建法庭的审判程序,改变了过去只判不审,或者只审无辩的传统做法,对于防止审判的偏颇,约束法官的独断专横,增加裁判的公正性,保护当事人的合法权益,都有一定的积极意义。特别是在刑事诉讼中,面对强大的以国家为背景的检控方,犯罪嫌疑人或被告人更需要精通法律的律师来维护他们的权益。

再看苏报案,无论是中文《申报》刊登的《会讯革命党案》《再讯(续讯)革命党案》《三讯革命党案》还是外文《字林西报》连续刊登的"Supao Sedition Trial",其中相当一部分内容都是双方律师的

① 张晋藩:《中国司法制度史》,人民法院出版社,2004年版,第486页。
② 转引自孙慧敏《建立一个高尚的职业:近代上海律师业的兴起与顿挫》,台湾大学历史研究所博士学位论文,2002年。

"唇枪舌剑"。可以说，正是双方律师的表现，推动了庭审的进行，限定了法官对法律原则和司法程序的遵守，而被告律师对证据制度和言论自由原则的应用，则使得被告避免了被动，赢得了在法庭对峙上的优势。在更深刻的层面，"捉拿、审判两名罪犯，还要朝廷出面，向会审公廨起诉、告状，而会审公廨在名义上属于中国的司法机构，也就是由中央政府向自己的下属机构告发几位臣民，请求下属机构对几位臣民定罪量刑……聘请律师辩护，实际上是对有'讼棍'之嫌的律师加以肯定，这又是对《大清律例》的否定"①。换言之，这是对晚清司法转型的又一刺激。另一方面，也使国人对律师制度有了切身体会。严复在抨击中国传统审判方式的基础上，就发出了"夫泰西之所以能无刑讯而情得者，非徒司法折狱之有术，而无情者不得尽其辞也，有辩护律师，有公听之助理，抵瑕蹈隙，曲证旁搜，盖数听之余，其狱之情，靡不得者"②的感叹，主张摈弃刑讯逼供，倡导律师辩护制度。具体到苏报案中，"后来，由于社会舆论的大力推动和'苏报案'审理过程中律师辩护作用的凸显，律师辩护的制度和观念在清末开始逐步流行"③。

（三）展示了现代法庭的程序制度

在很多学者看来，中国传统的全能型司法是一种"没有法定程

① 徐家力、吴运浩编：《中国律师制度史》，中国政法大学出版社，2000 年版，第 44—45 页。
② 《中国法律思想史资料选编》，法律出版社，1983 年版，第 859 页。
③ 徐中煜：《清末新闻、出版案件研究（1900—1911）——以"苏报案"为中心》，上海古籍出版社，2010 年版，第 61 页。

序只有威武程式"的司法,随意性很大。这与中国传统法律之中形式主义要素十分稀薄密切相关。这种缺失对程序法的妨碍是不言而喻的,不仅导致中国历史上没有出现形式意义上的有关独立程序的具体性法律规范,使诉讼法夹杂在实体法之中,更使得实践中的司法审判过于强调个案判决的实质公正,而忽视程序正义的独立价值。

为了案件的妥善解决,兼管司法的行政官可以毫无顾忌地离开程序,直接凭着个人理性和道德情感去主持"个案正义",甚至可以运用包括刑讯逼供在内的一切手段。这样,"滥用司法审判权力成为中国传统司法审判的一个结构性问题"①。同时,从前面有关中国传统司法架构的陈述中,我们亦可以看出,当事人在司法过程中往往处于一种客体的地位,只能被动听从司法官的安排,不能向法官提出程序上的要求。② 而近代西方司法追求正当的司法程序提出,"程序的实质是管理和决定的非人情化,其一切布置都是为了限制恣意、专断和过度的裁量"③。这也是正义的基本要求。从历史来看,正当程序就是起源于刑事诉讼必须采取正式的起诉方式并保障被告接受陪审裁判的权利。④ 后来扩大了其适用范围,意味着广义上剥夺某个人利益时必须保障他享有被告知和陈述自己

---

① 徐忠明:《晚清法制改革的逻辑与意义》,《法律史论集》(第 2 卷),法律出版社,1999 年版,第 415 页。
② 参见沈国琴《中国传统司法的现代转型》,中国政法大学出版社,2007 年版,第 34—35 页。
③ 季卫东:《法治秩序的建构》,中国政法大学出版社,1999 年版,第 57 页。
④ [日]谷口安平:《程序的正义与诉讼》,王亚新等译,中国政法大学出版社,1996 年版,第 4 页。

意见并得到倾听的权利,这也成为英美法系国家人权保障的根本原则。

苏报案中对刑事诉讼程序制度的遵循体现在多方面。比如辩护与控诉双方形式上的平等性,使得诉讼整体构造保持了平衡;现代律师制度的引入,就是刑事诉讼程序民主化和科学化的标志之一;对证人的询问,则有相当的现代交叉询问制度的影子。同时两位证人分别站在对立的立场上,保证了诉讼武器的平等原则。苏报案有预审程序和审判程序。在预审程序中,被告辩护律师提出了延期审理的要求,这得到了主审官员的认可;在审判程序中,有相对完整的开庭、法庭调查、法庭辩论、合议等程序。其中,被告诉讼代理人的发问、双方律师的法庭辩论都占据了较长时间。这也与两者在程序中的重要性有关。并且,整个审判过程是公开透明的,这从同时期的新闻报道就可看出,符合审判的公开原则。相比之下,类似的沈荩案则是秘密进行的。

当然,苏报案展现的现代法庭的程序制度还有许多和传统司法的程序不一致的地方,这也引发了清末司法改革对刑事诉讼程序重要性的反省。此后,不仅《各级审判厅试办章程》在中国司法史上第一次提出根据案件的性质划分民事诉讼和刑事诉讼,而且沈家本在附有《刑事诉讼律》的奏折中,更是论证了刑事司法程序正义的重要性:"刑律不善,不足以害良民;刑事诉讼律不备,即良民亦罹其害。"①

---

① 张晋藩:《中国法律的传统与近代转型》,法律出版社,1997年版,第458页。

（四）展示了现代法庭的证据制度

在刑事诉讼中,定罪量刑所依据的事实、情节,都是用证据来证实的,任何当事人一方提出的诉讼主张,都要有合法有效的证据来支持,故证据素有诉讼中"无冕之王"之称。中国传统司法对证据相当重视,但这种重视有着严重的缺陷,一是刑讯逼供成为正当和合法的。正如亨利·诺曼所说:"中国人有一套刑讯逼供的理论依据,否则就是不公平的,尽管他们远未遵守。根据中国的法律,任何犯人都不受刑讯逼供,除非他承认自己有罪。因此,必须首先证明犯人是有罪的,然后才能刑讯逼供,直至犯人对衙门给他们定的罪供认不讳为止。你越是对这种逻辑进行思考,你就越觉得这种逻辑非常奇怪。"[1]且刑讯逼供往往成为官方的"合法伤害权","依法拷讯,邂逅致死,或因受刑之后因他病而死者,均照邂逅致死律勿论"。[2] 二是异常重视口头证据。其中,被告人口供又是最重要的一种,口供被称为"证据之王",是定案的关键。清律规定:"凡狱囚,鞫问明白,追勘完备,审录无冤,依律议拟,法司复勘定议奏闻。""凡狱囚,徒流死罪,各唤本囚及其家属,具告所断罪名,仍责取囚服辩文状。如不服者,听其自行辩理。"可见口供是结案的必需条件。否则,其他证据再充足,也不得结案。当然,也有学者从中国传统司法重情理依推断来说明"证据是在促使被告认罪这一

---

① 参见[英]吉伯特·威尔士、亨利·诺曼《龙旗下的臣民——近代中国礼俗与社会》,光明日报出版社,2000年版,第257页。

② (清)阿贵等纂:《大清律例》(第4册),中华书局,2015年版,第490页。

意义上使用的。因此,司法官不必受复杂的证据法的限制"。①

但是,在苏报案中,一者清朝政府不能刑讯逼供,张晋藩教授指出:"以苏报案来说,如果不是在会审公廨中,而是在清朝的衙门里,审判官根本不会让章炳麟辩解'载湉小丑'中的'小丑'二字本作'类'字或'小孩子'之解,而是早就动用大刑,逼他招供同谋的'逆党'。"②二者外籍陪审并不认可口头证据,当时的会审公廨较注重人证、物证,将这些客观证据当作判决的依据。事实上,在被捕后的第一次审讯时,章炳麟、邹容很可能是事前与律师没有深入地沟通,均承认自己是《驳康有为革命书》和《革命军》的作者,据此清政府方面认定章、邹已经认罪,因此要求交出苏报案被关押者。这给律师的辩护带来很大的不利,章、邹在预审时的表现也使主张保护苏报案被关押者的英国方面很无奈,称他们是"狂热的殉道者","他们在预审时的表现使所有挽救他们的努力都变成徒劳"。③ 在这种情况下,律师采取的辩护策略是坚持原告承担举证责任,即政府指控的写作、印刷和出版是一个整体罪名,原告要指控,必须形成完整的证据链,即只具备写作不构成犯罪,因此章炳麟、邹容在供词中都竭力声称印刷和出版与自己无关。琼斯也坚持:"第一,所行之事;第二,何人刷印,此系最要关键,请政府律师指出刷印真凭,方可谓章、邹实有扰乱人心之意。"④同时,辩护律师

---

① 季卫东:《法治秩序的建构》,中国政法大学出版社,1999年版,第58页。

② 张晋藩:《中国司法制度史》,人民法院出版社,2004年版,第475页。

③ 1903年8月11日焘讷里致英国外交大臣蓝斯唐的信函,Further Correspondence Respecting the Affairs of China(1842-1937), F.0.405/135。

④ 《三讯革命党案》,《申报》,1903年12月6日。

还反复强调"前堂各供不能作据","凡有教化之国,案须得有真凭实据,方可定谳,若无凭据,即无罪名","章、邹只认著书,未认印书,今已在押数月,应请堂上开释"。① 此时,清朝官员原先窃窃自喜的口供证据证明力完全失效,汪懋琨提出的"前堂章、邹业已供认,此案自应即照华例办理"②的要求更未得到理睬。

此外,在会审公廨对苏报案的审理中还展示了诸多现代法庭司法文明的细节。中国传统司法体制中的"连坐""下跪"等落后体现的制度,最初也被要求在苏报案的审理中出现,但最终在会审公廨中都没有得以施行。这是现代司法文明的最基本体现,也是对当事人的最基本尊重。

(五)中国司法现代化始于会审公廨

会审公廨生成于 19 世纪的上海租界,由于植入了"外国人会同审理"的变因,加之外方会审权力的不断扩张,这个原本属于传统中国衙门的机关,被迫成为两种不同司法文化交战和融合的场域。对于会审公廨,国人的心情是复杂的。一方面它是中国司法主权沦丧的象征,暴露了外人干涉中国主权的实质;另一方面它的司法制度和运作属于资产阶级的革命成果,与清朝固有司法相比,无疑具有进步性,可谓兼具"耻辱标志和文明窗口"的意义。在传统与现代的关键时点上,会审公廨呈现的现代司法形象,为中国民众提供了一个衡量中西司法优劣的窗口,因而具有重要的时代意

---

① 《会讯革命党案》,《申报》,1903 年 12 月 4 日。

② 《会讯革命党案》,《申报》,1903 年 12 月 4 日。

义。对此,我们无意为会审公廨涂脂抹粉,但客观上也无法回避会审公廨对近代司法转型的作用。

有学者专门研究指出,会审公廨不仅积极实行租界的有效管理,保证社会秩序的稳定,在财产保护方面,会审公廨也起到了有效的作用。当时会审公廨审理了很多抵押、租赁、买卖等案件,其中较大一部分都是因合同的不履行或不完全履行而发生的合同纠纷,而会审公廨则比较重视契约的作用,判决大多严格依据合同条款判被告履行或赔偿损失。虽然会审公廨的判决表面看起来很严,但"正是这种重视契约的处置,在观念形态上对从事商品经营的华人起了潜移默化的作用"①,有利于社会进步。

扩大开来再解构小小的苏报案,我们就能发现其中的诸多意味,对照王立民先生的"中国大地上的法制现代化进程始于租界"②学说,借鉴柯文的"沿海—内陆"模式,本书提出,中国大地上的司法现代化进程始于租界。因为租界大多数是沿海(江)地域,正是在那里,由于特殊的政治生态、法律环境、社会思潮,国人率先接触西方的司法文明,最早接受了西方的现代司法,开始反思传统司法,进而寻求变迁和改革。大众则逐渐养成了租界华民的"法律习惯","历经英人熏蒸陶育之余,知识与程度,虽犹是陋劣不可名状,服从法律习惯则已较胜于内地。例如民国开幕,国内始有形式意义上的司法衙门,而诉讼案之孰为刑事,孰为民事,执以问之普

---

① 马长林:《晚清涉外法权的一个怪物——上海公共租界会审公廨剖析》,《档案与历史》,1988 年第 4 期。
② 参见王立民《中国的租界与法制现代化:以上海、天津和汉口的租界为例》,《中国法学》,2008 年第 3 期。

通国民,瞠目不知所对者,十必八九也。若租界居民则虽妇人孺子,亦均知命盗斗殴应向捕房控告,钱债人事应向会审公廨控告。于刑、民性质,颇能辨别了解"。①

更具体一点,中国大地上的司法现代化进程应该始于会审公廨。会审公廨作为当时承载租界现代法制化的重要场所,存在时间之长,处理案件之多,远远超过领事法庭等其他司法机构,被认为"会审公廨的实际影响,却不知比其他法庭高出多少倍"②。这在客观上无疑对近代中国接受西方司法观念和现代审判方式起到极大的推动作用。虽然这种推动于清末司法转型可以称为一种被动,但律师辩护制度的引入,庭审中双方的交叉质证,有力地纠正了传统司法审判的某些弊端,也在一定意义上改变了传统的诉讼模式;重视客观证据、慎用刑讯制度,以及对司法程序的遵守,有效地保障了司法的公正性。正是会审公廨这些与传统审判机构不同的点点滴滴,预示着中国司法进步的方向。正是通过会审公廨,西方较为进步的司法制度,包括现代的法规结构、法制语言、审判制度、律师制度,③就像细菌学上的"酵母"一样逐步渗透、影响到中国。这些影响表现在起诉、取证、审讯、辩护、判决等诸多方面,其中最重要的包括不滥用刑讯、慎用或减轻肉刑及允许律师出庭辩护三个方面,④这也是会审公廨窗口作用最直接和最深刻的体现。

---

① 姚公鹤:《上海闲话》,上海古籍出版社,1989 年版,第 46 页。

② 杨湘钧:《帝国之鞭与寡头之链——上海会审公廨权力关系变迁研究》,北京大学出版社,2006 年版,第 57 页。

③ 参见王立民《中国的租界与法制现代化——以上海、天津和汉口的租界为例》,《中国法学》,2008 年第 3 期。

④ 参见张晋藩《中国司法制度史》,人民法院出版社,2004 年版,第 474—475 页。

当然,我们也必须承认,会审公廨虽然对中国司法的近代化起到了极大的推动作用,其影响仍然是相对有限的。现代意义上文明的司法体系不是一朝一夕能够建立的,会审公廨作为一个基层司法机构难以承载完全的历史重负。诚如科恩所言:"各大条约口岸西方化的花花世界及其变革的趋向,始终不过是浮在中国社会和传统深川激流之上的飘零物,只有当中国内地开始觉醒之时,真正的变革才会到来。"①

此外,从中国司法及中国法治的现代化历程来看,清末变法修律改革肇端于废除会审公廨背后的领事裁判权,②但这种变革不是为法治而法治,更大程度上则是为了挽救民族危亡和统治危机。简单来说,不是为了"以法治国",而是为了"以法强国",乃至"唯法之法"。这也导致以学习西方为途径的中国近代司法改革现代化存在着主体被虚化的危险,法治的现代化成了主题,而中国反而成为被淡化的背景,"中国被隐匿在对以'普世意义'为伪装的西方法的研究背后,并被无限淡化,此时的中国法学也在某种意义上成了没有'中国'的法学,乃'唯法之法'"③。这也是值得整个中国法学界警惕的一种现象。这个问题的凸显,实际上也回到前述"当中国内地开始觉醒之时,真正的变革才会到来"的论断中,即中国法治的进步,必须是立足中国,面向中国的,要吸收外来,还必须不忘

---

① [美]吉尔伯特·罗兹曼主编:《中国的现代化》,国家社会科学基金"比较现代化"课题组译,江苏人民出版社,2003 年版,第 33 页。

② 张世明:《再论清末变法修律改革肇端于废除领事裁判权》,《中国人民大学学报》,2013 年第 3 期。

③ 支振锋:《"西法东渐"的思想史逻辑及其超越》,《江苏行政学院学报》,2010 年第 2 期。

本来。

四、苏报案在清末司法转型中的意义

"近代中国的历史,即人们现在认为在那里已经发生过的事情,是充满了争论的。一些重大的事件已被人们所了解,但对于它们的意义却存在着争议。"①费正清的论断,几乎完全适用于对苏报案的理解。按照费氏的解释,出现争议一是由于普遍存在的历史无知状态,二是由于把历史事件参与者分割开来的巨大的精神文化鸿沟。这种现象在苏报案的研究中也同样存在。

(一)对苏报案的传统理解及批评

长久以来,苏报案被理解为清政府与帝国主义相互勾结,联手镇压新兴革命的一个事件,被写进了中国近代史和革命史的教科书。苏报案中庭审这一环节,则被描述为"在会审公堂上,两位革命志士,精神焕发,铁骨铮铮,据理驳斥中外反动派妄加的罪名"②。会审公廨对章、邹则是"非法审讯,借以打击革命党人"③。清政府向会审公廨提起诉讼,则被认为其实质是"官怕洋人,清政府在帝国主义面前束手无策,不惜侮辱国体,自己当原告,向帝国主义设

---

① 〔美〕费正清编:《剑桥中国晚清史(1800—1911年)》(上卷),中国社会科学出版社,1985年版,第1页。

② 马模贞:《中国革命史简编》,北京医科大学、中国协和医科大学联合出版社,1991年版,第34页。

③ 岳山:《邹容》,上海人民出版社,1982年版,第42页。

在中国的法庭去控告自己管辖的百姓"①。还有的书将其解释为："全国人民对于清朝政府勾结帝国主义逮捕章太炎、邹容一案，都非常愤慨，一致激烈反对。英美帝国主义国家一方面害怕中国人民的反对，另一方面为了巩固他们在租界内继续审判案件的司法特权，没有接受清朝政府的要求。"②这些解释都单一化了苏报案，遮蔽了历史的真相。

在此，不妨回到1903年12月会审公廨"额外公堂"的历史现场。与初审时期表现出的直接对抗截然不同，为了配合律师的辩护策略，章炳麟和邹容在庭审中极力推脱责任。虽然两人之前都承认文章是自己所作，但章炳麟在法庭上称这是他写给康有为的一封私人信件，誊写稿请一个叫Tsa的人在香港通过邮局寄给康有为，草稿被丢在废纸篓，文章中"小丑"只是"小孩子"的意思，对于这封私人信件如何印刷、怎样出版、如何流通，他一无所知。以下为当时庭审的对话记录：

你知道该书在哪里印刷的吗？——我不知道。

你有没有采取措施阻止其流通？——我没有能力阻止其流通。

你不知道公开的广告每册卖10文钱吗？——那不关我的事情，应该由刊登广告的人负责。

你看到过该书的广告吗？——我看到过，不过，我没有办

① 陶瀛涛：《邹容》，江苏人民出版社，1982年版，第55—56页。
② 章回、包村等编：《上海近百年革命史话》，上海人民出版社，1962年版，第65页。

法阻止它。

你是在哪个报纸看见的广告？——没记错的话，应该是《苏报》。

你曾经要求苏报馆的负责人停止销售吗？——不，我根本没有因为这件事情去过《苏报》馆。

难道你不希望停止该书的流通吗？——我就是希望，我也没法做到。

但是你不希望停止它的流通吗？——如果我有这个能力，我可能会。

那么，你知道它还在流通吗？——我不知道。①

邹容则声称《革命军》是东渡日本在东京同文书院学习时完成的一篇作业，回国前，他将文章留在东京，返回上海后才看见市面上有《革命军》的印刷本，"杀尽满人"的观点也是他的日文老师Meidah教授的。《革命军》如何印刷、怎样出版，他也不清楚。以下为当时庭审的对话记录：

撰写《革命军》的时候，你还在日本学习吗？——是的。

是你自己出版的吗？——不是。

它是你作业的部分吗？——是的，不单单是我，许多同学都完成了这个作业。

也写文章？——是的。

---

① "The Supao Sedition Trial, " *N.C.Daily News*, Dec.10, 1903.

是你自己出版的吗？——不是。

你要其他人帮助你出版吗？——没有。

……

你知道《革命军》一书手稿的情况吗？——原稿和我的其他书、行李等一起留在位于东京的中国学生俱乐部。

《革命军》表达了你现在的观点吗？——我已经改变了我之前的观点，我现在有新的观点。

你现在不再鼓吹推翻满族统治？——我现在鼓吹社会主义。

……

与章炳麟的手稿一样，你的文章也是未经你的同意，就被印刷的？——对于这一点，我无所谓，因为我现在认为我以前的思想是不好的。

你还有其他的书出版吗？——没有，但我准备撰写有关社会主义基本原理的书籍。

你给《苏报》投稿吗？——没有，《苏报》的观点与我恰恰完全相反。

你想推翻清朝政府吗？——我不想，我只想成为第二个卢梭。①

从这些来自现场的庭审记录可以看出，章、邹二人都是竭力为自己做无罪辩护。他们表现得很有"技术"，甚至有点圆滑。不但

---

① "The Supao Sedition Trial, " *N.C.Daily News*, Dec.11、12, 1903.

极力推脱责任,否认自己和书籍的印刷出版有关,而且否认自己的革命观点,毫无传统教科书中声称的那种一往无前的革命气概。当然,这不是说章、邹二人丧失革命气节,这更多的是一种技术性的自我辩护策略和自我保护措施。对此,客观的历史应当秉笔直书。

即便单纯从法律角度来考察,清政府亟欲惩治苏报案诸人的诉求也未必全无合理性。一个很简单的道理,即使按照"国际惯例",一国政府对公开在媒体上鼓吹杀人的血腥言论也完全可以予以制约。清政府的法治理念的确落后,但即使是用当时最文明的言论自由标准衡量,章炳麟和邹容也是有罪的,只不过在中西两个法律系统里,其罪行重轻不一而已。若进一步反思,正是这种革命式的描述和政治式的话语,阻断了以往从苏报案探寻清末司法改革的可能性。而本书的研究,则着重从苏报案来探讨这场被称为革命性的司法改革,以呈现封建王朝司法的黄昏和现代司法转型的必然性,这是全文论证的中心,也是本书突破传统苏报案研究的切口。

(二)苏报案引发的碰撞与反思

必须承认,就目前检索的文献来看,尚未发现从苏报案直接提出司法改革或司法转型的奏折、电文等档案。但根据前文提出的"个案推动说",我们可以清晰梳理出,前文的探讨几乎都是围绕苏报案在清末司法转型中的意义展开的。特别是上述从苏报案透视出的传统司法与现代司法两者截然不同的司法观念、制度和运作的对比,为寻求苏报案在晚清司法转型中的意义埋下了伏笔和前提,所以,本书在史料收集的过程中并没有刻意去寻找所谓的直接证据。

正是在苏报案的这种对比中,不同司法观念、制度和运作因各自价值体系对立而发生的碰撞,淋漓尽致地展现在我们眼前。一般说来,这种碰撞总是要反映司法的差异或优劣的。通过这种差异的对峙及其冲突碰撞,人们又会自觉或不自觉地进行比较和鉴别,为司法的改革、完善或更新设计奠定理念和制度形成的基础,其结果必然导致司法制度的转型。而从司法制度转型本身观察,司法观念、制度和运作的冲突不仅是司法观念思维的对抗,更是不同规范和制度的较量。这种不同规范和制度的差异及其较量,是引发司法观念思维对抗的直接根据和前提,也是促使司法演进转型的根本原因。

中西近代司法观念、制度和运作是在西方列强殖民侵略扩张的背景下展开的,呈现出一方相对落后、极端保守,而另一方相对先进并竭力渗透的持久碰撞态势。冲突的结果是,封闭排外保守且具有较强内聚力的中国封建司法体系逐渐解体,晚清司法呈现出半殖民地化的历史烙印,而西方先进的司法制度开始为中国社会所继受。① 这种继受体现在起诉、取证、审讯、辩护、判决、执行等诸多方面,如清末卓尔哲案和马嘉理案,因为外国领事的会同审

---

① 参见张培田《中西近代法文化冲突》,中国广播电视出版社,1994年版,第4—5页。

理,中国官员在判决中最后都将外国法律当作参照使用,①甚至最后还专门发文要求遵循此类案件中的做法。在苏报案中,全案西式的诉讼架构、审判程序、证据制度、辩护制度,经过媒体的报道、舆论的传播,对公众的冲击也很大。在苏报案中,中西方共同确定适用中国法律,但司法实践对此却适用困难,带来了国内法与外国法的冲突,此案最终不依《大清律例》处以重刑而仅判轻刑。

从历史发展的经验来看,"当中国传统司法制度已经不能满足社会发展的要求时,社会迫切地寻找一种新的可替代性制度,这时西方先进制度正好弥补了这一空白,向正处于困境之中的中国传统司法展示其符合时代发展的一面"②。而在动因或者细节上,正是在类似于苏报案的个案中的一系列司法冲突和碰撞,促成了国人对外界和自我的认识突破,推动了近代文明司法的启蒙和传播,从而引发彼此间对共同行为规范选择的优劣鉴别并导致新的选

---

① 参见张德美《探索与抉择——晚清法律移植研究》,清华大学出版社,2003 年版,第264—268 页。卓尔哲案:英籍印度人卓尔哲与耶松船厂木工王阿然发生争吵,竟以双铳枪击毙王阿然。经交涉,卓尔哲被处以绞刑,英国领事、警务长官、会审公廨会审官及上海知县朱凤梯等在场监督执行。该案之中,根据《大清律例》有关故意杀人的规定,卓尔哲应当处以斩刑,但考虑到英国并无骈首之文,最终考虑以英国的绞刑方式执行死刑。这个案例初步显示出当时中国对国外法律的参照使用。马嘉理案又称"云南事件"。1875 年 2 月,英国驻华使馆翻译马嘉理擅自带领一支英军由缅甸闯入云南,开枪打死中国居民。当地人民奋起抵抗,打死马嘉理,把侵略军赶出云南。英国借此事件,强迫清政府签订了《烟台条约》。在马嘉理案的处理中,清方根据犯罪嫌疑人的口供拟照定例科罪,但是英方对中方提供的证据提出质疑,认为供证虽按中国律例,可作为定罪之据,若按英国例法评议,仍难称信谳。如将前项人犯治罪,英国未能视为允协,转恐更滋疑虑。对此,鉴于英方提出的处理方式,特别是英国证据制度,李鸿章以为,"中西律例既殊,办法亦异,似应据情权宜拟结",最后还是认同了英方的意见。

② 沈国琴:《中国传统司法的现代转型》,中国政法大学出版社,2007 年版,第 237 页。

择，促进了晚清的法律移植和司法转型，为中国司法的近代化奠定了一定的思想基础。

事实上，苏报案最终完全摈弃中国的法律条文和司法传统，对章、邹二人适用英国刑法中"煽动性的诽谤罪"这一普通诽谤罪的轻罪予以惩处，实质上完全是特殊地域不自觉地在个案上对西方法律的移植。而从普遍的层面上，正是一系列个案，随着国人的自省，使清末司法转型成为国民和社会的一种需要。此处可以以当年的一则报道佐证。1890 年 3 月有人在《申报》发表文章以比较中西司法制度时指出："今观于外国刑司讯案，无论事之大小，情之轻重，必延状师逐层辩驳，遍传见证，随时质对……故未定罪之先，既无滥刑，已定罪之后，亦无酷刑。"这比我国传统司法的"未定罪之先，飞索以塌，锐意刑求"要进步得多。①

这样的解释也许有点抽象，这样的例证也许有点单薄，要从苏报案上来寻求其在清末司法转型中的意义似乎是个案的"不能承受之重"，同时我们也不具备这样的法律基础。我国是成文法国家，司法改革和转型往往是通过立法的形式展现和达成的。这从清末司法改革广泛立法的数量可见一斑。同样，晚清对司法机关、司法制度的改革都是通过法律的变革实现的。相反，英美法系可以通过判例来达到改革的目标，所以个案推动英美法治进程的实例就不胜枚举，如"马伯里诉麦迪逊案""《纽约时报》公司诉萨利文案""焚烧国旗案""米兰达诉亚利桑那州案"，等等。

不过，我们必须澄清的是，正是一个个类似苏报案的个案推

---

① 转引自洪佳期《上海公共租界会审公廨研究》，华东政法大学博士学位论文，2005年，第 156 页。

进,才移动了中国传统司法沉重而腐朽的架构。这也是"个案推动说"的体现所在。比如,领事裁判权对苏报案被关押者的袒护,让张之洞等司法改革派大为光火,"领事裁判权对清朝法制的破坏,成为采纳西法以改革中法的直接原因"①。而苏报案的交涉棘手、引渡困难、判决艰辛、量刑未能所愿、延请外国律师等,都让清政府感到难堪并受到冲击,势必会加快清末司法改革的步伐。同时媒体关于苏报案连篇累牍的报道、大众茶余饭后的闲谈,也有力地促进了现代司法理念的传播与启蒙。

这是不易观察却又至关重要的个案效应。这一诠释并不是夸大,当下的法治生活在很大程度上,不也是依赖着诸多里程碑式的个案推动法治进程吗?不也依靠着具有制度意义、较大社会影响的诉讼,引起立法和司法变革,引起公共政策的改变,检验法治原则,影响公众法治观念,促进公民权利保障吗?

(三)西方因素对司法转型的作用方式

探讨苏报案在清末司法转型中的意义,还有一个可以拓展的问题,即西方因素对清末司法转型的作用方式。

对于清末司法转型的一个普遍共识就是,西方列强在中国的作用是复杂的。形象地说,他们既是拦路打劫的强盗,又是前行引路的先生。这一分析是恰当且准确的。于前者,在苏报案中,列强为了维护自身的领事裁判权及租界的其他权利不被干涉,粗暴地

---

① 李贵连:《中国法律近代化简论》,《近代中国法制与法学》,北京大学出版社,2002年版,第5页。

践踏中国司法主权,强硬地要求苏报案必须在会审公廨进行审理和判决。尽管最终的判决在客观上保障了章、邹等人的权益,但我们要辩证地看待其动机和结果。另外,章、邹在监狱中惨遭毒打、罚做苦工都证明了列强对他们并非真正的保护。在会审公廨中,作为法官的英领事翟理斯更是盛气凌人,大权独揽,置中方审判官员于不顾,完全超越了相关不平等条约。最终结果也完全和"查西律,不过二三年"的预想设计完全一致,不能不说这就是列强对司法的操纵,对中国内政和司法的凌辱。于后者,会审公廨如同一面镜子。就浅层来说,它展现了中西司法在仪式、程序、制度和理念上的差别和冲突;就深层来说,它反射出世界另一端的另外一种司法文化,与中国传统的司法精神相去甚远,给国人以冲击,推动国人的自觉进步,去寻求、整合和建设近现代的司法理念、制度和文化。

需要明确的是,一方面,这种冲击是非强迫的,往往借助文化浸润的形式,"帝国主义和殖民主义不仅仅是枪炮、商品和各种侵略行为,它还是一个文化过程,一个需要被征服人民自愿去接受的'霸权工程'"①。正如前文所指出的那样,正是这一系列的司法冲突和碰撞,促成国人对外界和自我的认识突破,推动了近代文明司法的启蒙和传播,从而引发彼此间对共同行为规范选择的优劣鉴别并导致新的选择,促进晚清的法律移植和司法转型。

比如,在会审公廨经历华洋诉讼后,时人耳濡目染这种异质的诉讼方式,往往感触颇多。1902年10月,《申报》上有议者撰文指

---

① [美]何伟亚:《英国的课业:19世纪中国的帝国主义教程》,刘天路等译,社会科学文献出版社,2007年版,封底。

出,中国"听断之宜改有三端,曰除刑讯、设陪审官、用律师。西国听讼,有问官、有陪审官、有律师,各有权限,莫能相越。问官有定谳之权,陪审有稽查之权,律师有辩驳之权,官有律师,两造亦各有律师,皆剖析至当"①。一篇文章,自行提出了中国传统司法制度改革的方向,可谓民众意识权利层面的深刻反思和有效探索。

另一方面,这种冲击是巨大的。正是在苏报案等具体个案的冲击下,晚清修律和司法改革从个别性调整迈向了普遍性的规范调整,前文提到的法治的衍化史,就是从个别调整发展到规范调整,进而实现二者有机结合的过程。这样的多层面分析,或许可以稍微解释费正清"冲击—反应"模式的一些缺陷。因为任何外来的"冲击"不论是正面的还是负面的,只是外部条件和催化剂,只有通过中国内部因素的整合才能产生作用,推动中国司法的变迁和发展。

(四)苏报案对国民权利观的影响

在另一个层面,孙中山所谓苏报案使得"民气为之大壮"不仅有革命的意味,还有一种民众权利意识得到确认和普及的内涵。

在苏报案中,清政府必须以诉讼的方式,通过平等当事人的身份才能追究臣民的刑事责任,且最终的结果出人意料。这在传统国民的意识中是不可想象的。如果说以前的宣传,诸如谭嗣同的《仁学》、邹容的《革命军》只是在语言和思想上抨击君权,那么苏报

---

① 《增改现行律例议·续昨稿》,《申报》,1902 年 10 月 3 日。

案则是从行动上冲击了君权不可侵犯的信条。君主高高在上的形象被颠覆,传统的等级制度被推翻,从这一点来说,苏报案的影响是其他案件所无法企及的。苏报案的结果使当时精英人物宣传的"民主、自由、平等"等西方观点得到印证,有了实际的参照。①

在中国传统的法律文化中,个人权利意识是极其淡薄的,个人也不存在西方式的超然的自主权利,而只存在随着某种社会境遇而不断改变的相对权利。并且,个人权利的形式是以其义务的充分履行为基本前提的,个人权利缺乏应有的独立性。② 当审判和判决传播至社会上时,可以想象民众对自身权利的醒悟,特别是个人与国家以平等诉讼地位进行法庭对抗带来的冲击,而一旦形成强劲的权利思潮,它必然会深深地印嵌进近现代中国社会的转型过程之中。"毫无疑问,权利现象是社会生活的产物。权利发展与社会发展处于同一个历史过程之中。"③因此,诉讼中传播的权利意识在社会主体的心理结构中,作为动机,作为调节行为的意识冲动,必然推动着大众去架构一个与之适应的权利社会。

这种解释虽然表达于抽象的文字之间,却是一个实实在在的必然发生的历史过程。晚清修律和司法转型,正是一个从否认民权向有条件承认民权的转变。在沈家本等人的倡导下,包括天赋人权在内的近代西方法律精神也逐渐渗透到晚清法治变革的过程中。而在广阔的层面,乃至今天,司法的转型需要器物层面的制

① 张松:《从'苏报案'看晚清司法近代化》,《法史学刊》(第 2 卷),中国社会科学文献出版社,2008 年版。

② 参见陈弘毅《权利的兴起:对几种文明的比较研究》,《外国法译评》,1996 年第 4 期。

③ 公丕祥:《法制现代化的理论逻辑》,中国政法大学出版社,1999 年版,第 264 页。

度,更需要权利意识觉醒这样的精神灵魂,这也是司法现代化的精神枢纽。① 因为"法治秩序的建立不能单靠制定若干法律条文和设立若干法庭,重要的还得看人民怎样去应用这些设备。更进一步,在社会结构和思想观念上还得先有一番改革"②。

于苏报案而言,该案显然是会审公廨突破传统思维,确保自由、人权的裁判结果,这也是孙中山先生特地标举苏报案鼓舞革命的原因之一。"从华方的角度剖析,我们实不能忽略,这些通过会审公廨所呈现的西方法治原则或自由、人权的思想……不能不承认其对传统法律文化思想的质变带来的启发作用。"③

从苏报案来管窥清末司法转型,固然不排除作为"关键性个案"而预先挑选的成分,但显然,集聚众多司法元素的苏报案绝不是一个孤立的事件,将其放在近代中国司法转型的全景中聚焦,是有着合理和必然的选择性的。苏报案是当时司法观念、制度和运作冲突的结果和反映,是对传统司法观念、制度和运作的批判,更是对近现代司法观念、制度和运作的召唤。

---

① 参见公丕祥《法制现代化的理论逻辑》之《法制现代化的精神枢纽》一章,中国政法大学出版社,2003 年版。
② 费孝通:《乡土中国》,北京大学出版社,1998 年版,第 58 页。
③ 杨湘钧:《帝国之鞭与寡头之链——上海会审公廨权力关系变迁研究》,北京大学出版社,2006 年版,第 212 页。

结　语

　　1903 年,是平凡的一年。这一年被形容为"晚清如一张老化的旧唱片,虽已五音不全,唱针却还在上面划拉着那最后的几圈沟纹"①。

　　1903 年,又是不平凡的一年。这一年,因苏报案的发生,被认定为晚清政治思潮由改良主义向激进主义转变的分水岭,没有1903 年革命排满思潮狂飙突起,就没有 1905 年百川归海,汇合成为全国范围的资产阶级革命运动。② 尔后的历史教科书中,苏报案被视为反帝反封建的典型历史事件,苏报案的两位主角章炳麟和邹容则不约而同被尊为革命的先行者,很多影视戏剧文学作品更是将《苏报》及其背后的人员刻画成无所畏惧的斗士形象。

---

① 程文超:《1903,前夜的涌动》,山东教育出版社,1998 年版,小引第 1 页。
② 章开沅:《论一九〇三年江浙知识界的新觉醒》,《江汉论坛》,1981 年第 3 期。

一、历史的必然性

但是,事件后半场中一直未出现的陈范,对这段历史却往往不愿提及,"苏报案中,拿办六人,除章邹入狱外,余四人,或逃或避,惟陈梦坡虽逃而受祸最酷,苏报馆产业被没收,儿子失踪,家破人亡"。① 从现代人的思维来看,当年的陈范其实大可振臂一呼,借助苏报一案,顺势而上,成为革命领袖。不过,从现在发现的史料来看,陈范在避居日本期间,一直是比较消沉的,"顾君乃暗淡沉默,不习突梯挈楹之技,叫嚣与脂韦两非所擅。慕君名者,方各印一时豪之态度于脑镜,欲一见为快。既见,乃恂恂如老师宿儒,几疑此不类倡言革命者,久之益相忘。君于是益贫困,无以自给"②。究其原因,很大程度上应该同陈范于苏报案而言是被动卷入的因素有关。当然,若不是钱宝仁假冒孙中山这个偶然性的因素,③苏报案则很可能就不会发生,也不会有今天的相关研究。

那么,果真如此吗? 一个值得深思的问题是,一旦我们深入考察 1903 年、《苏报》、上海、清末司法、清末社会等众多决定性因素,我们就会发现,包括苏报案和清末司法转型的历史发生和发展更

---

① 蒋维乔:《中国教育会之回忆》,中国史学会编:《辛亥革命》(第一册),上海人民出版社,1957 年版,第 495 页。

② 汪文溥:《蜕庵事略》,《民立报》,1913 年 5 月 30 日。

③ 章士钊后来回忆此事时说:"梦坡之愚陋如此,驯至促成革命史中一轰轰烈烈之事迹,恍若神差鬼使而为之。又若钱宝仁不骗人,苏报未必有案者然。古称天下无信史,盖宇宙茫茫,史迹之类是者,谅亦伙亦;何独至于梦坡血疑之哉?"参见卓忖严《苏报案始末记叙》,中国史学会编《辛亥革命》(第一册),上海人民出版社,1957 年版,第 389 页。

多的是一种必然。①

(一)必然发生的苏报案

1903 年上海苏报案的发生,除了偶然性因素,当 1903 年、上海、《苏报》这三个因素聚集在一起的时候,其发生更多是一种必然。

第一,苏报案的发生与 1903 年这个特殊的年份有着密切的关系。按照李泽厚先生对中国近代史的划分,1903 年是中国进入 20 世纪,迈向 1905 年途中的一个重要年份。② 这一观点得到了学界的广泛认可。章开沅教授就曾指出:"在辛亥革命的编年史上,癸卯(1903)是很值得重视的一年。"③李新先生更是直接指出:"1903 年,对于中国资产阶级领导的反清革命来说,是一个极为重要的年头。在这一年里,充满了惊心动魄而又瑰丽壮观的事件。"④细分下来,1903 年中发生的若干重大事件都与苏报案有所关联。

年初,以留日学生的爱国斗争和国内"学界风潮"为开端,接着有规模宏大的拒法运动和抗俄运动。与《苏报》社一体的中国教育

---

① 这种必然,恰如孟德斯鸠在《罗马盛衰原因论》中精妙的论断:"如果偶然一次战败,这就是说一次特殊的原因摧毁了一个国家,那就必然还有一个一般的原因,使得这个国家会在战斗中灭亡。"参见[法]孟德斯鸠《罗马盛衰原因论》,婉玲译,商务印书馆,1995 年版,第 76 页。

② 参见李泽厚《中国近代思想史论》,天津社会科学院出版社,2003 年版,第 262—286 页。

③ 章开沅:《论一九〇三年江浙知识界的新觉醒》,《江汉论坛》,1981 年第 3 期。

④ 李新:《中华民国史》(第 1 编),中华书局,1981 年版,第 151 页。

会和爱国学社,一直是上述事件在国内的领导中心,推动着革命的发展方向。此后横空出世的《革命军》更是发出了只有革命才能救中国的疾呼呐喊,而《革命军》与《苏报》的关系自然更不用说。苏报案发生后,沈荩被清政府处死,"于是舆论愈激昂,而热血愈腾涌,几若全国一致以奔满洲,势汹汹骤不可夭阏"①。再后来,孙中山提出的"驱除鞑虏,恢复中华,建立民国,平均地权"的口号,都能由苏报案来贯穿衔接,这也就不难理解苏报案发生在 1903 年的必然。

第二,苏报案的发生与当时上海,特别是公共租界特殊的政治生态,尤其是宽松的言论自由环境密切相关。是时,公共租界作为外人实际统治的领域,流行着西方标榜的民主、自由、平等等价值观念和政治学说,这与维新党人和革命党人所追求或宣扬的,都是相当一致的。况且,当时改革的矛头是直指清朝政府而非租界当局的,宽松地对待和保护这些新的政治势力,不仅不会陷入麻烦的境地,还可以在一定程度上转移矛盾,化解当时的反帝情绪。加之义和团运动之后,列强更加同情主张变法,不支持对列强宣战的光绪皇帝,并对积极支持利用义和团对抗列强的慈禧太后产生出极为抵触和不满的情绪,以至于不时采取不合作的态度,给予维新党人和革命党人以庇护,公共租界就成为当时各界人士从事政治活动的理想地点。正如蔡元培所指出的那样:"盖自戊戌政变后,黄遵宪逗留上海,北京政府欲逮之而租界议会以保护国事犯自任,不果逮。自是人人视上海为北京政府权力所不能及之地。演说会之

---

① 黄中黄:《沈荩》,中国史学会编:《辛亥革命》(第一册),上海人民出版社,1957 年版,第 285 页。

所以成立,《革命军》《驳康有为政见书》之所以能出版,皆由
于此。"①

在整个苏报案的过程中,特别是前期,租界当局允许《苏报》诸
人在租界内进行革命传播活动,有时还在一定程度上"保护"了他
们,包括最后减轻清政府试图加于他们的迫害,一是从其自身利益
出发的,二是由其母国的政治制度、文化传统决定,受自己民族的
价值观念支配的。章炳麟、邹容宣传反清革命,直呼皇帝名字,这
在当时中国封建刑律来看,是杀头的重罪,但在英、美诸国看来,并
不算什么特别大的过错。另外,租界长期缺少新闻法规也使得《苏
报》等媒体在客观上获得了较多新闻自由。苏报案发生后,工部局
出于实际中外交涉及中国政治势力以媒体作为斗争武器等考虑,
曾经有过制定新闻出版法规的考虑。1903 年 7 月,工部局专门致
函北京公使团,提出将"工部局有权检查及管理租界内的华文报
纸,列入地皮章程附则第三十四款"②。由此可见,租界的言论环境
虽比较宽松,但也存在一定的限度。不过无论怎样,毋庸置疑的
是,租界特殊的环境是影响苏报案发生、发展、结局的重要外因。

第三,苏报案的发生与《苏报》有着必然的关系。学者周佳荣
概括指出:"此案虽以《苏报》为名,实则是清政府对上海激烈排满
活动的一次总决算,举凡张园演说、爱国学社、拒俄运动、《苏报》及
邹容的《革命军》、章炳麟的《驳康有为书》等,均在压制之列……其
实《苏报》与上述各样都有密切关系,也可以说是将这些活动结连

---

① 蔡元培:《读章氏所作〈邹容〉传》,《蔡元培全集》(第一卷),中华书局,1984 年版,
第 400 页。

② 胡道静:《上海新闻事业之史的发展》,上海市通志馆,1935 年版,第 31 页。

在一起的中枢刊物,所以总称此次事件为'苏报案',仍是十分恰当的。"①

当时上海有诸多报纸,为什么偏偏是《苏报》呢?这在很大程度上是由《苏报》、爱国学社、中国教育会"三位一体"的形态决定的,即报纸背后有学会,学会背后有学校。这是近代中国构建公共领域的一种形态,此前维新派的强学会也是如此,此后革命派的同盟会亦是如此。这种形态既涉及教育,鼓动学潮和参与政治,又能发出声音、引领舆论,发挥媒体在政治斗争中的工具性作用。所以,当革命思潮与维新思想决裂之后,《苏报》必然在章士钊、蔡元培等人组织下"持激烈主义……冒天下之不韪,而于万籁无声之中陡发此天空大震之霹雳"②。反过来,《苏报》傲立在疾呼革命排满的最前线不是偶然,它的舆论背后有组织、有人员,在上海租界特殊环境的掩护下,已经形成了一个对统治有威胁的体制外力量。③ 在这种情况下,清朝政府要严厉追究《苏报》及其背后的力量则是必然中的必然。

(二)必然发生的清末司法转型

"如同一切宏大的历史,偶然事件的背后,一定是必然的逻辑

---

① 周佳荣:《苏报及苏报案——1903 年上海新闻事件》,上海社会科学院出版社,2005 年版,第 79 页。

② 章士钊:《苏报案纪事》,罗家伦主编:《中华民国史料丛编》,台湾文物供应社,1968 年版,第 1—2 页。

③ 参见许纪霖《近代中国的公共领域:形态、功能与自我理解——以上海为例》,《史林》,2003 年第 2 期。

在作用。大清帝国不是因为甲午海战才腐朽败落,苹果即使不落在牛顿的头顶也会落在其他科学家的头顶,欧洲列强决不会仅仅为了萨拉热窝那个冲动的中学生就发动第一次世界大战……"①从历史的客观规律来看,即便没有苏报案,清末司法转型也是一种必然。因为从历史趋势来看,司法的转型只是裹挟在清末社会转型之中的一个小的方面,苏报案在历史的长河中只是一个演示窗口或研究标本。

当时,伴随着传统社会经济结构的解体,中国社会也开始发生由农本社会向现代工商社会的转型。新的资本主义经济萌芽在沿海地区缓慢而顽强地生长着,官办、商办、官督商办、官商合办的近代工厂开始在通商口岸出现,新兴商人阶层逐渐形成,大批破产农民沦为依靠出卖劳动力为生的产业工人。中国的传统经济结构正发生的深刻变革,直接推动着社会的转型。社会的转型又对以调整社会关系为己任的社会规范提出了新的要求,直接要求司法转型。特别是随着西学东渐与民族国家观念的勃兴,西方的法治思想、司法理念也越来越多地为国人所识见与认同,传统的司法体制已经越来越无法适应急剧变化的经济关系和新的社会形态,司法的转型成为社会要求下的大势所趋和必然方向。

事实上,"在中国尚未遇到西方文明之前,社会的发展已经使传统的司法统治方式失去了其应有的适应力和活力,社会需要一种更为有效的司法制度。尤其是农工商业各方面的进步因素,可能形成新生产方式的进步条件,以及人口素质的显著提高等因素

---

① 参见龚晓跃《辛亥革命 100 年特刊卷首语:所谓天下大势》,《潇湘晨报》,2010 年
  10 月 30 日。

都成为要求采用一种新制度的活跃因子"①。此后,当中西两种文明激烈碰撞后,各种新兴的社会关系又催动着司法的进一步转型。

另一方面,司法的转型也直接印证了社会性质的转型。费孝通在研究传统社会秩序转型的过程中指出:"讼师改称律师,更加大字在上;打官司改称起诉;包揽是非改称法律顾问——这套名词的改变正代表了社会性质的改变,也就是礼治社会变为法治社会。"②苏报案的司法过程在很大程度也验证了上述的逻辑。

特别是苏报案被置于会审公廨这一纠纷解决机制中进行调整的时候,这就对以调整社会关系为己任的法律规范提出了新的要求。西方人认为:"中国法律不仅是极为专断和极为腐败地实施的,而且它的体系在许多方面与欧洲人公平或正义的观念不相容。"③在西方司法文明的猛烈冲击下,政府和大众清醒地认识到固有体制和传统的弊端,从而走上了艰难的转型变更之路。

换一种视角,按照正统的马克思主义观点:"经济条件归根到底还是具有决定意义的,它构成一条贯穿于全部发展进程并唯一能使我们理解这个发展进程的红线。"④我们可以进一步从经济的角度对清末司法转型展开分析。

彼时,外国资本主义广泛深入地进入了中国市场,民族资本主义经济得到初步发展,建厂、开矿、筑路、造船、建立公司、创办银

---

① 沈国琴:《中国传统司法的现代转型》,中国政法大学出版社,2007 年版,第 8 页。
② 费孝通:《乡土中国》,北京大学出版社,1998 年版,第 54 页。
③ 转引自[美]艾德华《清朝对外国人的司法管辖》,李明德译,载高道蕴、高鸿钧、贺卫方编《美国学者论中国法律传统》,清华大学出版社,2004 年版,第 488 页。
④ 《马克思恩格斯选集》(第四卷),人民出版社,1972 年版,第 506 页。

行,虽然这些新兴的近代工商业在整个经济体系中并不占有主要的地位,但其存在并迅速发展的本身,日益动摇了传统的社会经济结构,自然经济开始瓦解,新的经济结构开始形成。在经济利益和法律调适的双重冲突下,清政府与西人形成的条约制度对中国法治产生了正面影响。

在权利意识层面,条约制度把西方的法治概念和游戏参加者地位平等的概念引入中国,使清政府失去了其不受限制的政府特权地位。此外,条约制度打破了官方对商业的垄断和对私商的任意侵夺,提升了私人和民办经济在市场上平等的地位,特别是冲击了中国的家族制度,解放了普通民众的权利意识。

在中国传统的稳定、内向、封闭性自然经济方式带来的一系列后果中,最主要的是使得宗法与家族式的组织成为社会基本的稳定性细胞,并经过历史的积淀形成一整套以“礼”为形式的宗法家庭制度,这与昂格尔所谓的“集团多元主义”迥然不同。昂格尔认为,“集团多元主义”是法律秩序建立的必要前提,因为集团多元主义意味着不存在一个永恒的统治集团,领导权的归属带有概率性,社会犹如不同利益的竞技场,存在着多元的利益集团,那么,为了公平地分配权力,调整各种利益关系,就必须拥有一套中立的、具有普遍性和自治性的法律规范。① 但在中国,统治者与被统治者之间根本不存在“实力的对抗”,只存在与自给自足的农耕生产方式相匹配的人身依附关系,以及精神上的钳制与被钳制,法律规则也旨在保护各种人身依附关系,巩固精神上的控制。显然,这与罗马

---

① 参见[美]昂格尔《现代社会中的法律》,吴玉章等译,译林出版社,2001年版。

法强调的自然法精神与自然理性有着明显不同。但是,在西方工业经济对中国农业经济的冲击和压迫中,传统的家族制度必然发生动摇,"随着新经济势力输入的自由主义,个性主义,又复冲入家庭的领土,他的崩颓破灭,也是不可逃避的运数"①。这里实际隐含着一个重要的思想,即包括司法转型在内的法制变革,必须建立在商品经济这一与传统中国法制截然不同的经济基础之上,这才是法制革故鼎新最为强大的力量源泉。

在司法制度的层面上,鉴于当时的中国不是一个法治国家,在大量爆发的华洋商事纠纷中,清政府开始逐渐意识到改良律例和司法转型的重要性。沈家本指出,在纠葛频繁的华洋诉讼中,"外人以我审判与彼不同,时存歧视。商民又不谙外国法制,往往疑为偏袒,积不能平,每因寻常争讼细故,酿成交涉问题。比年以来更仆难数,若不变通诉讼之法,纵令事事规仿,极力追步,真体虽充大用,未妙于法政仍无济也"。② 这种思想认识直接推动了一系列诉讼程序法的制定。进一步来说,包括沈家本本人在内的许多晚清精英人士还有着通过变法革新来收回领事裁判权的期待。虽然这种期待在如今看来只是一种幻觉,但在当时其确实引导着中国法治的前行,甚至上演了"一场持续时间甚久的立法秀"。③

华洋纠纷的在华审理,确确实实让中国人第一次知道了什么叫律师,什么叫陪审制。当时,包括会审公廨在内的外国在华司法

---

① 参见李大钊《由经济上解释中国近代思想变动的原因》,《新青年》第7卷第2号。
② 《修律大臣奏呈刑事民事诉讼法折》,《东方杂志》,1906年第9期。
③ 张世明:《再论清末变法修律改革肇端于废除领事裁判权》,《中国人民大学学报》,2013年第3期。

机构,在审理华人控诉洋人之商事诉讼时,均遵照本国的诉讼制度,允许当事人聘请律师作为诉讼代理人或辩护人。英、美等国的驻华领事法庭或法院,也普遍在诉讼过程中采用源自本土的陪审制,遴选在该通商口岸中的侨民,组成陪审团,审查案件的事实问题。这些制度的合理性与先进性,被当时的有识之士敏锐地捕捉到,这就无怪乎光绪三十二年(1906年),沈家本、伍廷芳进呈《大清刑事民事诉讼法草案》时直言,诉讼法改革,"为各国通例而我国亟因取法者,厥有二端:一宜设陪审员也","二宜用律师也"。①

可以说,正是包括大量华洋商事诉讼案件在内的各种交错契合的驱动"合力",使中国开始积极地移植西方的司法理念和司法制度,推进诉讼程序改革、建立律师制度、要求设立陪审制度,并积极在司法体制上做相应的改革,"采用西法"来"整顿中法",进而适应形势的需要。

二、从苏报案看百年司法改革

(一)清末司法转型诸多学说在苏报案中的体现

1905年,也就是苏报案结案之后约一年的时间,修订法律的大臣沈家本在为董康《裁判所访问录》一书所写的序言中写道:"西国司法独立,无论何人皆不能干涉裁判之事,虽以君主之命,总统之权,但有赦免,而无改正。中国则由州县而道府,而司,而督抚,而

---

① 《刑事民事诉讼法》,《大清法规大全·法律部》(正编第四册),北京政学社,1909年版,第12—13页。

部,层层辖制,不能自由……西法无刑讯,而中法以考问为常。西法虽重犯亦立而讯之,中法虽宗室亦一体长跪。此中与西之不能同也。更有相同而仍不同者。古今无论矣,但即中、西言之裁判所凭者,曰供,曰证。中法供、证兼重,有证无供,即难论决……可见中法之重供,相沿已久。虽律有众证明白即同狱成,及老幼不拷讯,据众证定罪之文,特所犯在军流以下者,向来照此办理。至死罪人犯,出入甚钜,虽有此律,不常行用,盖慎之也。西法重证不重供,有证无供,虽死罪亦可论决。此又中西之同而不同者也。"①积极倡导司法独立和建立现代证据制度。

又一年之后,沈家本、伍廷芳等人在《进呈诉讼律拟请先行试办折》中提出:"盖人因讼对簿公庭,惶悚之下,言词每多失措,故用律师代理一切质问、对诘、复问各事宜……中国近来通商各埠,已准外国律师辩案,甚至公署间亦引诸顾问之例。夫以华人诉案,借外人辩护,已觉扞格不通,即使遇有交涉事件,请其申诉,亦断无助他人而抑同类之理。且领事治外之权因之更形滋蔓,后患何堪设想……"②从挽回治外法权的高度提出中国应增设律师制度,努力引入辩护原则的立法建议。

其间及此后,两人对实行公开审判、引入直接言词原则、审判机关设置、诉讼模式和程序以及具体诉讼制度亦进行了有益的探索。③而细细品味,作为清季司法改革主持者的沈、伍二人提出的

---

① 沈家本:《裁判访问录序》,《寄簃文存》(第六卷),第 2235 页。
② 沈家本等:《进呈诉讼律拟请先行试办折》,《沈家本年谱(初编)》,北京大学出版社,1989 年版,第 112 页。
③ 参见王彬《论沈家本的刑事诉讼法思想》,《理论月刊》,2009 年第 9 期。

这些建议和思想，在有关苏报案的对比中都有体现。前文的若干分析也时刻关注着这些问题，这应该也是苏报案作为关键性个案的价值所在。

目前看来，在这场革命性的司法改革潮流中，政府积极进行司法体制的改革，仿照西方国家先进的三权分立原则，建立了近代司法机构组织：审判制度由传统官审制度向独立审判制度转型，确立司法独立，推行四级三审制；由控审不分向控审分离转型，强调司法机关遵循职权各有所司、互不干涉的原则；由程序法与实体法不分、民刑不分转向程序法的建立、民刑有别；由纠问式审判转向赋予当事人以辩护的权利，规定了辩护和律师制度。同时还相应实行审判公开制度，引入公诉制度、证据制度，限制刑讯逼供等。特别是先后制定的《刑事诉讼律草案》《民事诉讼律草案》，标志着程序法开始成为法律体系中的重要组成部分。随后展开的改革涉及司法机关、诉讼审判制度的变革，基本上否定了中国传统的司法与行政不分的司法体制以及体现专制主义的诉讼审判制度。① 这些改革和进步，虽然由于清朝的覆亡未能全部施行，学者们对其也褒贬不一，但它们起码在形式上扬起了中国司法现代化的风帆，其重大的历史积极意义不言而喻。值得注意的是，尽管清末司法转型步履艰难、障碍重重，难以彻底完全，但却为随后的北洋政府和南京国民政府等近代司法机关体系的建立和近代意义的诉讼审判制度的缔造提供了重要的基础。

关于清末司法转型在推动诉讼法领域发展上的意义，张晋藩

---

① 参见张晋藩《中国司法制度史》，人民法院出版社，2004年版，绪论第4页。

先生的总结颇具代表性:"晚清的司法改革,是以西方三权分立学说为理论指导,以收回治外法权为驱动力,企图在预备立宪的背景下,从极端腐败的司法危机中寻找出路……晚清通过制定程序法和法院组织法,触动了传统的司法体制和诉讼审判制度与方式;并且借助预备立宪、改良政治的大环境,建立起与行政机关脱离的新的司法机关体系。晚清司法改革是走向近代司法文明的改革,它所取得的明显的成就不是偶然的。"①

于苏报案而言,我们不能牵强附会地指出其中有显著的联系,在一般的层面上,苏报案只是一个事件,当然是一个重要事件,它在时间上刚好契合了司法转型,因此汇入了转型的力量之中。而通过前述的分析,我们可以断定的是,苏报案可谓开启清末司法转型的一个导火索、一扇窗口,用个案的力量推动着中国法治的前行。虽然在此很难定量精确地评估苏报案在清末司法转型中的贡献,但其作为个案的意义,特别是思想启蒙的意义,是必然不能忽略的,尤其是这些制度和文化让大众与晚清司法现状有了可以对比以进行改革的参照物,这也是全文力求论证的中心。

(二)从苏报案谈司法的现代性及相关

回归到本书的主旨,还有一个问题必须澄清。通过苏报案这样一个关键性个案,本书将中国传统司法置于西方现代司法的比较平面中,个案中它们的确共存,并发生冲突,让我们可以轻易透

---

① 张晋藩:《综论百年法学与法治中国》,《中国法学》,2005 年第 5 期。

视出中西两者截然不同的司法观念、制度和运作,以论证中国传统司法危机重重,西方式的司法文明必须被移植,进而中国司法必须革故鼎新。一个可能产生的误区就是有人会认为本书的研究过分强调"西方中心主义",将中国司法的近代化等同于或者认为其目标是西方化。这种错误的认识是值得警惕的。

事实上,各国司法制度及法律制度上的差异显示出,法律与特定民族或国家文化传统、社会结构等方面存在一定的关联,[1]这是一种必然的差异性和多样性,也是长期的历史积淀产物,其必然包含着历史合理性的因子。因此,很难说哪一法系、哪一国的司法制度就是完全优越的、特别值得借鉴的。但在现今的法学研究中,许多学者还是热衷于以西方,特别是以英美法系的经验制度为参照系,去反观、对比非西方国家的法律现实和司法实践,并由此架构司法制度的分析范式和改革方向。对此,我们并不否认西方法治文明的先进性,但司法的现代性与传统之间存在着相容的历史可能性,尽管它们是一种对立的矛盾。同时,传统司法进入现代的进程并不可能在某个节点上就瞬间完成,它必然要经过一个很长的历史阶段。[2] 在这个阶段中,历史是动态变化的。

司法的现代性,一方面,基于法治发展过程的阶段性,展现出对司法传统的历史性否定和时代超越;另一方面,基于法治发展过程的延续性,又内在地包含了对传统司法文化和制度中某些因素,

---

① 贺卫方:《运送正义的方式》,上海三联书店,2002 年版,第 57 页。

② 这个过渡阶段被美国著名的行政学家里格斯称为"棱镜型社会",参见 Riggs. *Fred Warren, Administration in Developing Countries: The Theory of Prismatic Society*, Houghton Mifflin Co., 1964, p.27。

特别是积极因素的传承和发扬。这种传承和发扬反映了"在任何社会内,一切比较现代的特点都是由以前的特点变革而来的,特别是对参加现代化行列比较晚的国家来说,这些变革更有可能是在旧的形式继续存在的情况下发生的变化的结果,而不是由旧到新的直接变化的结果"①。从法哲学上讲,这种传统与现代性的矛盾,实际上是法治进程中发展的阶段性与连续性冲突的生动体现。

这种生动的体现在西方许多法治先进国都有深刻的烙印。如近代的宪法文献起源于中世纪的自由大宪章;分权制衡体制早在古希腊罗马时代就已经有了雏形;构成现代英美法系基础的普通法和衡平法,追根溯源是中世纪的产物;作为封建君主制象征的天皇或国王,与现代立宪制发生了奇妙的结合;现代西方的民法体系,恰源于古罗马的私法制度,只是罗马私法创造性地将其转换为反映资本主义商品经济法权要求的《拿破仑法典》和《德国民法典》。② 因此,常有学者将西方法制形容为"双面人雅努斯",一个脸转向过去,而另一个脸则朝向未来。这也从另一个侧面说明了一国存在着传统法制与现代法制相容的可能。

一个毋庸置疑的事实是:在迅速走上法制现代化道路的中国,传统的法律精神依然以特定的方式在一定程度上支配或影响着今天许多中国人的法律生活。况且,传统法律的价值体系本身,确实存在许多有待人们去开掘的历史遗产,如对现行法律的道德评价,

---

① [美]西里尔·E.布莱克:《日本和俄国的现代化》,商务印书馆,1984 年版,第23 页。

② 公丕祥:《当代中国的自主型司法改革道路——基于中国司法国情的初步分析》,《法律科学》,2010 年第 5 期。

解决纠纷的自治方式,建立秩序的责任体系,等等,这些都可以成为完善现代司法机制的历史借鉴。换言之,虽然传统司法和现代司法两者在理念和制度的价值取向上是截然不同的,但从历史的连续性来看,传统司法并没有在现代社会戛然断裂,它在某种程度上以新的形式获得延续和发展,进而在新的司法系统中发挥功用。

而中国当下的司法实践,很多时候仍保留着传统的因子,如纠问式的庭审方式、法官依职权主动调查取证、法官为民做主的"官"意识仍很强烈,惩办与宽大相结合的原则,刑罚的一般预防与特殊预防的作用,民众心理弥散的特权思想、法不责众的观念、厌讼心理、避讼倾向等,司法的人情化、道德化、追求和谐、注重民意等观念依然存在。特别是传统的说服、调解等方式在司法过程中依然发挥着极强的效用,在当代司法改革的洪流中,甚至有扩大的趋势。

"坦率地讲,中国现代司法理念的形成及现代司法制度的构建并不是由中国传统内部主动自然演变出来的,西方政治法律价值观念的输入对中国传统司法开始发生转变有着重要的作用。"①但是,这些并不能遮蔽中国社会发展的力量及传统司法文化对新式司法理念的接引,因此,我们对司法的思考切不可采用割裂传统与现代的二元分析方法,尽管许多时候我们需要通过它们之间的对比来进行论证。

---

① 沈国琴:《中国传统司法的现代转型》,中国政法大学出版社,2007 年版,第 8 页。

（三）历史视野下的百年司法改革

回望一百多年来中国法治走过的漫漫长路，再观照中国当下的司法改革，特别是基于当下司法改革和晚清司法转型的同质性与连续性，我们不妨拉通历史、放开视界，从更长远、更深刻的历史视野来看待司法的百年变革。

其实，晚清以来中国的司法建设一直贯穿着从传统向近现代转型的司法现代化主题。在此期间，中国先后经历了以封建王朝政府崩溃为标志而展开的近代司法，以中华人民共和国的建立为标志而展开的社会主义司法，以改革开放和建立社会主义市场经济体制为标志而展开的司法现代化建设。这三次司法改革的转折，形成于 20 世纪三次社会转型的大变革下，横跨百年，对整个中国司法的现代化进程产生了极大的影响。

在此过程中，三大元素——来自西方的现代司法元素，源于深厚历史的中国传统司法元素，20 世纪 20 年代由中国共产党人引入的社会主义元素——相互冲击、相互影响、相互交融，构成了百余年来决定中国司法制度特征和走向的核心力量。[1] 这也从侧面看出，本书对苏报案的解析和对清末司法转型的探讨，并没有全盘否认中国的传统司法元素。毕竟，传统司法元素作为一种司法的历史积淀因素存在于现在，存留于现代司法之中，这是无论如何都不能挥之而去的。希尔斯说，传统是"现存的过去，但它又与任何新

---

① 徐昕、卢荣荣：《中国司法改革年度报告（2009）》，《政法论坛》，2010 年第 3 期。

事物一样，是现在的一部分"①。可以说，在任何一个社会，现代司法都无法完全排斥传统司法元素的存在。只有充分认识传统司法的意义和价值，才能立足于中国国情和中国本土法治资源，在现代司法变革浪潮中实现传统司法元素的创造性转换。

当然，此外的两个因素在当下中国司法改革征途上或许更为重要。来自西方的现代司法元素标明了我们引进和吸收外来先进司法的方向，要求我们以积极、开放的姿态回应全球化带来的挑战与机遇，大胆吸收、借鉴，甚至移植某些具有人类共同法治文化财富特征的因素。而社会主义元素则标注了我国司法制度的根本特色，要求我们必须在司法改革中立足于社会主义初级阶段的基本国情，以满足人民的司法需求为根本出发点，坚持中国特色社会主义道路和中国特色社会主义理论体系，这是中国特色社会主义司法制度独树一帜的决定性因素。

基于历史发展、政治体制和法治规律的脉搏，纵观这百年中国的司法改革，尽管我们的确告别了传统司法，进入了司法现代化的进程，在司法理念、制度建设、组织构造、队伍培养等方面取得了重大进步，但司法现代化的进程并非一帆风顺，百年司法在整体上仍呈现出一种不稳定性，特别是随政治环境变化而表现出极大的波动性，政策替换法律、人治大于法治的现象时有发生。不过，司法迈向现代化是必然的方向，而其进路，我们可以确定——21世纪中国司法改革的未来趋势正是来自西方的现代司法元素、源于深厚历史的中国传统司法元素和社会主义元素这三大元素日趋迈向合

---

① ［美］希尔斯：《论传统》，傅铿、吕乐译，上海人民出版社，1991年版，第16页。

理配置的过程,这也是形塑中国特色的现代司法模式的必然之路。

美国大法官卡多佐说:"今天我们研究前天,为的是昨天也许不会使今天无所作为以及今天又不会使明天无所作为。"①一切制度都是历史的产物,司法制度亦然。历史是过去的现实,现实是未来的历史。历史在映射司法现实的同时,也照亮了司法和正义的未来。温故而知新,考察包括个案在内的司法制度史必将有助于我们准确地把握现在,希冀地展望未来。但愿本书对于苏报案的研究能够部分地实现这些期待。

---

① [美]卡多佐:《司法过程的性质》,苏力译,商务印书馆,1998 年版,第 32 页。

参考文献

一、报刊资料汇编类

《国民日日报汇编》,罗家伦主编:《中华民国史料丛编》,台北:台湾文物供应社,1969 年版。

《纽约时报》,网络版,https://www.nytsyn.com/。

《申报》,上海:上海书店,1984 年影印本。

《苏报》(1903 年 2 月—4 月部分),台北:学生书局,1965 年影印本。

《苏报》(1903 年 4 月—闰 5 月部分),台北:台湾文物供应社,1968 年影印本。

《字林西报》(*North China Daily News*),上海图书馆微缩胶片。

二、文献文集史料类

冯自由:《革命逸史》(第一集),台北:商务印书馆,1969 年版。

《旧上海史料汇编》,北京:北京图书馆出版社,1998 年版。

《上海研究资料》(及续集),上海:上海书店,1984年影印本。

汤志钧编:《近代上海大事记》,上海:上海辞书出版社,1989年版。

汤志钧编:《章太炎政论选集》,北京:中华书局,1977年版。

张丹、王忍之编:《辛亥革命前十年间史论选集》(第一卷),上海:三联书店,1960年版。

章士钊:《苏报案纪事》,罗家伦主编:《中华民国史料丛编》,台北:台湾文物供应社,1968年影印本。

中国史学会编:《辛亥革命》(第一册),上海:上海人民出版社,1957年版。

周永林编:《邹容文集》,重庆:重庆出版社,1983年版。

[澳]莫理循:《清末民初政情内幕》,[澳]骆惠敏编,刘桂梁等译,北京:知识出版社,1986年版。

三、中文译著、专著类

陈昌凤:《中国新闻传播史——媒介社会学的视角》,北京:北京大学出版社,2007年版。

陈光中、沈国峰:《中国古代司法制度》,北京:群众出版社,1984年版。

陈旭麓:《近代中国社会的新陈代谢》,上海:上海人民出版社,1992年版。

范忠信:《中国法律传统的基本精神》,济南:山东人民出版社,2001年版。

方汉奇:《中国近代报刊史》,太原:山西人民出版社,1981

年版。

方汉奇：《中国新闻事业通史》，北京：中国人民大学出版社，1992年版。

高拜石：《古春风楼琐记》（第十一集），北京：作家出版社，2005年版。

戈公振：《中国报学史》，上海：三联书店，1955年版。

公丕祥：《法制现代化的理论逻辑》，北京：中国政法大学出版社，1999年版。

韩秀桃：《司法独立与近代中国》，北京：清华大学出版社，2003年版。

何兆武、陈启能：《当代西方史学理论》，北京：中国社会科学出版社，1996年版。

胡道静：《上海的日报》，上海：上海市通志馆，1935年抽印本。

黄源盛：《中国传统法制与思想》，台北：五南图书出版有限公司，1998年版。

季卫东：《法治秩序的建构》，北京：中国政法大学出版社，1999年版。

李泽厚：《中国近代思想史论》，天津：天津社会科学院出版社，2003年版。

刘平：《风雷动——风雨如磐苏报案》，太原：山西人民出版社，1997年版。

罗凤礼：《现代西方史学思潮评析》，北京：中央编译出版社，1996年版。

马光仁：《上海新闻史》，上海：复旦大学出版社，1996年版。

沈国琴:《中国传统司法的现代转型》,北京:中国政法大学出版社,2007年版。

田涛等:《接触与碰撞——16世纪以来西方人眼中的中国法律》,北京:北京大学出版社,2007年版。

王健:《西法东渐——外国人与中国法的近代变革》,北京:中国政法大学出版社,2001年版。

王立民:《上海法制史》,上海:上海人民出版社,1998年版。

王敏:《苏报案研究》,上海:上海人民出版社,2010年版。

吴圳义:《清末上海租界社会》,台北:文史哲出版社,1978年版。

徐公肃等:《上海公共租界史稿》,上海:上海人民出版社,1980年版。

徐家力:《中华民国律师制度史》,北京:中国政法大学出版社,1998年版。

徐昕:《论私力救济》,北京:中国政法大学出版社,2005年版。

徐中煜:《清末新闻、出版案件研究(1900—1911)——以"苏报案"为中心》,上海:上海古籍出版社,2010年版。

许倬云:《历史分光镜》,上海:上海文艺出版社,1998年版。

严昌洪、许小青:《癸卯年万岁——1903年的革命思潮与革命运动》,武汉:华中师范大学出版社,2001年版。

杨湘钧:《帝国之鞭与寡头之链——上海会审公廨权力关系变迁研究》,北京:北京大学出版社,2006年版。

张德美:《探索与抉择——晚清法律移植研究》,北京:清华大学出版社,2003年版。

章回等：《上海近百年革命史话》，上海：上海人民出版社，1962
年版。

张晋藩：《中国法律的传统与近代转型》，北京：法律出版社，
1997年版。

张晋藩：《中国司法制度史》，北京：人民法院出版社，2004
年版。

张培田：《中西近代法文化冲突》，北京：中国广播电视出版社，
1994年版。

周佳荣：《苏报及苏报案——1903年上海新闻事件》，上海：上
海社会科学院出版社，2005年版。

［英］爱德华·霍列·特卡尔：《历史是什么》，吴柱存译，北京：
商务印书馆，1981年版。

［美］布莱克：《社会学视野中的司法》，郭星华译，北京：法律出
版社，2002年版。

［美］费正清编：《剑桥中国晚清史》，北京：中国社会科学出版
社，1985年版。

［日］谷口安平：《程序的正义与诉讼》，王亚新等译，北京：中国
政法大学出版社，1996年版。

［美］何伟亚：《英国的课业：19世纪中国的帝国主义教程》，刘
天路等译，北京：社会科学文献出版社，2007年版。

［美］黄仁宇：《万历十五年》，上海：三联书店，1997年版。

［美］黄仁宇：《中国大历史》，上海：三联书店，1997年版。

［美］柯文：《在中国发现历史——中国中心观在美国的兴起》，
林同奇译，北京：中华书局，2002年版。

［美］兰比尔·沃拉:《中国:前现代化的阵痛——1800 年至今的历史回顾》,靳海林译,沈阳:辽宁人民出版社,1989 年版。

［法］马克·布洛赫:《为历史学辩护》,张和声等译,北京:中国人民大学出版社,2006 年版。

［日］棚濑孝雄:《纠纷的解决与审判制度》,王亚新译,北京:中国政法大学出版社,2004 年版。

［意］皮罗·卡拉玛德雷:《程序与民主》,翟小波等译,北京:高等教育出版社,2005 年版。

［美］史景迁:《追寻现代中国:1600—1912 年的中国历史》,黄纯艳译,上海:上海远东出版社,2005 年版。

四、中文论文类

蔡晓荣:《晚清外籍律师新见:一个职业本位的视角》,《西华师范大学学报》,2007 年第 1 期。

陈镐汶:《清末苏报案溯源》,《新闻记者》,1989 年第 7 期。

陈君静:《论柯文的中国中心观》,《史学月刊》,2002 年第 3 期。

陈柳裕:《清末司法改革的前奏——跪立之争》,《浙江人大》,2002 年第 12 期。

陈同:《略论近代上海外籍律师的法律活动及影响》,《史林》,2005 年第 3 期。

陈新:《论 20 世纪西方历史叙述研究的两个阶段》,《史学理论研究》,1999 年第 2 期。

陈志强:《报业与中国近代政治的变迁》,《南昌大学学报》,

2007 年第 2 期。

程曼丽：《也谈新史学——关于新闻史研究的若干思考》，《新闻大学》，2007 年第 3 期。

丁淦林：《中国新闻史研究需要创新》，《新闻大学》，2007 年第 1 期。

方汉奇：《"苏报"与"苏报案"》，《新闻战线》，1959 年第 1 期。

方平：《从〈苏报〉看清季公众舆论的生成与表达》，《华东师范大学学报》，2005 年第 3 期。

冯怡：《从〈苏报〉案看清朝的文字狱》，《北京联合大学学报》，1996 年第 2 期。

傅国涌：《风雨百年"苏报案"》，《书屋》，2003 年第 10 期。

高强：《〈苏报〉案与治外法权》，《西南师范大学学报》，2002 年第 4 期。

葛承雍：《棱角峥然的〈苏报〉社论》，《新闻知识》，1989 年第 10 期。

公丕祥：《当代中国的自主型司法改革道路——基于中国司法国情的初步分析》，《法律科学》，2010 年第 5 期。

简究岸：《章太炎与〈苏报〉案》，《观察与思考》，2002 年第 2 期。

江兴国：《上海公共租界会审公廨的产生及其性质》，《政法论坛（中国政法大学学报）》，1984 年第 2 期。

蒋含平：《'苏报案'的辨正与思考》，《新闻与传播研究》，2006 年第 3 期。

李彬：《新新闻史：关于新闻史研究的一点设想》，《新闻大学》，

2007 年第 1 期。

李里峰:《从"事件史"到"事件路径"的历史——兼论〈历史研究〉两组义和团研究论文》,《历史研究》,2003 年第 4 期。

李启成:《领事裁判权制度与晚清司法改革之肇端》,《比较法研究》,2003 年第 4 期。

李斯颐:《〈苏报〉案中邹容投案原因考》,《新闻学刊》,1987 年第 3 期。

李瑜青、张善根:《论在社会结构中的司法与超越——兼评布莱克的〈社会学视野中的司法〉》,《甘肃政法学院学报》,2008 年第 7 期。

李育民:《近代中国的领事裁判权制度》,《湖南师范大学(社会科学)学报》,1995 年第 4 期。

林盛:《苏报案幕后的人犯争夺战》,《浙江人大》,2005 年第 6 期。

刘春山:《试论会审公廨与近代法制的半殖民地化》,《天中学刊(驻马店师专学报)》,1993 年第 2 期。

刘琼:《试析中国近现代新闻自由主义思潮及其流变》,《淮海工学院学报》,2005 年第 5 期。

吕合军:《领事裁判权制度及对中国的影响》,《历史学习》,2005 年第 2 期。

马长林:《晚清涉外法权的一个怪物——上海公共租界会审公廨剖析》,《档案与历史》,1988 年第 4 期。

孟岘:《苏报馆何日被封?》,《近代史研究》,1980 年第 4 期。

欧阳恩良:《〈苏报〉案中章太炎邹容投案述评——兼谈二十世

纪初中国知识分子的伦理思想》，《贵州师范大学学报》，1996年第
3期。

潘家德、杨隆高：《试论近代会审制度》，《四川师范学院学报》，
2002年第1期。

彭平一：《关于沈荩与沈荩案若干史实的补证》，《中南大学学
报》，2005年第5期。

石培华：《从上海"英租界工部局档案"中有关"苏报案"的资
料看苏报案的真实情况》，《华东理工大学学报》，1996年第4期。

苏亦工：《鸦片战争与近代中西法律文化冲突的由来》，载于张
生《中国法律近代化论集》，北京：中国政法大学出版社，2002年版。

苏玉娟：《从"苏报案"看清末上海租界的言论出版自由》，《东
南传播》，2007年第4期。

孙立平：《迈向实践的社会学》，《江海学刊》，2002年第3期。

谭湘：《关于俞明震史料的一点辨正》，《鲁迅研究（月刊）》，
1994年第5期。

汤仁泽：《清末的改良与革命——从戊戌后思想启蒙看有志之
士的觉悟与抉择》，《史林》，2007年第10期。

汤志钧：《一百年前的"苏报案"》，《史林》，2003年第2期。

唐振常：《苏报案中一公案——吴稚晖献策辩》，《上海社会科
学院学术季刊》，1986年第3期。

王德峰：《陈范与〈苏报〉案》，《云南民族学院学报》，2002年第
5期。

王光照：《文史不分家浅议》，《安徽史学》，1996年第4期。

王立民：《中国的租界与法制现代化：以上海、天津和汉口的租

界为例》,《中国法学》,2008 年第 3 期。

王敏:《苏报案的审讯与判决》,《史林》,2005 年第 6 期。

王敏:《政府与媒体——晚清上海报纸的政治空间》,《史林》,2007 年第 1 期。

王敏:《反清·抗俄·反帝——苏报案英雄形象的建构》,《史林》,2009 年第 4 期。

王敏:《从苏报案看晚清政府对政治危机的应对》,《社会科学》,2009 年第 6 期。

王敏:《新旧与中西之间:晚清报纸视域中的苏报案》,《学术月刊》,2009 年第 7 期。

王佩良:《〈苏报〉馆主陈范传论》,《湖南行政学院学报》,2003 年第 3 期。

吴文虎:《本体迷失和边缘越位——试论中国新闻史研究的误区》,《新闻大学》,2007 年第 1 期。

夏锦文:《社会变迁与中国司法变革:从传统走向现代》,《法学评论》,2003 年第 1 期。

熊月之:《历史上的上海形象散论》,《史林》,1996 年第 3 期。

熊月之:《论上海租界的双重影响》,《史林》,1987 年第 3 期。

徐昕等:《中国司法改革年度报告(2009)》,《政法论坛》,2010 年第 3 期。

徐寅:《〈苏报〉案中帝国主义的阴谋》,《史学月刊》,1965 年第 5 期。

徐忠明:《关于明清时期司法档案中的虚构与真实——以〈大启崇祯年间潘氏不平鸣稿〉为中心的考察》,《法学家》,2005 年第

5 期。

徐铸成：《从"苏报案"看清末报界》，《社会科学》，1980 年第 2 期。

许纪霖：《近代中国的公共领域：形态、功能与自我理解——以上海为例》，《史林》，2003 年第 2 期。

严洪昌：《1903 年"沈荩案"及其影响》，《中南民族学院学报》，2001 年第 6 期。

颜廷亮：《俞明震与〈苏报〉案》，《鲁迅研究月刊》，1994 年第 11 期。

杨帆等：《会审公廨与中国法制进步——以一名美国律师的记录为视角》，《北京理工大学学报》，2009 年第 12 期。

杨海平：《清末有限政治自由与中国早期公共领域的形成和发展》，《新闻界》，2005 年第 5 期。

杨涛：《章太炎与吴稚晖交恶始末》，《文史杂志》，2005 年第 4 期。

叶险明：《历史不能假设但历史学须用假设研究方法》，《人民日报》，2007 年 4 月 9 日。

余先鼎：《1903 年的"苏报案"》，《历史教学》，1963 年第 9 期。

余衔玉：《苏报案百年祭》，《文史精华》，2003 年第 6 期。

张晋藩：《综论百年法学与法治中国》，《中国法学》，2005 年第 5 期。

章开沅：《论 1903 年江浙知识界的新觉醒》，《江汉论坛》，1981 年第 3 期。

张仁善：《论中国近代司法文化发展的多层面冲突》，《法学家》,2005 年第 2 期。

张铨:《上海公共租界会审公廨论要》,《史林》,1989 年第 4 期。

张铨:《上海公共租界会审公廨论要(续)》,《史林》,1990 年第 1 期。

张铨:《上海公共租界的会审公廨》,《史林》,1994 年第 2 期 (《社会科学》,1983 年第 11 期)。

赵成娟:《〈苏报〉时期的章士钊》,《历史教学》,1997 年第 8 期。

赵晓耕:《试析治外法权与领事裁判权》,《郑州大学学报》, 2005 年第 5 期。

朱良好:《黑暗中的被放逐者——传统诉讼文化中的讼师地位 考》,《理论界》,2006 年第 9 期。

《邹容集》编注小组:《老沙皇是残害邹容的刽子手——邹容史 事订正(选载)》,《四川大学学报》,1975 年第 4 期。

左双文:《论"苏报案"中的章吴之争》,《湖南科技大学学报》, 1989 年第 2 期。

五、学位论文类

崔志海:《美国政府与晚清朝政(1901—1912)》,复旦大学博士 学位论文,2008 年。

韩秀桃:《变革社会中的法律秩序》,中国政法大学博士学位论 文,2002 年。

洪佳期:《上海公共租界会审公廨研究》,华东政法学院博士学位论文,2005 年。

孙慧敏:《建立一个高尚的职业:近代上海律师业的兴起与顿挫》,台湾大学历史研究所博士学位论文,2002 年。

王敏:《建构与意义赋予:苏报案研究》,复旦大学博士学位论文,2008 年。

夏邦:《晚清法制变革的历史考察》,华东师范大学博士学位论文,2008 年。

徐洋:《论〈苏报〉与近代社会革命思潮》,吉林大学硕士学位论文,2007 年。

余华川:《从上海公共租界会审公廨看中西法律制度和思想的冲突与融合》,华东师范大学博士学位论文,2005 年。

六、档案资料类

《〈点石斋画报〉案与"苏报"案》,《档案与史学》,2000 年第5 期。

《国务院致外国公使馆照会》(中国)(1834—1906),哈佛大学燕京图书馆藏。

《金鼎致梁鼎芬书》,《近代史资料》,1956 年第 3 期。

《美国驻上海领事公文》(1847—1906),哈佛大学燕京图书馆藏。

《上海二於ケル清国革命煽動者捕縛ノ件》,日本外务省馆藏。

上海市档案馆编:《工部局董事会会议录》,上海:上海古籍出版社,2001 年版。

上海《英租界工部局档案》,上海市档案馆藏。

《魏午帅电》,《近代史资料》,总 37 号。

《中英等交涉苏报案当事人问题文电》,《历史档案》,1986 年第 4 期。

《英国外交部关于中国事务的函件》(1842—1937),哈佛大学燕京图书馆藏。

七、网络及其它类

胡道静:《上海新闻事业之史的发展》,上海:上海市通志馆,1935 年版,上海数字图书馆电子版。

《屈辱·冲突·抵抗·吸纳——近代中国租界领事裁判权和会审公廨制度解读》,http://www.dffy.com/sifashijian/jj/200504/20050425203608.htm(https://www.lawtime.cn/info/lunwen/sifazd/2006102657837.html)。

苏小和:《应星和他的〈大河移民上访的故事〉》,学术观察网刊,http://www.peoplexz.com/7332/7346/20081208195952.htm(https://www.doc88.com/p-9089781447545.html)。

汪演元:《个案与法学研究典范的更迭》,《知行学刊》网,http://xzf.nwupl.cn/zhixing/ShowArticle.asp? ArticleID = 1592。

吴志翔:《被历史忽略的历史》,http://www.yuedu.org/books/book—20051117203218HG.htm(http://www.aisixiang.com/data/7078.html)。

易江波:《"苏报案"中的中西法律文化冲突》,http://www.legal-history.net/articleshow.asp? id = 267。

袁伟时:《一个不应忘记的思想家——章士钊》,http://www.

tecn.cn/homepage/yuanweishi/wendang2/w3.htm。

郑曦原：《帝国的回忆》，http：//book.sina.com.cn/nzt/history/his/diguodehuiyi/16.shtml。

检验合格

检验员 66